Helmut Meinhövel

Glück gehabt

Rückblicke eines Unruhigen
auf die gefährlichen,
aber auch abenteuerlichen Jahre
1939 – 1945

Bibliografische Information der Deutschen Nationalbibliothek:
Die Deutsche Nationalbibliothek verzeichnet diese Publikation in der
Deutschen Nationalbibliografie; detaillierte bibliografische Daten
sind im Internet über dnb.d-nb.de abrufbar.

TWENTYSIX – der Self-Publishing Verlag
Eine Kooperation zwischen der Verlagsgruppe Random House GmbH und der
Books on Demand GmbH

Herstellung und Verlag:
BoD – Books on Demand, Norderstedt

© 2015 Helmut Meinhövel
2. bearbeitete Auflage / Alle Rechte vorbehalten /Nachdruck nicht gestattet

ISBN 978-3-74074-630-8

Für meine Familie,
auf die ich sehr stolz bin.

Dank

Ich danke allen, die mir mit Rat und Tat geholfen haben.

Ohne die Hilfe meiner Familie hätte ich dieses Erstlingswerk so nicht vollenden können.

Meine Frau hat mich von der ersten Überlegung an immer wieder bestätigt und bis zur Verwirklichung dieses Buches unterstützt.

Jan, Leonard, Klaus und Barbara haben meine Manuskripte entziffert und getippt.

Harald hat aufgrund seiner Erfahrung alle Texte im Computer zusammengeführt, falls notwendig neu geschrieben und redigiert. Er war mir eine große Hilfe bei der Recherche, Textdarstellung und Bildbearbeitung.

Klaus gestaltete den Einband und verfasste den Klappentext. Rolf hat zum Schluss noch wo notwendig letzte Hand angelegt.

Christel hat mit ihrem fabelhaften Gedächtnis nicht unerheblich zum Gelingen beigetragen.

Helmut Meinhövel

Inhaltsverzeichnis

Impulse	9
Endlich Schüler – der Volksschule Rapen	15
Zu Hause war schlechte Stimmung	17
Fahrradfahren musste man können	18
Vater zieht in den Krieg	21
Wieder ein neuer Lehrer	22
Freizeit auf der Straße	23
Rapen, Yorckstraße 19 in Oer-Erkenschwick	25
Weihnachten 1939	31
Luftschutz	32
Der Luftschutzwart	33
Lebensmittelkarten	34
Karamellen selbstgemacht	35
Es liegt was in der Luft	36
Fliegeralarm und erste Bombeneinschläge	38
Flaksplitter	39
Wertstoffsammeln	41
Sammeln von Kräutern und Kartoffelkäfern	42
Einkellerung von Kohle und Kartoffeln	43
Herbst und Ende 1940	47
Erste Kinderlandverschickung	48
Auf nach Oberbayern	50
In Weilheim	51
In Uffing am Staffelsee	52
Umzug nach Gegenüber	54
Der Staffelsee	55
Wir, die Preußen	56
Das Geheimnis im Wald	57
An der Aach	59
Eine Fahrt nach Murnau	61
Uffing im Winter	62
Zurück	64

Inhaltsverzeichnis

Die Explosion am 16.01.1942	65
Eine andere Art Feuer anzuzünden	68
Pendeln	71
In der Straße	72
Spielen macht schlau	75
Wehrschach	76
Einschläge kommen näher / Flugblätter	78
Die Zeche drückt	78
Stabbrandbomben	79
Zweite Kinder-Landverschickung	84
An der Isar	89
Ein Fisch an der Angel	95
Besuch von Mutter, Vater und Liesel	96
Zurück in die Gefahrenzone	97
Luftmine am Badetag	99
Pimpf im Jungvolk	102
Im Luftschutzkeller	106
Als Pimpf im KLV-Lager	108
Brombeerwein	114
Luftschutz im Stollen	116
Stollenkrätze	117
Unterwegs mit dem Holz-Gas-LKW	120
Die Katastrophe am 15. Januar 1945	122
Zur Gaststätte Hübner	129
Im Bunker an der Knappenstraße	132
Bei Opa und Oma in Datteln	135
Fahrt nach Karlshöfen	140
Karlshöfenerberg	146
Wieso Karlshöfen?	147
Geborgen	149
Berta	154

Inhaltsverzeichnis

Meine Großeltern	155
Spitznamen	159
Onkel Klaus	162
Säen und Ernten	163
Schwein gehabt	164
Unser täglich Brot	166
Die Schule in Karlshöfen	168
In der Stube	170
Meine Mithilfe auf dem Hof	172
Torfstechen	175
Tier und Mensch	176
Spökenkieker	179
Ein Ausflug mit Hermann	180
Die Bücher von Tante Lieschen	182
Onkel Klaus wird zum Volkssturm eingezogen	182
Flüchtlingstrecks aus dem Osten	183
Vorboten des Endes	184
Eine Panzersperre in Karlshöfen	185
Tiefflieger	186
Einquartierung	187
Sprengung der Mühlenbrücke	188
Berta ging, Mutter kam	190
Wann kommen die Engländer?	191
Nach Forstortanfang ins Moor	192
Unser Kriegsende	194
Eine neue Waschschüssel	196
Frieden?	197
Unterwegs mit Walter	200
In Gnarrenburg	201
Die Maschinenpistole	202
Schutzimpfung	203
Hamsterer	204

Es geht wieder nach Haus	205
Karlshöfen Adieu	206
Noch ein Wort zum Schluss	208

Anhang
    Luftveränderung   215
    Literatur   216
    Alarmsignale und deren Bedeutung   217
    Glossar einiger Bergbaubegriffe   218
    Opa Datteln   219
    Holz-Hufschuhe für Pferde   222

Impulse

Ich saß pünktlich zum Termin bei meiner Frisörin im Sessel vor dem Spiegel. Sie kannte meinen Kopf mit den noch verbliebenen Haaren seit Jahren und akzeptierte meinen Wunsch nach einem kurzen Haarschnitt nur deshalb, weil ich meiner Meinung nach damit jünger aussehe als ich wirklich bin.

Meine Frisörin hatte bei unzähligen Haarschnitten herausbekommen, dass ich mich in der Altersklasse ihrer Mutter befand und mein 80. Geburtstag demnächst bevorstand.

Als ich dann am Sonnabend in der Woche vor Pfingsten bei ihr zur Behandlung war, ahnte sie den Zusammenhang und insistierte:

„Sie an einem Samstag? Das kann doch nur bedeuten..."

Etwas unwillig über ihre Neugier unterbrach ich sie:

„Ja, ja, es ist leider mit mir soweit gekommen..."

Sie bemühte sich mit Erfolg, meine Resthaare besonders vorteilhaft aussehen zu lassen.

Als sie sich standhaft weigerte, die 12 Euro anzunehmen, die die Verschönerung bei ihr kostete, begriff ich erst, dass es keine Neugier war, sondern dass sie mir ein Geschenk zum 80. Geburtstag machen wollte.

So war ich überrascht, gerührt und tat ihr im Stillen Abbitte.

Zum darauf folgenden, nicht mehr aufschiebbaren Termin habe ich mich mit einer Flasche Sekt bedankt.

Es ist wirklich alles in Ordnung hier. Vor 40 Jahren bin ich mit meiner Familie nach Hattingen gezogen, näher heran an Essen, meinen Dienstort.

Schließlich waren die Preise für Normalbenzin gerade von 43 Pfennig auf 73 Pfennig pro Liter angestiegen.

Da musste man doch reagieren, oder etwa nicht?

Das Umfeld hier ist fast perfekt.

Ich könnte sehr zufrieden sein, aber ich schaue sorgenvoll in die Zukunft.

Meine biologische Uhr tickt und tickt unaufhaltsam. Das ist bei jedem so, aber in meinem Alter scheint die Uhr zu rasen. Die Zeit vergeht gefühlt immer schneller.

Meine Frau versucht solche Anwandlungen bereits im Keim zu ersticken:

„Stell dich nicht so an, du bist relativ gut drauf, warst bis auf deinen ausgeheilten Hautkrebs nie ernsthaft krank. Auch nimmst du keine Pillen und hast demzufolge auch keine Nebenwirkungen und Risiken zu befürchten oder auszuhalten. Also hör auf damit."

Aber, reden wir nicht drum herum, ich werde nicht jünger.

Ich bin 1933 im Jahre der „Machtergreifung" geboren, das ist aber Zufall. Wie schnell ist die Zeit vergangen? Wie viele Jahre habe ich noch? Sind es vielleicht nur noch Monate?

Was bleibt von mir? Was wissen meine Kinder von mir? Meine Kindheit hat sie bisher wenig interessiert.

Mein jüngster Enkel, ein Nachzügler meines ältesten Sohnes, ist vor kurzem zehn Jahre alt geworden.

In seinem Alter (1943) war ich bereits zwangsrekrutiert zum Pimpf im Jungvolk. Da soll man nicht ins Grübeln kommen? So groß wie er ist, wäre er auch wie ich „Flügelmann" geworden Dieser nette intelligente Junge würde auf dem Schulhof marschieren lernen? In Dreierreihen, er vorne, auf Kommando: „Abteilung marsch, links-zwo-drei-vier, Rechtsschwenk marsch, Abteilung halt, stillgestanden, hinlegen, auf, Marsch Marsch usw. usw."?

Nicht vorstellbar!

Als meine Söhne zehn Jahre alt wurden, habe ich nicht im Entferntesten an meine Zeit als Pimpf gedacht. Auch nicht bei den älteren Enkeln.

Seit längerem aber kommen die Erinnerungen hoch, ob ich will oder nicht. Nichts ist vergessen, alles nur verdrängt. Es bedarf nur eines Anstoßes und ich erinnere mich sogar an Namen und Einzelheiten längst vergessen geglaubter Ereignisse.

Höre ich zum Beispiel das Motorengeräusch eines inzwischen selten gewordenen Turboprop-Flugzeugs, werde ich sofort an die Zeit der Fliegerangriffe erinnert, als Hunderte feindlicher Bomber unbeirrt, unaufhaltsam, mit ihrer todbringenden Fracht über uns hinweg zogen mit diesem charakteristischen stählern klingenden Brummen.

Seit einigen Jahren verfolgt mich auch die Erinnerung an unseren Luftschutzwart in Rapen, der unter Anderem für die Verdunkelung der Fenster in unserem Häuserblock zuständig war.

Jeden Abend, wenn ich nach Anbruch der Dunkelheit bei eingeschaltetem Licht die Rollläden herunter lasse, sehe ich im Geiste draußen auf der Straße die für uns zuständige Sicherheitsfachkraft vorwurfsvoll zu mir nach oben blickend:

„Licht aus!"

rufen. Ich beeile mich dann instinktiv, denn es könnte mich ein feindlicher Pilot erspähen und mir eine Bombe verpassen. Besser fühle ich mich, wenn ich erst die Rollläden herunterlasse und dann erst das Licht anmache. Ist das normal?

Mit meiner Frau, Jahrgang 1937, habe ich oft über die Kriegsjahre diskutiert, die sie zwar anders, aber natürlich ähnlich erlebt hat. Mit ihr war ich auch an den Orten markanter Ereignisse in Oer-Erkenschwick (meinem Heimatort) oder Bayern (Kinderlandverschickung). Sie meinte zu meinem Problem: „Schreib dir das alles mal von der Seele, dann geht es dir besser."

Schreiben als Therapie?

Auch mit meiner Schwester Christel habe ich mich über unseren gemeinsam erlebten Lebensabschnitt ausgetauscht. Wir waren am Ende immer wieder verwundert, dass wir diese Jahre körperlich unversehrt überstanden hatten. So weit, so gut.

Aber was ist mit unserer Psyche, sind wir auch da ohne Schaden geblieben? Die Antwort auf diese berechtigte Frage ist nicht einfach. Wissenschaftler beschäftigen sich seit Jahren mit den psychologischen Auswirkungen des 2. Weltkriegs auf eine ganze Generation und darüber hinaus. Das ist unsere Generation!

Sind wir in unserem Innersten verletzt? Eventuell traumatisiert?

Ich denke ja, der eine weniger, der andere mehr.

Während eines Gespräches mit Christel, bei dem ich auf unsere erste gemeinsame Kinderlandverschickung zu sprechen kam, spürte ich eine verborgene tiefsitzende Verbitterung auf das, was man ihr als Sechsjährige damals angetan hatte.

Insbesondere unsere Mutter kam dabei schlecht weg.

„Wie konnte sie uns beide alleine in die Fremde abschieben?"

„Schützen wollte sie uns, vor den Bomben", warf ich ein.

„Ich hätte doch meine Kinder nicht an Fremde abgegeben, niemals". Sie hat selbst drei großgezogen.

Sie wurde richtig wütend.

„Und überhaupt, was hat man mit uns nicht alles angestellt?"

Sie war unversöhnlich.

Ich hielt mich besser zurück, denn die Kinderlandverschickung war für mich damals zuallererst ein großes Abenteuer. Aber eines wurde mir sofort klar, auch bei ihr gab es etwas aufzuarbeiten.

Gespräch als Therapie?

„Was hältst du davon, wenn ich unsere wirklich nicht ganz alltäglichen Kindheitserlebnisse einmal schriftlich zusammenfasse?"

Sie meinte dazu: „Das wird schwierig, denn das versteht doch heute sowieso keiner mehr, höchstens Angehörige unserer Generation, und die wollen nichts mehr davon wissen".

„Da bin ich mir nicht so sicher" entgegnete ich.

„Außerdem, für unsere Kinder und insbesondere für unsere Enkel, die in einer nie dagewesenen Überflussgesellschaft aufgewachsen sind, wäre es wichtig zu wissen, wie wir uns damals durchschlagen mussten".

„Da hast du allerdings Recht. Ich wünsche dir viel Erfolg dabei und bin sehr gespannt, was dabei herauskommt".

Ich machte mich an die Arbeit.

Es geht los mit meiner Einschulung im August 1939.

Meine Schwester Christel und ich (1939)

Endlich Schüler – der Volksschule Rapen

Nun war es endlich so weit. Ohne Brimborium und ohne Schultüte war ich I-Männchen.

Rauf, runter, rauf, Pünktchen drauf: das war ein *i*, ein kleines i. Sieht ungewohnt aus, richtig; wir lernten zunächst die Sütterlin-Schreibschrift, nach einem Jahr aber schon die sog. lateinische Schrift, die noch heute gebräuchlich ist. Egal, in der Schule war es interessant und abwechslungsreich, alles kein Problem.

Die Volksschule in Rapen war vor der Einführung der deutschen einheitlichen Volksschule ab Ostern 1939 eine Konfessionsschule. Es gab zwei Gebäude, je ein Gebäude für Schüler evangelischer und katholischer Konfession. Bei identischem Lehrstoff, hoffe ich jedenfalls, außer Reli natürlich.

Als ich dort eingeschult wurde, wirkte die Trennung in den höheren Stufen wohl noch nach. Obwohl einer Klasse/Jahrgang zugehörig, konnte von Klassenkameraden noch wenig die Rede sein. Die Zugehörigkeit zu den Konfessionen zeigte sich täglich auf dem Nachhauseweg, der getrennt nach evangelisch und katholisch erfolgte und bei dem es öfter Balgereien und verbale Auseinandersetzungen mit der Gegenseite gab. Man stand sich auf den Bürgersteigen gegenüber und rief sich laut schreiend im Chor zu.

Die katholischen Kinder:
„Evangelische Ratten, in der Pfanne gebraten
  im Pisspott gerührt, zum Teufel geführt!"
Die evangelischen Kinder, zahlenmäßig unterlegen, versuchten dagegen zu halten mit:
„Katholische Ratten ..."

Wir I-Männchen staunten nicht schlecht, einige machten mit. Die meisten hatten kein Problem damit.

Dieses Verhalten hat sich im Laufe der Zeit zwangsläufig geändert und spielte spätestens im Jungvolk keine Rolle mehr.

Bis wir den von mir besonders geschätzten und verehrten Lehrer Bayer als Klassenlehrer bekamen, mussten einige meiner Klassenkameraden noch Fräulein (Oma) Landwehr sowie Lehrer Ellermann überstehen, die bei der Durchsetzung ihrer Lehrziele auch vor dem Gebrauch des Rohrstocks nicht zurückschreckten. Oma Landwehr prüfte morgens beim Schulbeginn nicht selten, ob die Hände und

Fingernägel sauber waren, und wenn nicht, gab es damit etwas auf die Fingerspitzen, sowohl von oben als auch von unten.

Lehrer Ellermann ging am Stock, mit dessen Krücke er einen nicht folgsamen Schüler im Nacken an sich heranzog, was sehr unangenehm für den Delinquenten war. Mir sind beide nicht sonderlich im Gedächtnis geblieben, ich habe wohl ihrem Anforderungsprofil entsprochen.

Wir waren zunächst eine gemischte Klasse, später eine reine Jungenklasse, etwa 30 – 40 Schüler. Bei Lehrer Bayer hatten wir auch Sport – das hieß damals noch Leibesertüchtigung. In seinem Trainingsanzug sah er gut aus, er war unser Vorbild.

Große pädagogische Versuche wurden mit uns nicht angestellt. Uns wurde Wissen eingepaukt. Das war die vorherrschende Methode, Wissen zu vermitteln.

Ohne besondere Mühe lernte ich auswendig, was mir angeboten wurde. Deutsch, Geschichte und Erdkunde (Heimatkunde) waren meine liebsten Fächer, das ist bis heute so geblieben.

Lehrer Bayer war etwas über 20 Jahre alt, wir waren wohl seine erste Klasse überhaupt. Er war sportlich und hatte uns im Griff. Bei jeder Antwort stand man auf. War sie richtig, kommandierte er:

„Gut, setzen!"

Man lernte bei ihm allerdings mehr über Krieg als über Frieden. Das hing mit dem Ausbruch des Zweiten Weltkriegs zusammen, der genauer gesagt über uns hereinbrach.

Es war wirklich der Hammer! Denn ab dem 1. September 1939 hatten wir Krieg mit Polen. Drei Tage später hatten wir England und Frankreich an der Backe, die uns den Krieg erklärten. Au Weia! Den Krieg sollte man eigentlich vorher erklären, bevor man ihn erklärt. Da wir keinen Volksempfänger und auch kein Zeitungsabonnement hatten, traf uns diese Nachricht unverhofft. Auch in der Schule war über einen bevorstehenden Krieg mit Polen nicht informiert worden, sondern nur über ständigen Ärger dort.

Unsere Flugzeugtypen, wie Junkers Ju 52, Ju 87 (Stuka), Ju 88, Heinkel He 111 oder Messerschmidt Me 109, das schnellste Jagdflugzeug der Welt, lernten wir schneller kennen als das Einmaleins.

Wir waren stolz auf unsere Soldaten, stolz auf Deutschland. Klar, wir waren allen überlegen. Männer in Uniform waren unsere Idole.

Im Unterricht wurde nach wie vor nicht lange gefackelt. Auf Gehorsam, Leistung, Sportlichkeit und Vaterlandsliebe legte man besonderen Wert.

Zu Hause war schlechte Stimmung

Mutter war ungenießbar. Schuld war mein Vater.

Jeden Tag, wenn er von der Arbeit kam, fragte er nach: „Ist noch kein Stellungsbefehl gekommen?" Er meinte die Einberufung zur Wehrmacht. Meine Mutter nervte das ungemein. Sie meinte, so blöd kann doch keiner sein, dorthin zu wollen, wo man totgeschossen werden konnte, da kam man noch früh genug hin.

Dann war Polen schon verloren, von Polen aus gesehen. Von uns aus gesehen war Polen gewonnen worden, in 18 Tagen. Mein Vater war sauer. Dass Deutschland einen Krieg gewonnen hatte, ohne ihn, war für ihn schwer zu verkraften.

Die Stimmung meiner Mutter hob sich. Vielleicht wurde er nicht eingezogen, weil er schon 33 Jahre alt war und bald drei Kinder hatte.

Dann die Enttäuschung, die Einberufung zum Flieger-Bodenpersonal war da. Meine Mutter schimpfte: „Der Staat sollte sich was schämen, mich hier allein sitzen zu lassen mit den Kindern. Der Winter steht vor der Tür, Kartoffeln müssen noch eingekellert werden, Kohlen müssen noch beschafft und in den Keller getragen werden, soll ich das etwa alleine machen und du fährst in der Weltgeschichte herum?" Mein Vater musste sich beeilen, der Staat würde sich bestimmt nicht schämen, ihn mit der Polizei holen zu lassen.

Er ließ alles über sich ergehen und hackte Feuerholz in rauen Mengen.

Er freute sich im Stillen auf die bevorstehende Veränderung in seinem Leben. Er war aber gut beraten, seine freudigen Erwartungen an ein Soldatenleben Mutter nicht offen zu zeigen.

Es war besser, der „dicken Luft" zu Hause auszuweichen. Ich traf mich daher so oft es irgend ging mit meinen Schulkameraden oder Nachbarskindern auf der Straße. Dort war gerade Fahrradfahren lernen angesagt.

Fahrradfahren musste man können

Meine Kameraden und ich beneideten die Kinder in der Nachbarschaft, die mit dem Fahrrad umherfuhren, stolz wie Oskar. Das wollte ich unbedingt auch können. Das war allerdings schwerer zu erlernen, als es aussah.

Platz zum Üben gab's genug, sowohl auf der Straße als auch auf dem Bürgersteig. Bordsteine gab es nicht, das war vorteilhaft. Kinderfahrräder auch nicht, das war dagegen ein Nachteil. Wir lernten also auf Erwachsenen- Fahrrädern.

Die gab es vielfach, weil sie außerordentlich praktisch waren, man fuhr damit zur Arbeit, kam schnell voran und konnte auch schwere Lasten transportieren.

Wer etwas auf sich hielt, hatte ein Fahrrad. Das erleichterte das tägliche Leben.

Das Damenfahrrad meiner Mutter bot sich zum Lernen an. Ich machte es wie die anderen Kinder und stellte mich auf das untere Pedal. Dann wurde ich angeschoben und in Balance gehalten. Da man Roller fahren konnte, versuchte man bald, sich ebenso mit dem freien Fuß abzustoßen. Das war schwierig, mit beiden Händen musste man unbedingt den Lenker halten. Bald rollte man langsam, den einen Fuß auf dem unteren Pedal, den anderen Fuß oben.

Bremsen konnte man nicht, man sprang einfach ab, das eine Pedal in der Kniekehle, das andere in der Hacke. Das ging nicht ohne Schrammen ab. Man fiel oft um, aber man ließ sich nicht entmutigen.

Schließlich konnte man sich abstoßen und auf beiden Pedalen stehend rollen.

Das war ein beachtlicher Fortschritt und man bekam die Sicherheit, zu trampeln. Erst einmal, dann rollen, später mehrfach, dann rollen und danach den Rücktritt betätigen. geschafft, oben geblieben. Die Mühe hat sich gelohnt. das hat zwar Tage gedauert, aber gemeinsam waren wir erfolgreich und stolz.

Einige von uns trauten sich, mit einem Herrenfahrrad zu fahren. Das war außerordentlich schwierig, weil die Stange in der Mitte extrem hinderlich war. Nur wenige konnten damit umgehen. Es sah abenteuerlich aus, schräg unter der Stange in die Pedale zu treten. gefährlich war es auch, aber danach fragte keiner.

Wir wurden immer sicherer und machten bald Ausflüge in die nähere Umgebung, allein und in Gruppen.

Bei einem Ausflug mit dem Damenfahrrad meiner Mutter fuhr ich mit größtmöglicher Geschwindigkeit die abschüssige Wrangelstraße hinunter, bog in die Ludwigsstraße ein und fuhr mitten zwischen die Räder eines von rechts kommenden Fahrrades hinein, das die Kurve schnitt und mit zwei jungen Männern besetzt war. Der eine saß auf dem Sattel, der andere auf der Mittelstange.

Während mir und meinem Fahrrad nichts Wesentliches zustieß, brach das andere Fahrrad durch den Aufprall in zwei Teile, jedes mit einem Rad versehen.
Wir drei fielen um. Ich rappelte mich sofort wieder auf und wollte mich davon machen. Klar, das gab nur Ärger.
Die beiden Burschen waren perplex, wie ich auch, aber auch schnell auf den Beinen.
Sie packten mich sofort ans Schlafittchen und schrien mich an:
„Bist du wahnsinnig, hast du uns nicht gesehen?"
„Doch, aber ihr habt die Kurve geschnitten, ich bin rechts gefahren!", verteidigte ich mich, ich fühlte mich durchaus nicht schuldig.
„Du hättest noch ausweichen können", rief der Eine, „wo wohnen deine Eltern?", der Andere.
Zerknirscht schob ich mein Fahrrad neben den beiden her, die jeder ein Rad ihres Fahrrads in Händen hielten, zu uns nach Hause. Vor unserer Wohnungstür im 3. Obergeschoss angekommen, klopften sie höflich an, ließen mich aber nicht los, das war ein Fehler.

Etwas beruhigt hörte ich die Stimme meines Vaters: „Wer mag das sein?", noch hinter der Tür. Er öffnete, sah uns, und polterte sofort los: „ Lasst sofort meinen Jungen los, sonst passiert was!" Erschrocken und etwas eingeschüchtert ließen sie mich los und einer von ihnen sagte: „Ihr Sohn hat uns mit seinem Fahrrad gerammt und unsers in zwei Teile zerbrochen." Sie hielten die beiden Teile mit Vorderrad und Hinterrad in die Höhe und zeigten die Schrammen an Händen und Rädern.
Verblüfft schaute mein Vater mich an, dann in die Richtung der beiden Verunfallten:
„Das glaubt ihr doch selber nicht, macht bloß dass ihr wegkommt, sonst werfe ich euch die Treppe hinunter, samt euren Rädern."

Die Drohung zeigte Wirkung, die eindeutige Körperhaltung meines hochgewachsenen Vaters war durchaus glaubwürdig, wie ich es einschätzte.
Sie zogen kleinlaut ab, schimpften zwar noch auf der Treppe, aber dann waren sie fort.

Ich atmete auf.
„Sag mal, stimmte das etwa, was die Kerle da erzählten?"
„Ja", sagte ich und berichtete.
„Unglaublich so was, ist dir was passiert?"
„Nein, nicht der Rede wert."

„Ist das Fahrrad deiner Mutter noch in Ordnung und kann sie damit noch fahren?"

„Ja!" Nur der Lenker war krumm, den habe ich aber sofort wieder gerichtet.

„Hast du das Fahrrad wieder in den Stall gestellt und abgeschlossen?"

„Nein, die Burschen haben mich sofort nach oben mitgenommen."

„Dann mach das jetzt, wir wollen dann essen."

Als wir zusammen am Tisch saßen und aßen, schmunzelte mein Vater noch lange vor sich hin. Dann sagte er: „Das war vielleicht ein Bild, die beiden mit ihren Rädern in der Hand und du dazwischen."

Wir lachten noch lange darüber.

Einige meiner Kumpels hatten die beiden jeder mit einem Rad in der Hand noch gesehen.

„Was wollten die denn bei euch?"

„Repariert dein Vater jetzt Fahrräder?"

„Nein, nein."

Vater zieht in den Krieg

Der Tag der Abreise meines Vaters war gekommen. Reiseziel: Kaserne. Der Abschied war schmerzvoll und lang, nicht etwa kurz und schmerzlos. Meine Mutter weinte und dachte im Stillen, sie sähe ihn vielleicht nie wieder.

Meine Eltern Meta und Otto Meinhövel (1940)

Mein Vater dachte, ein lustiges Blut kommt überall davon, Schätzel ade! „Meta", sagte er, „das dauert bestimmt nicht lange, mir passiert schon nichts, sei nicht traurig."

Ich ging mit zur Straßenbahn-Haltestelle, als er davonfuhr. „Junge, ich komm´ bald wieder, mach dir keine Sorgen und hilf Mama", sagte er.

Weinend lief ich nach Hause.

Erst Mitte Dezember 1939 habe ich ihn wieder gesehen, da wurde meine jüngste Schwester geboren. Meine Mutter hatte alle Hände voll zu tun mit ihr. Das lenkte ab.

Mein Vater ließ sich für wenige Tage mal blicken. Er hatte Sonderurlaub bekommen. In Uniform sah er besonders gut aus.

Ansonsten war er auf großer Fahrt in Großdeutschland. Zuerst in Delmenhorst, später in Linz an der Donau. Seine Postkarten wurden sehnlichst erwartet, von wo auch immer.

Wieder ein neuer Lehrer

Über mangelnde Abwechslung bei unseren Lehrern bzw. Lehrerinnen konnten wir uns wirklich nicht beklagen. Gut erinnern kann ich mich noch an Lehrer Nolte. Der war in Ordnung, wie wir fanden, aber ich trauerte Lehrer Bayer nach. Leider wurde er wie Vater Ende 1939 eingezogen. Er hat uns noch mal in Uniform besucht und der Klasse vom Soldatenleben erzählt. Wir sollten ihn nicht mehr wiedersehen, vergessen habe ich ihn bis heute nicht.

Lehrer Nolte war älter, erfahrener. Er war schon länger an der Schule und er hatte einen Spitznamen, nämlich Etlon, seinen Namen rückwärts gelesen. Er war eine Respektsperson, das musste er auch sein, unsere Klasse war nämlich ziemlich unregierbar, da brauchte man schon viel Durchsetzungsvermögen.

Untereinander ging's nicht zimperlich zu, da war es vorteilhaft, wenn man, wie ich, groß gewachsen war. Ringkämpfe waren an der Tagesordnung. Rückblickend denke ich, war das sogar gewollt, zumindest toleriert, wenn die sonstigen schulischen Leistungen gut waren. Schulsport war für die meisten von uns das Lieblingsfach, da konnte man sich austoben.

War die Schule aus, ging man nicht schnurstracks nach Hause, sondern trödelte herum. Klingeln an den vielen Hauseingängen auf dem Weg war oftmals unser Vergnügen. Wenn die Türen geöffnet wurden, schrien wir „Feuer, Feuer". Auf die Frage: „Wo denn?" gab's zurück: „Im Ofen!!"

„Ihr verdammten Bengels!"

Da viele Männer eingezogen waren, hatten wir oft Glück, dass wir ungeschoren davon kamen. Wenn wir an einen Bergmann gerieten, der Schichtdienst hatte, hieß es, schnell zu sein. Dann musste in den nächsten Wochen ein Umweg genommen werden. Manche waren leider nachtragend.

Im Bäckerladen fragten die schnellsten unter uns höflich, ob sie alte Brötchen hätten. Sagte die Verkäuferin dann „ja", riefen wir: „Dann seht zu, wie ihr sie loswerdet!", und liefen davon.

Das alles machte diebischen Spaß, konnte aber nicht beliebig ausgedehnt werden, denn die Gegenseite lernte schnell dazu und manche Backpfeife war das Ergebnis.

Lernen mussten wir trotzdem; Wer seine fünf Sinne nicht zusammen halten konnte oder in der Schule Unsinn verzapfte, machte mit dem Rohrstock Bekanntschaft. Das war bei Herrn Bayer anders.

Höllischen Respekt hatten wir vor dem Lehrer Witt. Er hatte den Spitznamen „Fritz mit der Glühnase". Seine Nase war etwas ausgeprägter als andere Nasen und roter. Darüber trug er eine randlose Brille als Kneifer.

Wir gingen ihm aus dem Weg, wo wir konnten. Er war wohl ein Parteibonze und gab Unterricht in den höheren Stufen. Ich sehe ihn noch vor mir, wie er in der braunen SA-Uniform mit seinen Schaftstiefeln über unseren Schulhof stolzierte.

Freizeit auf der Straße

Außerhalb der Schule und nach den Schularbeiten, nachdem das Holz zum Feuermachen gehackt und die Kohlen für den Herd nach oben getragen waren, und das Kaninchen im Stall hinter dem Haus gefüttert war, und wenn das Kaninchenfutter ergänzt war, möglichst mit Löwenzahn, das bevorzugte Futter unseres Hansis, und wenn die Milch für die kleine Schwester geholt war, und und und…

Dann hatte man frei.

Die Freizeit spielte sich im Wort-Sinne auch im Winter im Freien auf der Straße ab.

Mannschaftsspiele waren angesagt, wie z.B. Völkerball, Brennball, Pinchen, Der König schickt seine Soldaten aus, Seilspringen und Fangen spielen. Versteckspielen war beliebt. Alle Kinder der Gruppe versteckten sich, bis auf einen, der die Anderen suchen und laut ansagen musste, wen er gefunden hatte.

Wer suchen musste, wurde durch Abzählen in der Runde ermittelt. Einer übernahm das, indem er jeden beim Zählen antippte oder in seine Richtung zeigte. Ein üblicher Abzählreim war: „A, U, S = aus!"

Der Letztbezeichnete war froh, dass er nicht überblieb und suchen musste, sondern sich verstecken konnte und machte sich davon.

Längere Abzählreime waren z.B. „A, U, S – aus, du hast 'ne Laus, ich hab's geseh'n und du kannst geh'n."

Der Reim konnte noch verlängert werden durch: „Geh'n kannst du noch lange nicht, sag mir erst wie alt du bist." Antwort: „7!"
Eins, zwei, drei, vier, fünf, sechs, der Siebte konnte sich verstecken.
Ein weiterer Abzählreim war: „Ene mene miste, es rappelt in der Kiste, ene mene muh und raus bist du!", oder „1, 2, 3 und du bist frei."
Ein weiterer der härteren Sorte: „Ene mene muh und wie heißt du? Mia! Mia hat ins Bett geschissen, g'rade aufs Paradekissen, Ulla hat's gesehn und du kannst gehen." Verlängerung jeweils möglich. Schon das Abzählen hat für viel Spaß gesorgt.

Im Winter, die nach meinem Gefühl härter waren, länger dauerten und durch mehr Schnee gekennzeichnet waren, fuhr man Schlitten oder schlidderte auf dem festgefahrenen oder festgefrorenen Schnee, und zwar in der ganzen Breite der Straße und den beiden Bürgersteigen rechts und links. Wer Schlittschuhe hatte, genoss die großen Flächen. Der wenige Verkehr auf den Straßen störte kaum.

Die Mädchen vollbrachten beim Ballspielen an der Hauswand, oft mit drei Bällen, wahre Kunststücke, indem sie z.B. in die Hände klatschten zwischen zwei Bällen oder sich dabei umdrehten. Auch Seilchen springen konnten sie besser.

Wir Jungen kamen dabei nicht mit, wir wollten uns bewegen, unsere Kräfte messen. Unser Lieblingssport war Fußball, wir sagten Pöhlen dazu. Der fand auf der Straße statt, die aus festgestampfter, festgefahrener schwarzer Kesselasche bestand. Übrigens war auch der Bürgersteig aus diesem Material. Der Übergang beider Flächen war fließend.

Wir hatten also Platz genug. Gestört wurden wir wenig, denn es gab kaum Autos. Die Tore wurden durch Striche auf dem Boden, durch einen hingelegten Stock, eine Mütze, eine Büchse oder ein Kleidungsstück markiert.

Wer einen Ball hatte, war König. Meistens spielten wir mit einem Tennisball. Hatten wir keinen Ball, spielten wir mit einer Blechbüchse. Das ruinierte die Schuhe, also nähten uns unsere Mütter Stoffbälle, die wir mit Gummibändern aus Ringen von Fahrradschläuchen vervollständigten oder reparierten. Die selbst gebastelten „Bälle" federten natürlich nicht. Sie musste man zwangsläufig flach halten. Wir ließen uns unseren Lieblingssport nicht nehmen.

Die beiden besten Spieler wählten sich abwechselnd ihre Mannschaften aus. Da wir nicht gleich alt und gleich geschickt waren, wurde mangelnde Klasse durch mehr Personal ausgeglichen. Trotzdem stand schnell fest, wer gewinnt. Aber alle machten mit.

Zimperlich durfte man nicht sein, denn es wurde geschubst und getreten. Wollte man Ringkämpfe vermeiden, musste man für ein Unentschieden sorgen. Wer hinfiel, zog sich oft Schrammen an Händen und Knien zu, die schlecht heilten und schwarze Narben hinterließen.
Es war eigentlich eine schöne sorglose Zeit bis dahin.

Rapen, Yorckstraße 19 in Oer-Erkenschwick

Hier wohnten wir in einem 9-Familienhaus, drei Familien auf jeder Etage. Errichtet ca. 1880, nicht später, aus rotem Backsteinmauerwerk und voll unterkellert. Das Treppenhaus, massiv, mit grauen Steintreppen, schmiedeeisernem Geländer und Eichenhandlauf. Die Eingangstür befand sich auf der Hofseite, aus massiver Eiche, mit einem kleinen Fenster und schmiedeeisernem Gitter davor.

Die Kellerdecke war als Kappendecke ausgeführt, d.h. mit Eisenträgern, dazwischen Beton. Die übrigen Decken waren aus Holzbalken. In jeder Etage befand sich eine Wasserstelle mit Abfluss im Hausflur.

Jede Wohnung hatte einen Stall und einen Vorratskeller. Die Toiletten befanden sich in dem Stallgebäude auf dem Hof. Notdurft verrichtete man auf dem Nachttopf, der jeden Morgen in die Toilette draußen entleert wurde. Der Schlüssel zur Toilette hing neben der Wohnungseingangstür, versehen mit einer Zwirnrolle.

Elektrisches Licht wurde erst wenige Monate vor dem verheerenden Bombenangriff am 15. Januar 1945 installiert. Das wäre wirklich nicht nötig gewesen. Bis dahin hätten wir es mit unserer Petroleum-Lampe noch ausgehalten. Die war allerdings nicht pflegeleicht. Der Glaszylinder musste oft gereinigt und der Docht vom Ruß befreit werden. War alles sauber, konnte man unter ihr sogar lesen. Ein kleiner Spiegel an der Rückseite der Lampe machte es möglich. Der Treibstoff musste aber erst im Laden gekauft werden.

In einem Anbau auf dem Hof befand sich die Waschküche mit mietereigenen Waschgeräten mit Wassermotor (besser), handbetriebener Rumpel (wir) oder Waschbrett (wir auch). Mittels eines gemeinsamen speziellen Kohleofens mit darüber liegendem Waschkessel wurde die Wäsche gekocht, von Hand gespült in einem Wasserbecken, anschließend gewrungen und auf der Leine im Waschhaus getrocknet.

Ein Plan regelte die Waschzeiten, die Waschküche musste sauber an den Nachfolger übergeben werden. Waschtag war für Mutter harte Arbeit, einen ganzen Tag lang.

Nachzutragen wäre noch, wir waren elf Kinder im Haus.

Auf unserer Etage wohnten die Familie Maslowski und Frau Lambertz. Familie Maslowski war Eigentümer des Hauses. An Frau Lambertz kann ich mich besonders gut erinnern. Sie wohnte links neben uns. Sie war alleinstehend, Anfang 60, immer gut angezogen, energisch, redegewandt – und streng katholisch im Sinne von missionarisch katholisch.

Dass wir, meine Mutter und wir Kinder, evangelisch waren, kam ihr sonderbar vor, nicht normal sozusagen.

Mehr noch – für sie waren wir Heiden. Das Argument, dass meine Mutter aus einem Dorf in Niedersachsen stammte, wo alle evangelisch und Katholiken eine Rarität waren, es weit und breit keine katholische Kirche gab, schob sie beiseite.

Sie begann uns zu missionieren, permanent. In der Zeit der vielen Fliegeralarme, in der wir oft Schutz suchend im Luftschutzkeller nebeneinander harrten, in der Todesnachrichten von der Front oder der Heimatfront Alltag waren, also nur der Herrgott uns noch retten konnte und auch würde, wenn man nur den richtigen Glauben hatte, fiel das Samenkorn, der einzig wahre Glaube, so nach und nach auf fruchtbaren Boden. Insbesondere bei meiner Schwester Christel war ein aufgeschlossenes Interesse zu verspüren.

Meine Mutter, obwohl wie gesagt evangelisch erzogen, schwankte aus einem einfachen Grund: Die Familie, in die sie eingeheiratet hatte, war auch katholisch. Mein Vater war sehr tolerant und katholisch geblieben, auch nachdem er meine Mutter geheiratet hatte. Sie aber hatte in der Verwandtschaft meines Vaters einen schweren Stand, sie war sozusagen eine „Abtrünnige im Glauben" innerhalb der relativ großen Verwandtschaft meines Vaters, der sechs Geschwister hatte. Sie zog sich innerlich zurück, die tägliche Sorge um das Wohl ihrer Kinder verdrängte diese für sie nicht angenehme Stellung in der Großfamilie. Sie hatte wichtigere Probleme zu lösen.

Sie entschied die Frage, ob wir konvertieren sollten, pragmatisch auf ihre ureigene Weise, nämlich so: „Wenn, dann alle!"

Auf Druck unserer Nachbarin willigten meine Schwester Christel und ich ein, zunächst einen katholischen Gottesdienst zu besuchen. Der Heilige Geist würde es schon richten, dachte Frau Lambertz.

An dem darauf folgenden Sonntag, früh morgens, gingen wir im Schlepptau von ihr in die katholische Kirche. Meine Mutter konnte nicht mit, sie musste fürs Essen sorgen und meine kleine Schwester Liesel beaufsichtigen.

Frau Lambertz war in ihrem Element. Sie bugsierte uns resolut ins Gestühl rechts vom Mittelgang, ziemlich vorne, in eine Reihe, in der gerade noch drei Plätze frei waren.

Rechts von uns saßen mehrere ältere Damen, wahrscheinlich Komplizen von ihr. Links war der Mittelgang, davor Frau Lambertz. Wir saßen in der Klemme, ab und zu standen wir auch, öfter knieten wir, sie passte auf, dass wir alles richtig machten.

Es war feierlich. Der Liturgie in Latein konnten wir nicht folgen, dafür fehlten uns die Grundkenntnisse. Nach einer Stunde sank unsere Neugier oder unser Interesse an dem Neuen in dem Kirchenraum auf den Nullpunkt, wir rutschten auf unserem Sitzplatz (ohne Kissen) hin und her, unsere dünnen Knie schmerzten beim Hinknien. Wir wurden unruhig, stießen uns an, es war nicht mehr zu ertragen. Frau Lambertz sah uns zuerst missbilligend an, dann schalt sie uns leise. Wir wollten raus aus unserer Gefangenschaft.

Als wir mal wieder standen, schob ich mich hinter Frau Lambertz vorsichtig Richtung Mittelgang, meine Schwester an der Hand, vergeblich, sie hielt uns in Schach, ein Entrinnen war unmöglich.

So vergingen mindestens drei, wenn nicht sogar (gefühlte) vier Stunden, bis wir nach dem Segen die Kirche verlassen konnten.

Wir liefen so schnell es ging nach Hause. „Was habt ihr so lange gemacht?", fragte unsere Mutter, berechtigterweise, denn wir wussten auch nicht, dass die katholische Messe so lange dauerte.

„Wir waren bis jetzt in der Kirche", sagte ich. Christel ergänzte: „Sie hat uns bis zuletzt festgehalten, wir konnten nicht raus, mir tut alles weh, der Rücken, auch die Knie, denn wir musste auf dem harten Holz knien."

„War es so schlimm?"

„Ja."

„Jetzt wird erst mal gegessen." Mutter hatte den Tisch schon gedeckt, wir aßen, hungrig und durstig wie wir waren, schnell und hastig.

„Eins steht fest", sagte ich, „in die Kirche kriegen mich keine zehn Pferde mehr hinein."

Das Thema war damit gegessen. Bei Mutter hatte Frau Lambertz verspielt, bei uns sowieso, wir gingen ihr, wenn es irgendwie ging, aus dem Weg.

Nach dem Krieg so hörten wir, ist Frau Lambertz selbst missioniert worden, sie konvertierte zu den Zeugen Jehovas. Damals hießen sie bei uns noch Bibelforscher.

Rechts von uns wohnten Maslowskis. Sie hatten zwei Kinder: Ein Mädchen, Anita, viel jünger als ich, und Fritz, ein Jahr älter als ich, nicht stärker, aber entschlossener. Wir rauften öfter miteinander, maßen unsere Kräfte, aber wir rauften uns nicht zusammen, d.h. wurden keine richtigen Freunde. Nachdem ich ihn einmal fast im Ringkampf bezwungen und schon im Schwitzkasten hatte, nahm er seinen Holzschuh, schlug ihn mir auf den Kopf und hatte gewonnen. Das war dann auch geklärt.

Sein Vater war Bergmann, wie viele Väter im Haus, und damit nicht wie mein Vater oder Herr Flohr eingezogen worden. Die Mutter war eine resolute Hausfrau, die das Leben, wie schwierig es auch war, mit Bravour meisterte. Sie hatte ihren Stall neben uns und hielt, wie wir auch, ein Kaninchen.

Die Ställe waren sehr nützlich, Fahrräder, Bollerwagen, Holz zum Feuermachen, Werkzeug, sowie ein oder mehrere Kaninchenställe waren darin.

Kaninchen zu halten war angesagt. Fast jeder Dritte im Ort hatte Kaninchen. Wie die Vermehrung stattfand war bekannt und interessant. Weniger interessant war die Beschaffung von Futter für diese Vielfraße. Natürlich war ich hierfür zuständig.

Manchmal war ich buchstäblich stundenlang unterwegs mit einem Sack und einem Küchenmesser, um Löwenzahn heranzuschaffen. Da viele Kaninchenhalter das gleiche Problem hatten, war die Nachfrage permanent gegeben. Mit dem Angebot haperte es allerdings.

In der näheren Umgebung war Löwenzahn mittlerweile Mangelware. Man musste sein Einzugsgebiet ausweiten, das kostete Zeit und Nerven. Richtung Horneburg am Köttel-Bach waren im Herbst die besten Stellen abgegrast.

Auf den Wiesen und Weiden der Bauern zu ernten, war gefährlich. Sie hatten das gar nicht gern. Einmal haben mich zwei Bauernjungen mehrere Stunden auf ihren Fahrrädern gejagt, nur weil ich von ihrer Weide etwas Löwenzahn ausstach. Die Einzäunung war immer das Problem, die bestand aus Stacheldraht. Man musste sehr geschickt darüber springen, ohne dass man seine bereits geflickte Hose noch mehr lädierte.

Insofern war an diesem Tag mein Erfolg weniger gut, was prompt zu kritischen Äußerungen meines Vaters führte, der fast immer nach Feierabend seinen „Hansi" noch fütterte und kitzelte, ihn oft an den Ohren oder mit einem Griff in das Fell am Rücken aus dem Stall nahm.

Wenn es zum Jahresende ging, wurde die Fütterung umgestellt auf festeres Futter wie Möhren und Körnerfutter. Trockenes, hartes, altes Brot kam dazu, es war klar, der Schlachttag war nicht mehr weit. der zukünftige Braten sollte für die ganze Familie schließlich ausreichen.

Meine Mutter zum Vater: „Otto, wann willst du endlich das Kaninchen schlachten?"

Vater: „Es ist ja noch Zeit."

Mutter: „Nein, es wird Zeit, das Kaninchen muss schließlich noch abhängen."

Vater: „Ich mach das schon noch."

Meine Mutter ahnte schon lange, dass mein Vater seinen Hansi nicht einfach kaltblütig schlachten konnte. Was tun? Sie selbst konnte das auch nicht.

Es gab eine Lösung, Frau Maslowski. Der Schlachttag kam, sie machte nicht viel Federlesens. Fachmännisch haute sie ihm mit einem Knüppel ins Genick und zog ihm das Fell über die Ohren.

Der Kopf wurde abgeschnitten, die Pfoten ebenfalls. Die Innereien bekamen ihre Hühner, wir bekamen den Hasen fix und fertig zum Gebrauch. Er wurde auf der Außenfensterbank zwei Tage zum Durchfrieren postiert, anschließend einen Tag in Milch gelegt und dann mit Senf eingerieben und gebraten.

Das konnte meine Mutter, sie hatte ein handgeschriebenes Kochbuch mit vielen Rezepten aus ihrer Zeit als Magd und Haushälterin auf dem Land. Mein Vater aß nicht mit Genuss, obwohl dieser Braten vorzüglich schmeckte, man merkte ihm an, dass sich etwas in ihm sträubte. Christel hatte auch Probleme. Meine Mutter und ich langten kräftig zu. Der Belgische Riese Hansi war eine willkommene Abwechslung in unserem Speiseplan.

Mein Vater besorgte uns dann ein junges neues schwarz-weißes Kaninchen. Das war unser aller Liebling. Wir Kinder nahmen es oft aus dem Stall, streichelten es und fütterten es mit allem, was sich anbot. Das war wohl zu viel des Guten. Es wurde krank und starb.

Große Traurigkeit herrschte bei uns.

„Ihr seid nicht vorsichtig genug mit ihm umgegangen. Junge Kaninchen sind sehr empfindlich, vor allem am Bauch darf man es nicht drücken", schimpfte meine Mutter. Wir gelobten Besserung, aber danach wurde kein Kaninchen mehr angeschafft.

Besonders zu erwähnen ist noch Frau Nowacki. Sie war die Freundin von Mutter, wohnte in der zweiten Etage, war Witwe und arbeitete in der Küche im Gefangenenlager Nähe Schacht 4/5. In der Küche halfen auch einige Ukrainer mit, die ansonsten auf der Zeche Ewald unter Tage eingesetzt waren.

Es waren geschickte Handwerker unter ihnen, die z.B. aus den Resten von Gummiförderbändern für den Kohletransport unter Tage rare Gebrauchsgüter anfertigten, wie z.B. Sandalen oder Taschen.

Die Förderbänder waren äußerst strapazierfähig. Sie bestanden aus beidseitig gummierten, ca. 60 cm breiten Jute- oder großen Leinengeweben, rund zwei cm stark. Das war eine gute Basis für die Sohlen der Sandalen.

Frau Nowacki brachte uns schon mal das eine oder andere Paar mit, zu besonderen Gelegenheiten, zum Geburtstag etwa. Wir gaben ihr dann zum Dank Materialien zum Basteln oder etwas zu Essen wie Salz, Pfeffer oder Zwiebeln für die Gefangenen mit.

Für uns war sie nur „Tante Nowacki". Wir mochten sie sehr gern, und sie sollte für uns in der ganz schwierigen vor uns liegenden Zeit noch eine große Hilfe sein. Sie hatte einen Ukrainer besonders lieb gewonnen, Gregor, den sie später auch geheiratet hat und den wir auch dann kennen lernten.

In der zweiten Etage wohnten noch Flohrs, drei Kinder, Vater Soldat, ein Mädchen in meinem Alter, mit der ich öfter im Streit lag, und Familie Henning, deren Tochter schon mal bei uns Kindermädchen spielte, wenn meine Mutter dringend etwas zu besorgen hatte. Dazu kam noch Familie Zappirei mit einem Sohn. Sie waren Bibelforscher, hielten sich daher im Haus sehr zurück. Bibelforscher wurden im NS-Staat verfolgt. Sie missionierten deshalb nicht. Dafür aber nach dem Krieg umso mehr. Auch da waren wir für die so genannte reine Wahrheit wieder mal sehr interessiert, sie konnten uns aber nicht überzeugen. So ist es bei unserer evangelischen Konfession geblieben.

Im Erdgeschoss wohnten noch Familie Füsting, ein älteres Ehepaar mit einem Untermieter, sowie Familie Kube, die nicht besonders in Erscheinung getreten sind. Mit Willi Kube, er war in meinem Alter, war ich jedoch viel unterwegs.

Die Hausgemeinschaft war in Ordnung, man traf sich immer öfter, auch nachts, im Luftschutzkeller. Die Devise war, in schweren Zeiten muss man zusammenhalten, wer weiß, was alles noch kommt.

Was mir lange und auch jetzt wieder zu schaffen macht, ist der Verbleib zweier junger freundlicher Holländer, die kurze Zeit bei Füstings in unserem Haus logiert haben. Sie waren um die 20 Jahre alt, einer blond, groß, der andere etwas kleiner und dunkelhaarig.

Christel meinte, sie hätten auf der Zeche gearbeitet. Ich habe mit ihnen mit einem Tennisball Fußball gespielt, in der Gasse und auf dem Hof.

Der Blonde wollte öfter, dass ich ihm den Tennisball in der richtigen Höhe zum Kopfball zuspielte oder zuwarf. „Op de Kopp" rief er, und ich warf ihm den Tennisball zu und er köpfte zurück, immer und immer wieder.

Ich habe sie aus den Augen verloren, wie so viele.

Bei dem höllischen Fliegerangriff auf unser Haus waren sie aber nicht dabei.

Weihnachten 1939

Im Dezember 1939 wurde meine Schwester Liesel geboren. Fast ein Christkind.

Sogar mein Vater war gekommen. Er erzählte, dass alle Kameraden seiner Einheit, die drei Kinder hatten, Sonderurlaub über die Weihnachtsfeiertage erhielten. Obwohl er bis dato nur zwei Kinder hatte, war seinem Antrag wegen berechtigten Verdachts auf drei Kinder zu Weihnachten stattgegeben worden.

Große Freude und Aufregung zu Hause.

Das Neugeborene krempelte die Familie gehörig um, wahrscheinlich wäre es in der Kaserne für ihn ruhiger zugegangen. Vater war bei den Fliegern. Seine Uniform hatte gelbe Kragenspiegel mit einer stilisierten Möwe.

Als Weihnachtsgeschenk bekam ich von ihm ein Buch über die Identifizierung sämtlicher damals bekannter Flugzeuge. Herausgegeben vom Flugzeugerkennungsdienst (oder so ähnlich) der Luftwaffe. Mit jeweiliger Besatzung, Reichweite, Bewaffnung, Motoren, Hoheitsabzeichen, Flugeigenschaften, Schnelligkeit usw., getrennt nach Nationen. Auch die deutschen Flugzeuge waren aufgeführt.

Ich habe mich über dieses Weihnachtsgeschenk riesig gefreut, war doch ein Buch, was sage ich, jedes Buch für mich das richtige Geschenk. Dieses Buch war besonders zukunftsweisend, weil ich bald die Tragfähigkeit oder Reichweite englischer Bomber wie der Halifax, der Lancaster oder der Bristol-Blenheim in der Praxis nachprüfen konnte.

Bei meinen Kumpels wurde ich deswegen beneidet. Ein Buch mit Bildern fast sämtlicher europäischer Flugzeuge? Was waren da schon neue Klamotten oder Schlittschuhe, oder doch nicht?

Schlittschuhe wären auch gut gewesen, jau.

Vater war dann schnell wieder weg, ich meine nach Linz an der Donau. Er sprach von „Kamerad Schnürschuh" und meinte damit, dass aus Österreich stammende

Soldaten noch (teilweise?) Militärstiefel trugen, die noch Schnürsenkel hatten, während seine Einheit mit so genannten Knobelbechern ausgerüstet war.

Der Schreihals, unsere neue Schwester Liesel, blieb. Verwandtschaft hat uns auch besucht, besonders väterlicherseits.

In unserer Dreizimmerwohnung wurde es eng.

Von nun an war Liesel die Nummer 1.

Luftschutz

Wieder was Neues!

In unserem Haus wurde ein Luftschutzraum (LSR) eingerichtet. Er bestand aus einem ca. fünf mal vier Meter großen Raum im Keller, am Ende des Hauses mit einem Lichtschacht zur Zugangsgasse.

Er wurde mit mehreren Holzpfosten abgestützt. Ein Koksofen (Kanonenofen) gegen die Kälte wurde an den Kamin angeschlossen und elektrisches Licht installiert.

Holzbänke an den Wänden, ein Tisch, mehrere Stühle, Decken, je ein Eimer mit Sand und Wasser sowie ein Besenstiel mit einem daran befestigten Aufnehmer als Feuerpatsche vervollständigten die Ausrüstung.

Die Eingangstür und die Zarge dazu wurden in Eisen ausgeführt. Die Tür konnte von beiden Seiten mittels Hebel verschlossen oder geöffnet werden.

Der LSR war ein öffentlicher Schutzraum. Ein entsprechender Hinweis in Leuchtfarbe wurde vorne am Haus angebracht, mit einem Pfeil, der kennzeichnete, dass sich der Eingang durch die Gasse hindurch, dann über den Hof ins Haus befand.

Jedem Menschen musste jederzeit Schutz und Zugang gewährt werden. Deshalb durfte die Haustür auch nicht abgeschlossen werden. Die Lichtschächte/Kellerfenster waren mit stabilen Holzkisten zugestellt, die mit Steinen gefüllt waren, die den Luftdruck von außen oder Splitter von Bomben abfangen sollten.

Auch an vielen anderen Häusern war nun bald das Zeichen LSR zu sehen. Auch zwei Luftschutzbunker wurden in Oer-Erkenschwick gebaut. An der Knappenstraße und an der Ahsener Str. entstanden wahre Betonklötze. Sie sahen sehr sicher aus, nicht kaputtzukriegen. Sie stehen heute noch an Ort und Stelle, ungepflegt aber kaum verwittert, Denkmale im wahrsten Sinne des Wortes.

Auch auf den Dachböden wurde vorgesorgt. Schließlich waren der Dachstuhl und die Dielen aus Holz. Für eine Brandbombe ideale Voraussetzungen.

Auch hier wurden Eimer mit Sand und Wasser und die Feuerpatsche aufgestellt. Hinzu kam noch eine Gasmaske in einem Kasten an der Wand, hinter Glas. Vielleicht waren es auch mehrere Gasmasken.

Das war die so genannte Volksgasmaske, die für die Bevölkerung gedacht war.

Bis Kriegsende wurden knapp 45 Millionen davon hergestellt. Sie bestand aus einer haubenartigen Konstruktion, die den Großteil des Kopfes umschloss. Sie war für eine 20-minütige Benutzung gedacht, um die Flucht aus dem gefährdeten Bereich zu ermöglichen.[1]

Für die Aufklärung der Bevölkerung über das Verhalten im Notfall und die Gefahrenabwehr bei Brandbombentreffern fanden zahlreiche Kurse statt, natürlich nicht für uns Kinder, die alles andere als den Ernst der Lage erfassten.

Der Luftschutzwart

Wir hatten seit einiger Zeit einen Luftschutzwart.

Auch Blockwart genannt, bezeichnet der Name eine Funktion, die nach 1945 völlig ausgestorben ist. Es war kein Lehrberuf, so viel ist sicher, über Aufstiegsmöglichkeiten ist nichts bekannt geworden oder hängen geblieben.

Aber es hat diese Funktion gegeben, ca. Tausend Jahre lang.

Ich habe unseren Blockwart kennen gelernt, besser: erlebt. Er hatte eine laute Stimme, die brauchte er auch. Er lebte in unserer Nachbarschaft und war für einen fest umrissenen Häuserblock, nämlich Yorckstraße, Wrangelstraße und Wittekindstraße zuständig.

Den wartete er, vielleicht nebenberuflich oder doch in Vollerwerbstätigkeit. Meistens hatte er Nachtschicht, Beginn wohl bei Dämmerung.

Ich habe ihn jedenfalls noch heute voll in Erinnerung, denn er hatte, sobald es dunkel wurde und Licht in den Wohnungen anging, in unserem Häuserblock u.a. die wichtige Aufgabe, die Verdunkelung der Fenster zu überprüfen und, falls notwendig, diese umgehend durchzusetzen, notfalls mit Polizeigewalt.

Das war wichtig, damit die feindlichen Flugzeuge uns nicht ausmachen konnten. Sonst würden „sie" das Licht bei uns ausmachen.

Deshalb wurde die Verdunkelung der Fenster durchaus ernst genommen. Jeder hielt sich daran. Die Verdunkelung wurde von innen mit speziellen schwarzen Papierrollos vorgenommen. Das war vorgeschrieben.

---

[1] Quelle: http://de.wikipedia.org/wiki/Volksgasmaske, abgerufen am 21.1.2015.

Der arme Kerl (bei uns war es ein Mann) musste eine laute Stimme haben, sonst hätte er seine Aufgabe nicht erfüllen können, jedenfalls nicht auf Dauer.

Denn er konnte nicht jeden Mieter innerhalb dessen Wohnung zurechtweisen, denn das treppauf-treppab hätte er körperlich nicht durchgehalten.

Es kam immer wieder mal vor – auch bei uns – dass die Rollos durch Luftdruck oder Durchzug verschoben waren und Licht nach außen drang. Dann musste er die Mieter auffordern, entweder das Licht auszumachen oder die Verdunkelung wieder herzustellen.

So rief er von unten auf der Straße nach oben:

„Licht aus!" Manchmal mit dem Zusatz: „Verdammt noch mal!"

Bei dem Ruf „Licht aus da oben" waren wir gemeint, wir wohnten in der dritten Etage.

Man bekam einen riesigen Schreck, fühlte sich sofort schuldig, machte das Licht zunächst aus, schaute nach, wo evtl. noch Licht austreten könnte und machte es dann wieder an.

Diese Worte, besser diesen Befehl, habe ich noch heute, nach über 65 Jahren, jedes Mal im Ohr, wenn ich zum Beispiel die Rollläden in meiner Wohnung herunterlasse. Ich überlege dann instinktiv, ob es nicht besser gewesen wäre, zuerst die Rollläden zu betätigen und dann erst das Licht anzumachen.

Lebensmittelkarten

In der Schule ging's weiter voran. Über mangelnde Abwechslung konnte man sich wirklich nicht beklagen. Etlon war unerbittlich. Es wurde gepaukt, mit Erfolg. Sehr bald konnte ich lesen und schreiben. Lesen fiel mir besonders leicht. Alles was mir an Gedrucktem in die Hände fiel, versuchte ich zu entziffern. Dann lag doch wieder was Neues auf dem Küchentisch.

Offiziell hieß sie Reichslebensmittelkarte, geboren bereits am 25.9.1939. Später kam noch die Reichskleiderkarte hinzu. Meine Mutter klärte mich auf:

„In Zukunft müssen wir, wenn wir etwas einkaufen, die Lebensmittelkarte vorlegen. Im Laden wird dann die entsprechende Marke, z.B. für ein Brot eine Marke für ein Brot, abgeschnitten."

Soso! Auf der Karte befanden sich viele bedruckte Vierecke, für ein Brot, Butter, Milch, Zucker, Mehl, Eier usw.

Jede Person bekam eine Karte für einen Monat über die NSV (Nationalsozialistische Volkswohlfahrt) zugewiesen. Ohne Marken konnte man nicht mehr einkaufen.

Wir staunten nicht schlecht: „Wieder was Neues", meinte ich dazu. „Aber nichts Gutes", meinte meine Mutter.

Wenn wir Kinder losgeschickt wurden, bekamen wir die Marken bereits abgeschnitten mit, so konnte nicht die gesamte Karte verloren gehen. Meine Mutter passte auf.

Brot musste fast jeden Tag gekauft werden, kam noch Butter oder Milch dazu, klammerte meine Mutter die Marken mit einer Büroklammer zusammen.

Fortan hießen diese Klammern bei uns „Brotklammern".

Karamellen selbstgemacht

Unser Heißhunger nach Klümpchen[2], so nannten wir die Bonbons, überhaupt nach Süßem war stets ungebrochen. Leider fehlte das entsprechende Angebot hierzu. Von Schokolade konnten wir nur träumen. Ab und zu naschten wir am Zuckertopf, Würfelzucker war begehrt, aber auf Dauer war das nicht zufriedenstellend.

Mutter versuchte unseren Heißhunger mit der Herstellung von Karamellen mittels Bratpfanne zu stillen. Das Ergebnis war umwerfend, wir waren begeistert. Wir haben natürlich aufgepasst, wie sie das machte.

„Das geht ja ganz einfach", stellte ich fest. „Kommt bloß nicht auf die Idee, sowas nachzumachen, das verbiete ich Euch", sagte Mutter. Und was verboten war, reizte uns besonders.

Heimlich beratschlagten Christel und ich, wie wir vorgehen. Zucker musste vorhanden sein, auch Margarine (besser wäre Butter) und der Herd musste an sein, ja und Mutter durfte sich nicht im Haus befinden.

Die Gelegenheit ergab sich. Mutter ging mit Frau Nowacki einkaufen, das dauerte immer etwas länger. Jetzt musste alles schnell gehen: Die Pfanne auf das Feuer, Margarine zerlassen, dann den Zucker hineingeben und rühren. Jawohl, der Zucker karamellisierte zu einer braunen Soße die immer zäher und dunkler wurde.

„Schnell, nimm die Pfanne vom Feuer, es wird zu dunkel und zu hart", rief Christel.

Ich reagierte sofort.

---

[2] In Karlshöfen, meiner norddeutschen Heimat, nannten wir sie Bonschen.

Die Masse kühlte ab, war aber etwas zu dunkel geraten und war schwer aus der Pfanne zu bekommen.
Trotz allem waren wir mit unserem Ergebnis zufrieden.
Mutter hat es sofort gerochen, als sie zurückkam.
Sie bekam alles mit, da konnte man noch so gut aufpassen.
„Macht das nie wieder", war ihr Kommentar.
Wir gelobten Besserung.

Es liegt was in der Luft

Vom Vater kam eine Karte mit einem Landser vorne drauf. Eine Karikatur. Der Landser steht breitbeinig in voller Größe im Bild, in den Händen sein Portemonnaie geöffnet, offenbar ohne Inhalt, darunter der sinnige Spruch:
„In die Kantine ging ich gern,
    doch ach die Löhnung ist noch fern."
Nach der Rückseite zu urteilen ging's ihm nicht schlecht, noch nicht. Meine Mutter war sauer über die kurze Nachricht. Sie knurrte was von „schreibfaul" und „Geld kann ich ihm auch nicht schicken...".

Uns ging es eigentlich auch nicht schlecht. Einmal gab's Sirenengeheul. Wir besuchten unseren neu eingerichteten Luftschutzkeller. Als wir unten waren, gab's schon wieder Entwarnung.

Am Schiffshebewerk wurden Fesselballons an langen Drahtseilen hoch gelassen. Wir Kinder staunten. Sie sahen wie Zeppeline aus. Vier oder fünf waren es wohl. Die sahen toll aus, diese silbergrauen Ungetüme am Himmel, weithin zu sehen.

Sie sollten das Hebewerk vor Fliegerangriffen, also vor Bombenabwürfen schützen, erfuhren wir. Aber wie? Des Nachts, war unsere Meinung, würden die Feindflugzeuge gegen die Drahtseile fliegen und abstürzen. Auf das Hebewerk? Unsere Clique war sich da nicht einig. Bald waren sie wieder verschwunden.

Dafür hatten wir eine Flakbatterie mit vier Kanonen auf dem Grundstück des Bauern Janninghoff, von uns aus gesehen vor Horneburg. Das war uns bisher noch nicht aufgefallen. Wir wollten sie uns mal ansehen, aber wir durften nicht nahe genug herankommen.

In der Nähe war auch eine Scheinwerferstellung entstanden. Das war sehr interessant. Um beide Batterien war ein Ringwall aus Holzstämmen und Erde aufgeschüttet. Die Soldaten haben uns nicht nahe genug heran gelassen, um noch mehr sehen zu können. Einer von uns meinte, er hätte noch ein Horchgerät und einen

Entfernungsmesser gesehen, die zweifellos vorhanden waren, wenn uns unsere theoretischen Kenntnisse nicht täuschten.

Bisher war diese Flugabwehr noch nicht tätig geworden. Das sollte sich aber bald ändern. In der Hardt würde eine „Scheinzeche" eingerichtet bzw. gebaut, wurde erzählt. Sie sollte feindliche Flugzeuge täuschen. Nachts würde dort Feuer angezündet. Von oben würde das dann wie eine Zeche wirken. Im Zusammenhang mit einer totalen Verdunkelung in unserem Ort könnte das wohl klappen, meinten wir.

„Das müssen wir uns unbedingt mal ansehen", sagte mein Freund Axel.

„Jau, das machen wir!"

Bei diesem Vorsatz ist es geblieben.

In der Schule lernten wir im Fach Erdkunde, wo Dänemark und Norwegen liegen. Im Norden von uns, und da waren jetzt deutsche Soldaten. Unglaublich! So konnte man Erdkunde und Geschichte gleichzeitig behandeln, übrigens mit dem üblichen Patriotismus, der bei uns Schülern aber nicht besonders geweckt werden musste. Kaum Gegenwehr, klar bei unseren guten Waffen.

Zu Hause beim Essen berichtete ich stolz was geschehen war. Meine Mutter murmelte nur zwischen zwei Bissen: „Wo das noch hinführen soll!"

Sie war besorgt. „Ob Papa wohl dabei war?" Wir hatten lange nichts mehr von ihm gehört. Das war eigentlich kein gutes Zeichen. „Aber wenn man nichts von ihm hört, wird er wohl noch am Leben sein."

Bei allem Schlechten hatte sie sich ihre praktische Art noch bewahrt.

Erdkunde war, wie gesagt, eins meiner Lieblingsfächer. In der Schule hatten wir gerade Dänemark und Norwegen intus, da wurden unsere Kenntnisse im Westen erweitert. Um die Niederlande (wir sagten immer Holland) und Belgien. Luxemburg war auch in der Nähe. Und dann auch noch um Frankreich. Wir kamen aus dem Staunen nicht mehr heraus.

In der Schulklasse waren der Krieg und unsere Erfolge im Norden und jetzt im Westen Thema Nummer eins.

Auf einer großen Landkarte zeichnete Etlon den Frontverlauf nach. Alles war so unendlich weit von uns weg, aber auf jeden Fall spannender als Rechnen, das aber keinesfalls vernachlässigt wurde.

Für die beiden Himmelsrichtungen wurden Lieder auswendig gelernt und gesungen. Für den Norden:

„Wildgänse rauschen durch die Nacht
  mit schrillem Schrei nach Norden..."

Für den Westen:
"Kamerad wir marschieren im Westen..."
Wenn ich dann zu Hause berichtete, konnte ich die Reaktion meiner Mutter nicht nachvollziehen. "Wart's ab", war ihr Kommentar. Das war alles dazu?
Ich war manchmal richtig sauer auf sie, meiner Meinung nach war bei uns alles in Ordnung, besser konnte es gar nicht gehen.

Fliegeralarm und erste Bombeneinschläge

Das änderte sich früher als gedacht. Nachts wurden wir plötzlich aufgeschreckt, durch Fliegeralarm und heftiges Flakfeuer. Flugzeuge zogen über uns hinweg mit lautem Gebrumm. Schlaftrunken zogen wir uns so schnell wie es ging an und dann ab in den Luftschutzkeller. Fast alle Bewohner waren da. Wir lauschten unruhig nach oben. Das Brummen entfernte sich, neugierig ging ich nach draußen. Der Scheinwerfer aus Richtung Horneburg suchte den Himmel ab, fand aber wohl nichts, es sah aber toll aus. Bald kam Entwarnung. Alle waren erleichtert. Wir gingen nach oben, schauten uns an und lachten. Wir hatten uns in der Eile nicht richtig angezogen, zum Teil den Schlafanzug noch angelassen, das Hemd auf links und nicht richtig in der Hose. Mutter schimpfte:

"Eure Sachen werden von jetzt an ordentlich und von jedem auf seinem Stuhl griffbereit hergerichtet. Das muss alles in Zukunft schneller gehen. Jeder Handgriff muss sitzen. Habt ihr verstanden?"

"Ja doch."

Beim nächsten Fliegeralarm klappte es schon besser, wieder nachts, wir waren schon im Keller, als wir lautes Brummen am Himmel vernahmen. Die Flak schoss wie wild. Immerfort dieses Peng-Peng-Peng-Peng – die Schalldruckwellen ließen das Haus erzittern. Dann die Explosion der Granaten am Himmel: Blob, blob, blob, blob!

Das hörte und hörte nicht auf.

Fühlten wir uns zunächst noch relativ geborgen in unserem Kellerverlies, verließ uns bald der Mut. Wir zitterten auch.

Auch das noch: Neben der Knallerei der Flak waren dumpfe Detonationen zu vernehmen. Waren das etwa Bombeneinschläge? Man war sich ziemlich sicher, das waren Bomben.

Eine erregte Diskussion begann:

"Bomben? Hier bei uns?" "Was ist hier schon wichtiges zu bombardieren?"

"Das Stickstoffwerk", meinte ein Erwachsener.

„Die Zeche überhaupt", ein anderer.
„Das heißt, wir haben in Zukunft mit mehr Fliegerangriffen und auch mit Bombenabwürfen auf die Zeche zu rechnen", fasste einer zusammen.
„Die Zeche ist ganz in unserer Nähe."
„Es wird auch für uns gefährlich." „Ach was!"
„Das wird schon nicht so schlimm kommen."
Die Flak verstummte, es wurde still draußen. Die Optimisten bekamen wieder Oberwasser.
Dann Entwarnung, der lange Sirenenton beendete die Diskussion im Keller.
Das war das Schlimmste, was wir bisher erlebt hatten.

Obwohl müde, konnte ich nicht sofort einschlafen. Bomben? Ich beschloss, mir alles morgen nach der Schule genau anzusehen.

Tatsächlich, vorherrschendes Thema in der Schule waren die Bombennacht und die Knallerei der Flak. Bei uns in der Nähe und auf dem Weg zur Schule waren keine Schäden zu erkennen gewesen.

Später stellte sich heraus, dass der hintere Teil des Schuhhauses Beckmann getroffen worden war. Fast alle Fensterscheiben im weiteren Umkreis waren zerstört. Vieles lag in Trümmern. Auch auf der Stimbergstraße waren Bomben gefallen und hatten nie gesehene Zerstörungen angerichtet. Dächer waren abgedeckt, Dachpfannen lagen auf der Straße.

Es war offensichtlich, der Krieg, der bisher weit weg stattfand, hatte uns in der Heimat eingeholt. er hatte uns gesucht und gefunden, sozusagen heimgesucht.

Der Schock saß tief und erzeugte Verunsicherung bei den Erwachsenen.

Flaksplitter

Bei uns Kindern galt das Hauptinteresse jedoch den Splittern der am Himmel explodierenden Flak-Granaten, die da auf den Straßen lagen. Wir nannten sie Flaksplitter. Man fand sie jeweils am nächsten Morgen nach einem Fliegeralarm, der häufig nachts stattfand.

Nachts war die Ballerei der Flak am schlimmsten. Man konnte die Flugzeuge zwar hören, aber nicht sehen. Die Scheinwerfer waren nur bei klarem Wetter wirklich hilfreich. War es diesig, brachten sie nicht viel, und wolkig und diesig war es oft.

Die Horchgeräte waren wohl noch nicht ausgereift, so schoss die Flak oftmals Sperrfeuer, wie man das nannte.

Das hieß, es wurde geballert, was das Zeug hielt, nach dem Motto: viel bringt viel. Das versprach auch viele Splitter.

Am darauf folgenden Tag gingen wir Jungen Splitter suchen. Das war fast ein Sport. Eifrig und systematisch wurde die ganze Nachbarschaft abgesucht. Sowohl auf der Straße, in Gärten, Bürgersteigen, Hausgassen, auf Schuppen, als auch in Sträuchern oder Straßengräben. Da sie aus großer Höhe herunter kamen, steckten sie bei weichem Untergrund oft in der Erde, dann wurden sie gesäubert.

Wenn sie noch frisch waren, sozusagen, sahen sie sehr exotisch und interessant aus. Die meisten waren ca. fünf cm lang, gezackt, grau, etwas glänzend, einige grünlich, silbergraue waren besonders schön. Mit Flaksplittern konnte man richtig angeben.

Am begehrtesten waren Splitter von Führungsringen aus Kupfer oder Messing. Die waren wohl für den Drall, die diese Geschosse benötigten, um in große Höhen zu gelangen, vonnöten. Sie waren ca. zwei cm breit, ca. vier mm dick, drei bis vier cm lang und gerifelt. An den Vertiefungen der Riffelung rissen sie wohl bei der Explosion in der Luft ab.

Interessant waren auch die Teile der Granatspitzen. Sie waren aus Leichtmetall. Es war gut zu erkennen, dass sie von der Spitze der Granate stammten.

Wir wetteiferten mit unseren Schätzen untereinander. Ich hatte einen Schuhkarton organisiert, der war fast halb voll davon. Einige hatten noch mehr. Schon angerostet sahen sie nicht mehr so gut aus. Einige von uns nahmen sie mit in die Schule und zeigten sie stolz. Man sollte sie abgeben, das war aber zu viel von uns verlangt.

Später kamen Bombensplitter dazu. Diese gezackten großen Eisenteile, verrostet, lehmig, unansehnlich, bis zu 40 cm lang, ca. 10 bis 20 cm breit, verhältnismäßig dünn, waren uninteressant. Sie waren unattraktiv, zu schwer, um sie mit sich herumzuschleppen. Die konnte man besser dem Klüngelskerl geben.

Zogen viele feindliche Flugzeuge über uns hinweg und die Flak schoss oft und lange, musste man vorsichtig sein, dass man nicht von den unvermeidlichen Flaksplittern getroffen wurde, die dann vom Himmel regneten.

Das Einerlei und die Enge im Luftschutzkeller trieb uns Jungen oft nach draußen an die frische Luft, sowohl nachts als auch am Tage. Wir stellten uns respektvoll nur in den Hauseingang, um nach oben oder an die Seiten zu schauen, weiter traute man sich nicht, um nicht getroffen zu werden. Ein Flaksplitter war nicht selten ca. 6cm lang und 2cm breit und ebenso dick. Das schepperte ganz schön laut, wenn so ein Stück Metall auf das Dach aufschlug und in die Dachrinne kollerte.

Ein Schrapnell solcher Größe aus einer Höhe von 200 bis 300 Metern kommend hätte durchaus eine durchschlagende Wirkung auf unsere Köpfe haben können.

Wertstoffsammeln

Ein Gassenhauer war das Lied:
„Lumpen, Eisen, Knochen und Papier,
ausgeschlag'ne Zähne sammeln wir,
Lumpen, Eisen, Knochen und Papier,
ja das sammeln wir."
Mit dem Lied zogen wir mit viel Spaß durch die Straßen. Der Erfolg war bescheiden.

Lumpen haben wir nicht sammeln können. Es gab zwar die Nachfrage, aber kein Angebot. Die Lumpen hatten wir schließlich an. Das war nicht übertrieben (nach heutigen Maßstäben). Die Jungenhosen waren oft mit Flicken übersät, insbesondere an den Knien. Sie wurden angestückelt, um unserem Wachstum gerecht zu werden, das trotz Krieg und Kriegswirtschaft unaufhörlich stattfand. Ein Keil hinten im Hosenbund war für den wachsenden Leibesumfang zuständig. Trotzdem hatte man ständig Hochwasser, so wurden die zu kurzen langen Hosen bezeichnet.

Eine interessante Mode im Winter war es, die kurzen Sommerhosen über den langen Unterhosen zu tragen. Bei den Jacken war es ähnlich.

Die Schneiderinnen, zumeist geschickte Hausfrauen, hatten viel zu tun. Waren die Kragen der Hemden verschlissen, wurden sie gewendet, danach wurden Kragen aus unten abgeschnittenem Hemdenstoff genäht.

Es wurden viele Pullover aufgeribbelt und neu gestrickt, oft mehrfach und je nach den farbigen Resten unregelmäßig gemustert. Später tauchten sog. Zuckersäcke auf, die konnte man ebenfalls aufribbeln und verarbeiten. Die waren aus Kunstseide. Mangels Zucker waren sie für uns noch zu etwas nütze. Die Mütter waren bestrebt und erfinderisch, ihre Kinder so gut wie es eben ging zu kleiden. Fallschirmseide gab es auch noch, in Streifen (Kunstseide). Schuhe waren das größte Problem.

Eisen war sehr begehrt. Der Klüngelskerl fuhr mit Pferd und Wagen durch die Straßen und machte mit seiner Kirmes-Blechflöte mehr oder weniger melodisch auf sich aufmerksam.

Einige alte Eisenteile haben wir fast immer auftreiben können. Dann gab's vom Klüngelskerl einige Pfennige, die wir sofort in Brausepulver, manchmal Drops oder Salmiakpastillen investierten.

Die Salmiakpastillen wurden angeleckt, auf den Handrücken geklebt und im Laufe eines Nachmittags abgeleckt. Die Handrücken waren schön schwarz davon. Die Zunge auch.

Knochen waren selten, woher sollten wir Knochen haben, wenn Mangel an Fleisch herrschte. da waren die Schweinehalter im Vorteil. Schwarzschlachten war allerdings streng verboten.

Papier brauchten wir selbst, insbesondere zum Feuer machen. Jeden Morgen musste das Feuer im Herd neu angezündet werden, denn wir haben mit Steinkohle das Essen gekocht und damit gleichzeitig die Wohnküche geheizt, der einzige Raum übrigens, der beheizt wurde.

Das Elternschlafzimmer und das Kinderzimmer rechts und links von der Wohnküche wurden gleichzeitig mit gewärmt. Im Winter musste richtig „gestocht" werden, um es warm zu haben.

Die etwas betuchteren Leute heizten mit Briketts, da wurde abends ein Brikett in Papier eingewickelt und auf die letzte Glut gelegt, das hielt an bis zum nächsten Morgen. Damit konnte man eventuell Papier sparen.

Ausgeschlagene Zähne waren beim besten Willen nicht zu beschaffen.

Die genannten Materialien schienen kriegswichtig zu sein. Wir halfen also mit, wie und wo es ging. Schließlich wollten wir den Krieg gewinnen, auch an der Heimatfront.

Sammeln von Kräutern und Kartoffelkäfern

Gesammelt wurde nicht nur freiwillig. Sämtliche Schüler unserer Schule zogen klassenweise in die Natur. Mit einem Sack und einer Schere bewaffnet, sammelten wir bei schönem Wetter (es musste trocken sein):
- Brombeerblätter (in Mengen, separat zu halten)
- Schafgarbe (seltener)
- Breit- und Spitzwegerich (die musste man ausstechen, seltener)
- Huflattich (selten)
- Hirtentäschelkraut (selten)
-Sauerampfer (selten)

So machten wir mit unserem Klassenlehrer Ausflüge in die Umgebung, um sie besser kennen zu lernen. Gut, dass die Haard in der Nähe war, da war man schnell erfolgreich und lernte praktische Botanik. Die höheren Klassen machten es ebenso. Die gesammelten Blätter wurden in Räumen oben auf dem Dachboden der Schule zum Trocknen ausgebreitet. Unter den Dachpfannen war es im Sommer heiß und trocken. Ein Raum war nur mit Brombeerblättern ausgelegt, mindestens 20 cm hoch. Das roch angenehm.

Im Sommer wurde unsere Klasse angesetzt, speziell Kartoffelkäfer zu suchen. Dazu musste es trocken und das Kartoffelgrün schon etwas höher sein, damit es sich für diesen Schädling lohnte.

Wir gingen, jeder in seiner Furche, die Reihen entlang. Sehr bald lernten wir, dass der Kartoffelkäfer nicht das Problem war, sondern seine Larven. Die waren rot, glitschig und eklig. Sie traten, wo sie gefunden wurden, in Massen auf und fraßen das Kartoffellaub ratzekahl ab. Wir sammelten sie in die mitgebrachten Dosen oder Gläser.

Sie versuchten immer wieder herauszukrabbeln.

Die gelbschwarz gestreiften Kartoffelkäfer waren eher selten. Wir haben sie aber nicht verschmäht, um die Verbreitung bzw. Vermehrung zu unterbinden.

Ich habe total vergessen, was wir mit unserer Beute zum Schluss gemacht haben, vernichtet haben wir sie aber auf alle Fälle.

Wo kamen die bloß so plötzlich her?

Ich habe vorher und danach nie wieder Kartoffelkäfer oder deren Larven angetroffen.

Einkellerung von Kohle und Kartoffeln

Zum Spätherbst musste – wie jedes Jahr – Vorsorge für den Winter getroffen werden. Zum Heizen und Kochen wurde Steinkohle beschafft, unsortiert war sie das preiswerteste. Koks, Eierkohle, Briketts und Anthrazit waren deutlich teurer. Ein nicht geringer Platz im Keller war hierfür vorgesehen.

Da wir sozusagen auf der Kohle wohnten, wurde das reichlich bemessene Deputat der Bergleute angezapft. Das half beiden Seiten. Es war mühsam, die unsortierte Kohle in den Keller zu schaffen, die auf dem Bürgersteig oder vor dem Haus auf der Straße lag. Sie musste mit Eimern in den Keller geschafft werden. Das dauerte Stunden, auf meine Kinderarbeitskraft konnte dabei nicht verzichtet werden.

Holz zum Feuermachen wurde das ganze Jahr über organisiert. Es musste auf ca. 20 cm gesägt und klein gehackt werden und wurde im Stall oder ebenfalls im Keller gesammelt.

Geradezu lebenswichtig war die saisonale Beschaffung und Einkellerung von Kartoffeln. Kartoffeln waren das Grundnahrungsmittel schlechthin. Beinahe täglich gab es sie zu essen.

Das „Arme-Leute-Essen" damals, Pellkartoffeln mit Hering, schmeckte prima, besonders wenn man wie ich geradezu ständig Hunger hatte. Wer dachte daran, dass dieses Gericht überaus gesund war, reich an Omega-3-Fettsäuren?

Reibekuchen, auch Reibeplätzchen oder Kartoffelpuffer (vornehm: „Röstis") waren eine Delikatesse.

Pommes oder Kartoffel-Chips gab es nicht, die wurden erst viel später erfunden, Reis (noch) und Nudeln gab es selbstverständlich auch, waren aber nicht so vielseitig zu verwenden wie Kartoffeln, und teurer.

Die Menge der Einkellerungskartoffeln und der Familienstand bestimmten die Größe der Kartoffelkiste. Man konnte einen Händler beauftragen, der brachte sie bis in die Kiste, das war verhältnismäßig teuer.

Eine preiswertere, aber unbequemere Methode war, die Kartoffeln beim Bauer direkt auf dem Feld zu ernten. Gegen Naturalien – eben Kartoffeln statt Lohn.

Beide Seiten, der Bauer und der Verbraucher, profitierten davon.

Die Kartoffeln, damals in größeren Mengen angebaut als heute, mussten im Herbst und innerhalb weniger Wochen aus der Erde, lässt man die Sorte Frühkartoffeln außer Betracht.

Kühlhäuser, wie heute, in denen das saisonale Überangebot ausgeglichen werden konnten, hatten die damals vorherrschenden Klein- und Mittelbetriebe nicht. Das bedeutete zusätzliches Personal für wenige Wochen, das nur schwer zu beschaffen war, weil u.a. die jungen Männer fehlten, sie waren zum Arbeitsdienst oder Militär eingezogen.

Es gab damals deshalb noch Herbstferien, wir nannten sie Kartoffelferien, das half, aber nicht ausreichend.

Unser Partner in diesem Deal, und das schon seit mehreren Jahren, war Bauer Mersmann. Sein Hof oder das, was noch davon übrig geblieben ist, befindet sich noch heute an der früheren Haltestelle Schachtstraße der Straßenbahn Richtung Datteln.

Die Kartoffel-Äcker befanden sich direkt hinter seinem Haus.

Unsere Gruppe von Müttern und Kindern, darunter auch meine Mutter und ich, gingen früh morgens bei gutem Wetter zu Fuß mit dem Bollerwagen nach Mersmanns. Der Bauer pflügte seine in langen Reihen angehäufelten Kartoffeln, deren Laub schon gelb war, mit dem Pflug aus dem Boden.

Die Frauen knieten auf der Erde und wühlten mit ihren Händen die Reihen entlang die Kartoffeln aus der Erde und legten sie in Körbe, die sie neben sich mitführten.

War der Korb voll, tauschten wir Jungen ihn gegen einen leeren Korb aus und brachten den vollen Korb zum Sammelpunkt, wo die Kartoffeln vom Bauern in Säcke gefüllt und zum Abtransport bereitgestellt wurden. Später wurden sie mit der Dezimalwaage gewogen. Ein Sack wog einen Zentner (50 kg).

Man musste sich ranhalten, die Körbe waren ruck zuck voll.

Mit Fortschreiten der Buddelei wurde der Abstand zwischen Produktionsstandort und Zwischenlager immer größer, sogar Christel half mit. Während der anstrengenden Arbeit wurde wenig gesprochen, man musste schließlich sein Pensum schaffen.

Nach ca. zwei Stunden wurde eine kurze Pause eingelegt, man stand auf, trank was, machte sich frisch. Dabei löste sich die Anspannung, es wurden Witze gemacht, gelacht. Die Frauen, die nicht so recht mithalten konnten und so in ihrer Furche zurückgeblieben waren, wurden veräppelt.

Dann ging's weiter, bis zum Mittag.

Anschließend wurde abgerechnet. Eine Teilmenge wurde auf den Bollerwagen verladen, der Rest wurde geliefert.

Nachdem wir uns an der Pumpe draußen gewaschen hatten, gab's was zu essen. Alle waren müde von der Arbeit, aber guter Dinge und hungrig. In der großen Küche wurde aufgetischt. Der Appetit wurde allerdings durch eine Unmenge an Fliegen dort geschmälert. Insbesondere hinter dem Herd war die Wand schwarz davon. So was hatte ich noch nie gesehen. Mit einem Schwupp war die Hand voll von Fliegen. Was zunächst interessant war, wurde fies.

Gegessen wurde trotzdem. Nur Christel bekam fast keinen Bissen hinunter.

Wir Kinder konnten nicht lange sitzen bleiben. Die Katze war interessant, riss aber vor uns aus.

Bauer Mersmann hatte gute Laune, alles hatte prima geklappt. Ein nicht geringer Teil seiner Ernte war eingefahren und an den Mann (an die Frau) gebracht.

Er beschloss, uns Kindern den Hof zu zeigen, auf den er sichtlich stolz war.

Wir waren eher enttäuscht, überall stank es. Der Misthaufen war vor dem Haus, nicht dahinter, wie bei meinen Großeltern. Alles war sicher zweckmäßig, aber nicht ordentlich.

Er bemerkte unsere Zurückhaltung und begann über die „Städter" im Allgemeinen und Besonderen zu schimpfen, die sich nicht die Hände schmutzig machen wollten. Das geht auf einem Bauernhof aber nicht.

„Auch wenn wir überwiegend im Stall und auf dem Feld arbeiteten, sind wir noch lange keine Schmutzfinken.", führte er aus.

„Ihr meint wohl, wir Bauern würden unsere Hände nicht pflegen", sagte er zu uns. „Schaut her, sehen meine Hände nicht gut aus?"

Zweifellos, seine großen, nervigen, mit Adern durchzogenen Hände waren gut durchblutet, das mussten wir anerkennen.

„Wenn ich mich mal an den Händen verletzt habe, und das kommt öfter vor, renne ich nicht sofort zum Arzt, sondern ich kuriere sie mit Kuhscheiße", erklärte er uns. Wir waren baff.

„Ich reibe sie damit ein, das heilt sehr schnell und sicher, wirklich."

Ich dachte, er hat zweifellos gesunde Kühe, das hatten wir gesehen, aber deren Scheiße?

„Man sollte bei ihm die Milch holen und sich gleichzeitig seine Verletzungen kurieren", meinte mein Freund Axel. Schrammen hatte man schließlich immer. Ich schüttelte ungläubig den Kopf.

Der Bauer schaute uns listig an. In seinem Blick war so etwas wie „hättet ihr nicht gedacht, was", oder „wollt ihr das nicht auch mal ausprobieren" zu lesen. Er ließ uns etwas ratlos zurück. Mein Freund Axel raunte mir zu: „der wollte uns verarschen." Amüsiert malten wir uns aus, was unsere Mütter wohl sagen würden, wenn wir mit der „grünen Salbe" an den Händen nach Hause kämen.

Insbesondere bei meiner Mutter, die uns stets, wenn wir die Wohnung betraten, mit den Worten „Füße abputzen, Hände waschen!" empfing, war das ein lustiger Gedanke.

Außerdem, wo sollte man die grüne Soße hernehmen.

Im Gegensatz zu Pferdeäpfeln, die gab es zuhauf in den Straßen, weil die Gemüse-, Kohlen-, oder Kartoffelhändler stets mit Pferdekarren unterwegs waren.

„Man sollte das wirklich mal ausprobieren", meinte einer. Wir kosteten das Thema aus und lachten uns schief.

Dann gingen wir zurück in die Küche. Dort war Aufbruchsstimmung.

Wir machten uns zufrieden mit dem Geleisteten und Erlebten auf den Heimweg. Unsere Gruppe kam nur langsam voran. Die Arbeit hatte uns ganz schön geschlaucht.

Herbst und Ende 1940

Nach dem Ende der Kartoffelernte wurde das trockene Laub der Kartoffeln auf den Feldern verbrannt. Rauchschwaden durchzogen die bäuerliche Landschaft rund um Rapen. Im Herbst war auch Versetzung. Im zweiten Schuljahr sind wir von Sütterlin auf die lateinische Schriftart umgestiegen. Die neue Schrift fand ich besser als die alte. Mir ging sie leichter von der Hand, sie war runder, flüssiger. Dadurch ging's auch schneller. Alles kein Problem.
Ein neues Lied kam auf:
Bomben auf Engeland
„Hörst du die Motoren singen - ran an den Feind,
    hörst du's in den Ohren klingen – ran an den Feind."

Über Frankreich wurde kaum noch gesprochen. Die Luftschlacht über England hielt uns in Atem. Die Menschen dort litten genau so wie wir, im Moment eher noch mehr.
Am Ende des Jahres wurde es stiller damit. Wer hat gewonnen? Hat überhaupt einer gewonnen?
Ich tippe auf unentschieden nach der ersten Halbzeit. Denn über uns zogen immer wieder Bomber hinweg, ließen uns in Rapen aber unbehelligt.
Es gab bestimmt lohnendere Ziele als uns. Dann schoss die Flak wieder heftig, natürlich gab's Alarm, man kann ja nicht wissen, was die da oben vorhaben.
Es gab auch einzelne Bombenabwürfe auf die Scheinzeche. Die Scheinzeche lockte mit ihrem Schein (daher der Name) die Bomber an. Es war daher durchaus gefährlich in ihrer Nähe zu wohnen, wie z.B. in Oer, fiel mir ein. Vielleicht haben die Piloten sich auch mal gestört gefühlt und haben zwischendurch mal gezeigt, was sie drauf haben. In Datteln richteten sie mehrere Schäden an.

Im Luftschutzkeller musste der Koksofen angeworfen werden. Es wurde empfindlich kalt. Vom Vater wenig Post.
Das alte Jahr ging vorüber, ich weinte ihm nicht nach.

Erste Kinderlandverschickung

Die ersten fünf Monate in 1941 waren, was den Fliegeralarm anging, relativ ruhig. Feindliche Flugzeuge zogen zwar über uns hinweg, ließen uns aber in Frieden. Alles ging seinen Gang, es war nicht so übel, schon fast langweilig, denn die Schule war keine besondere Herausforderung.

Dann kam was ganz Neues.

Lehrer Nolte informierte uns trocken über ein Rundschreiben des Reichsleiters Bormann vom 27.09.1940 zur „Landverschickung der Jugend luftgefährdeter Gebiete". Die Jugend aus den Gebieten, die immer wieder nächtlichen Luftalarm haben, auf der Grundlage der Freiwilligkeit, sollten in die übrigen Gebiete des Reiches geschickt werden. Die Unterbringung sollte wenn möglich Schul- bzw. Klassenweise erfolgen.

Eine Werbung bzw. Propaganda sollte bei den Eltern erfolgen, zwecks freiwilliger Meldung der Kinder.

Bei den „Eltern", soso! Mein Vater war seit Ende 1939 Soldat. Bei den „Müttern" wäre besser gewesen. Aber was war so wichtig daran?

Die Tragweite dieser Nachricht war uns noch nicht ganz klar, da eröffnete uns unser Lehrer, dass unsere Region, in der wir Schüler lebten, zu den luftgefährdeten Gebieten gehörte, um die es ging. Aha!

Gleichzeitig gab er bekannt, dass ein Transport von Jungen und Mädchen unserer Schule nach Oberbayern geplant war, um uns aus unserem gefährdeten Gebiet in Sicherheit zu bringen.

Wir staunten nicht schlecht. Klar, es war öfter Alarm, d.h. die Sirenen heulten, die Flak schoss, auch in der Nacht. Aber dass unser Rapen zu den luftgefährdeten Gebieten gehörte, war uns nicht klar gewesen.

Völlig überrascht waren wir, als unser Lehrer uns fragte, wer von uns überhaupt Interesse hätte, mit einem Transport durch die Kinderlandverschickung (KLV, schon der Name faszinierte) nach Oberbayern zu fahren.

Die Resonanz war nicht sehr groß, aber einige Schüler waren interessiert, darunter auch ich, und hakten nach. Wann, wohin, wie lange z.B.

Eine lebhafte Diskussion in der Klasse begann. Ich sah meinen Klassenkameraden rechts neben mir an, „was meinst du, fahren wir mit?"

„Bist du verrückt?"

„Wieso, das wär' doch klasse, wir beide in Bayern."

„Nee, meine Eltern würden das nicht erlauben."

„Aber wieso denn? Du hörst doch, da sind wir sicher."
„Nö, hab keine Lust."
Der Lehrer rief laut „Ruhe!" und die Klasse beruhigte sich etwas.
„Wer mitfahren will, bekommt jetzt frei, packt seinen Tornister und fragt seine Eltern und kommt wieder zurück. Die ersten zehn, die sich melden, fahren mit. Es geht nach Oberbayern. Dauer etwa acht Monate, evtl. länger!"

Acht Monate von zu Hause weg? Bei den meisten Jungen verebbte die Begeisterung, bei mir und einigen wenigen nicht. Wir packten unsere Tonne und rannten, so schnell es ging, nach Hause.

„Mutter, darf ich nach Oberbayern?", fragte ich atemlos.

„Still, Liesel schläft."

Ja doch, auf Liesel musste immer Rücksicht genommen werden. Immer noch atemlos vom Dauerlauf berichtete ich von der Neuigkeit, mit dem Zug nach Bayern fahren zu können durch die KLV.

„Mama, in der Schule hat der Lehrer uns Schüler gefragt, ob wir nach Oberbayern mitfahren wollen, es geht ein Transport dahin, wir sind da sicher, sagt er."

„Kind, du bist nicht ganz gescheit, für wie lange soll das denn sein?"

„Acht Monate etwa. Mama, sag ja, ich möchte da hin."

„Sag dem Lehrer, dass ich einverstanden bin, aber nur unter der Bedingung, dass Christel mit kann. Eine Luftveränderung wird euch gut tun."

Ich rannte los, als einer der Ersten kam ich zurück und informierte den Lehrer über die Bedingung meiner Mutter.

Der Lehrer war einverstanden!

Hurra, es ging also nach Bayern – quer oder längs durch Deutschland. Ein Abenteuer – nicht durch ein Buch hervorgerufen – sondern in echt!

Meine Schwester war ganz und gar nicht begeistert. Sie war sechs Jahre alt, ich immerhin schon acht Jahre alt. Sie wollte nicht mit, sie wollte zu Hause bleiben bei Mutter und in ihrer vertrauten Umgebung. Mein Fernweh war für sie nur schwer zu verstehen. Aber sie fuhr mit, das war die Hauptsache. Sehr gut, alles Weitere wird sich finden, fand ich.

Wir bekamen einige Zeit später die Nachricht, dass es nach Weilheim ging, jedenfalls für uns beide. Einige Klassenkameraden fuhren weiter nach Uffing. Meine besten Freunde fuhren leider nicht mit oder wollten später fahren.

Auf nach Oberbayern

Der Tag der Abreise rückte näher und überschattete jedes Gespräch. Wie wird es uns dort ergehen?

Die Unsicherheit, ob die Entscheidung für die KLV die richtige war, verflog sehr bald in den kommenden Nächten mit Fliegeralarm, dem Getöse der Flakgeschütze, mit dem Splitterregen und den Gesprächen im Luftschutzkeller, wie z.B.: „Ihr habt es bald besser als wir, ihr könnt nach Bayern, nachts durchschlafen und seid vor Bombenabwürfen sicher."

Dann kam der Tag der Abreise. Wir fuhren mit meinem Schultornister bepackt mit der Straßenbahn nach Recklinghausen.

Auf dem Bahnsteig war richtig was los.

Der Sonderzug nach Bayern war nur für uns Kinder mit dem entsprechenden Aufsichtspersonal (Frauen in Schwesterntracht) für uns eingesetzt worden.

Wir bekamen jeder eine Karte um den Hals gehängt mit den persönlichen Daten und dem Zielort. Dann wurden wir mit viel Gerede und Gerufe in unser Abteil eingewiesen. Meine Schwester hatte ich immer an der Hand, unsere Mutter hatte uns eingeschärft, immer zusammen zu bleiben. Mir hatte sie speziell aufgetragen: „Pass auf Christel auf, hörst du!"

„Ja, klar."

Der Zug fuhr an, es ging los. Wir waren zu viert im Abteil.

Die Schwestern liefen immer noch voller Sorge um uns im Gang hin und her. Das legte sich aber bald. Es wurde ruhiger im Zug. Das gleichmäßige Geratter und die Aufregungen der vergangenen Stunden machten uns schläfrig. Aufgeschreckt wurden wir nur, wenn der Zug hielt, einige aus- und zustiegen oder wenn es was zu trinken oder zu essen gab.

Bald wurde es dunkel. Die Rücklehnen wurden hochgeklappt und wir legten uns hin, um zu schlafen, alles unter dem wachsamen Blicke unserer Reiseleitung.

Ich schlief oben, mit dem Kopf zum Fenster, und konnte aus dem Fenster sehen. Wenn der Zug in einen Bahnhof einlief und stand, war geschäftiges Treiben zu beobachten. Alles sehr interessant. Die Müdigkeit nahm zu und alle schliefen erschöpft ein.

In Weilheim

Dann stand der Zug. Rufe ertönten, Türen klappten auf und zu. Wir schreckten hoch. Wir waren in Weilheim angekommen. Es war schon hell, wir hatten bis jetzt durchgeschlafen. Einige Kinder, darunter auch meine Schwester und ich, mussten aussteigen. Die anderen fuhren weiter.

Wir suchten unsere Siebensachen zusammen und stiegen aus dem Zug. Unsere Karten um den Hals wurden gemustert und mit freundlichen Worten ging's in den Warteraum des Bahnhofs. Hier bekamen wir Milch und Butterbrote.

Bald wurden wir abgeholt und mit einer Kutsche zu unseren Pflegeeltern gebracht. Die empfingen uns sehr freundlich, wir bekamen ein schönes helles Zimmer zugewiesen, nur für uns beide. So schön war es zu Hause nicht. Die Familie hatte zwei Mädchen, die älter als wir waren.

Auch die beiden Mädchen waren sehr nett zu uns. Wir konnten sie erst kaum verstehen mit ihrem bayrischen Dialekt, insofern war das Eingewöhnen für uns nicht einfach. Waren wir allein in unserem schönen Zimmer, hatten wir keinen Sinn für unsere Umgebung, sondern es überkam uns das heulende Elend über unsere Lage, und die Sehnsucht nach der vertrauten Umgebung und der Mutter war übermächtig.

Plötzlich war Christel weg. Die Pflegemutter war außer sich.

„Vor wenigen Minuten war sie noch hier", sagte ich. Panik kam auf, die beiden Maderln und ich rannten aus dem Haus und in verschiedenen Richtungen die Straße entlang.

Ich rannte einfach nur geradeaus die Straße entlang, da sah ich sie, sie lief ebenfalls geradeaus immer weiter, tränenüberströmt.

Als ich sie eingeholt hatte, nahm ich sie in den Arm und wollte sie beruhigen. Sie rief fortwährend: „ich will nach Hause, ich will zu Mama, Mama soll uns holen."

„Aber das ist doch schön hier", sagte ich.

„Nein, nein, ich will nach Hause", schluchzte sie.

Sie hatte es schwer, es lag aber nicht an unseren Pflegeeltern. Ihr Leid übertrug sich auch auf mich. Es war daher wichtig, recht bald zur Schule zu gehen. Das war eine große Ablenkung und Abwechslung.

Denn es war kaum was los in unserem täglichen Trott im Gegensatz zu früher zu Hause. Fliegeralarm gab's nicht, keine Flak weit und breit, und nachts konnte man durchschlafen, aber man war nicht hundekaputt, uns fehlte der Stress – ohne Frage.

Im Herbst kam ich in die dritte Klasse und Christel wurde eingeschult.

Sie bekam einen gebrauchten, echt ledernen Schultornister von unseren Pflegeeltern. Er war etwas abgewetzt, aber stabil und funktionstüchtig. Ein Mädchentornister, sagte sie stolz, mit halber Klappe, Jungentornister haben eine ganze Klappe.

Sie entpuppte sich als gute Schülerin, auch ich war meinen Klassenkameraden im Lehrstoff voraus. Das führte bei mir wohl zu einem Überheblichkeitsgebaren, denn ich hatte ständig Zoff mit meinen Mitschülern, die noch nie einen Flaksplitter gesehen hatten, keinen Scheinwerfer kannten, kein Sirenengeheul. Sie hatten auch keinen Luftschutzbunker oder Luftschutzkeller. Kurz, sie waren meiner Meinung nach weit hinter dem Mond und deshalb bequem und zufrieden und friedfertig. Deshalb waren wir ja dorthin geschickt worden, klar, aber wenn gar nichts passierte?

Meine Unzufriedenheit und Unterforderung traf bald auch die beiden Schwestern im Haus, mit denen ich zunehmend in Streit geriet.

Dann passierte doch was, etwas Erfreuliches.

Unsere Mutter tauchte plötzlich auf und besuchte uns. Ich bekam noch mit, wie unsere Pflegemutter sagte: „Die Christel kann hier bleiben, aber den Jungen wollen wir nicht mehr haben, der bringt alles durcheinander."

Für meine Mutter gab's nur eins, die beiden Kinder bleiben zusammen. So holte sie uns nach Uffing. Wir bekamen dort ein Gästezimmer im Gasthaus Großmann. Dort waren wir mit unserer Mutter zusammen, die Welt war wieder in Ordnung. Sie bewohnte dort mit Liesel auch ein Gästezimmer und arbeitete bei Großmanns als Bedienung und in der Küche.

In Uffing am Staffelsee

Bis auf Vater, der irgendwo als Fahrer vom Bock in Russland unterwegs war, waren wir wieder komplett. Uffing, etwa 25 km südlich von Weilheim, war landschaftlich schöner als Weilheim. Man konnte bei klarem Wetter sogar die Alpen sehen. Der tiefschwarze Staffelsee mit seiner geheimnisvollen Insel versprach Abenteuer.

Das Gasthaus Großmann war imposant und lag mitten im Dorf. Die Eingangstür aus Eichenholz war repräsentativ, dahinter lag eine Eingangshalle. Davon ab ging linker Hand ein Speiseraum mit mehreren Tischen mit jeweils vier Stühlen. Hier hat meine Mutter bedient, ich sehe sie noch vor mir mit ihrer Dirndlschürze. Rechts ging es in den großen Gastraum mit Theke, dahinter waren die Küche und der Saal. Vom Eingangsbereich führte eine große stabile Holztreppe nach oben zu den Gästezimmern. Hier schliefen wir, ein Zimmer für Christel und mich, eins für Mutter und Liesel. Links neben der Treppe war ein großes Bild einer Brauerei, ca. einen Quadratmeter groß, farbig mit einem rauchenden Schornstein.

Das Haus hatte die bayrische Lüftl-Bemalung und war sehr schön anzusehen. Rechts neben dem Haus war noch eine überdachte Kegelbahn, an den Seiten offen. Die Bahn selbst war aus Betonestrich, die Kugeln und Kegel aus Holz, alt und abgenutzt und nicht immer ganz rund. Leider waren die Kegel und Kugeln für uns Kinder immer weggesperrt.

Eine schöne Zeit schien anzubrechen. Mutter lernte die bayerische Küche kennen und schätzen. Meine Schwester und ich hatten die Umschulung schnell verkraftet. Wir gehörten bald wieder in unseren Jahrgängen zu den Besten. Fliegeralarm gab es nicht. Frau Maslowski, unsere Nachbarin aus der Yorckstraße mit ihren Kindern Fritz und Anita, sowie Biskupskis waren auch in Uffing. Fritz war auch zuerst in Weilheim. Bei einer Familie mit sechs Kindern hat er es nicht lang ausgehalten. Wir trafen uns an der Aach, planschten im Wasser, lagen und spielten auf der Wiese oder versuchten zu angeln. Als Köder benutzte ich Muscheln, die ich im Bach fand, so sauber war das Wasser. Leider hatte ich keinen Erfolg, der gebogene Nagel als Angelhaken war nicht gut genug.

Es war zu schön, um länger zu währen.

Unsere Mutter musste zurück nach Erkenschwick, Frau Maslowski und Anita auch, Fritz blieb.

Wir waren wieder zusammen allein, meine Schwester und ich, und traurig, vor allem Christel.

Ich war zusätzlich wütend. Das bekam mein ständiger Widersacher im Haus zu spüren, ein Kinderlandverschickter wie ich. Er kam aus Haltern, war vielleicht ein Jahr älter als ich. Wir hatten ständig Streit miteinander, vielleicht weil er der Liebling des Hauses war.

Der Streit eskalierte wenige Tage nach der Abreise meiner Mutter so weit, dass wir uns mit Steinen bewarfen. Ich bin sicher, er hat damit angefangen. Die Arena war zwischen Haus und Kegelbahn.

In dieser Disziplin war ich ihm überlegen. Ich traf ihn am Schienbein, es gab ein großes Geschrei, der arme Junge musste ärztlich behandelt werden und ich bekam Stubenarrest.

Als ich vor Langeweile das Kinderbett als Trampolin benutzte, krachte es zusammen. Der Lattenrost brach in zwei Teile, die Seiten klappten nach innen, ich lag darunter. Die Konsequenz war wie in Weilheim: das Mädchen kann bleiben, der Junge muss gehen.

Umzug nach Gegenüber

Natürlich blieben wir zusammen, dafür hat die NSV gesorgt.

Wir wurden aber nicht in einen anderen Ort verfrachtet, sondern bekamen Quartier gegenüber bei einem Malermeister. Die Familie nahm uns freundlich auf, aber ich schrieb die erste Postkarte meines Lebens zur Mutter, die fast nur eine Aussage hatte: „Mama, hol uns wieder nach Hause." Meine Schwester Christel unterstützte mich dabei, indem sie schluchzte, ihre Tränen nicht mehr zurückhalten konnte.

Der Umzug brachte aber einen Vorteil.

Hier hatten wir Familienanschluss. Großmann war wohl von Anfang an nur eine Zwischenstation, denn ohne unsere Mutter wären wir ohne familiäre Betreuung gewesen. Die Wirtsleute Großmann hatten kaum Zeit für uns.

Unser neues Zimmer war sehr schön. Vom Fenster aus konnten wir unser früheres Domizil sehen. Der Kleiderschrank und die Bettgestelle (Holz) waren bunt bemalt. Die bayrische Bauernmalerei, Grundton blau mit Blumengirlanden, gefiel uns gut, aber die Mutter fehlte uns sehr.

Wir trösteten uns damit, dass sie uns nicht aus freiem Willen verlassen hatte. Die musste wohl zurück.

Mama hatte wohl andere Sorgen, sie wusste uns in Sicherheit gegen Fliegerangriffe und ließ uns, wo wir waren. Wir mussten uns also fügen.

Unsere „Pflegeeltern" sind mir nicht in schlechter Erinnerung geblieben.

Gut war, dass wir weiterhin in unsere bisherige Schule gehen konnten und nicht wieder irgendwo neu beginnen mussten.

An Uffing und den Staffelsee erinnere ich mich sehr gern. Viele Jahre später war ich dort noch zwei Mal in Urlaub und habe meine örtlichen Erinnerungen aufgefrischt.

Von dort konnte man bei gutem Wetter die Alpen sehen. Sie schienen so nah, dass wir an einem frühen Nachmittag aufbrachen und in südlicher Richtung marschierten, um sie uns näher anzusehen. Wir, eine Gruppe von KLV-Kindern, liefen stundenlang bis zur Erschöpfung – die Berge kamen nicht näher und wir mussten unverrichteter Dinge zurückkehren.

Müde, zerschlagen, hungrig und durstig kamen wir in der Dämmerung wieder zu unseren Pflegeeltern zurück, die bereits in Sorge um uns waren. „Kinder, Kinder, was macht ihr nur für Sachen..."

Um eine Erfahrung reicher fielen wir, nachdem wir uns gewaschen und gegessen hatten, ins Bett.

Der Staffelsee

Die Umgebung gefiel uns Kindern sehr. Der Staffelsee ist ein Moor-See. An einigen Stellen war das Ufer moorig-sumpfig. Moor hatte für mich etwas heimatliches, schließlich bin ich im Teufelsmoor geboren. Er war zwar weit weg für uns, wir mussten lange laufen, um ihn zu erreichen, aber er war sehr schön anzusehen in seiner ruhigen, tiefschwarzen, geheimnisvollen Art und Weise, wie er sich uns präsentierte.

Die kleine Insel verbarg gewiss ein Geheimnis, das zu enthüllen war. Von uns natürlich. Irgendwann wollten wir uns davon überzeugen.

Es gab Ruderboote am Ufer, die man für zehn Pfennig pro Stunde mieten konnte. Für zehn Pfennig konnte man am Automaten drei Eckstein-Zigaretten ziehen. Wenn man also das Geld hatte, musste man sich wohl oder übel entscheiden, ob man angeben oder rudern wollte.

Das Rudern auf dem See machte Spaß, man konnte sich austoben. Mehrfach bin ich allein um die Insel gerudert, sie allein zu betreten habe ich mich aber nicht getraut.

Bei schönem Wetter war ich oft am See, man konnte dort auch baden und traf sich mit anderen Kindern.

Die größeren Boote hatten Platz für sieben Erwachsene. Auf einer Bank in der Mitte Platz für drei Personen, außen die Ruderer, dazu halb vorn und hinten noch je eine Bank für zwei Personen, in den Spitzen waren noch zwei Notplätze.

Einmal an einem Sonntag durfte ich mit einer lustigen Gesellschaft mitfahren. Das Boot war völlig überladen. Als man bemerkte, dass das Boot bis fast an den Rand im Wasser lag, gab es fast eine Panik an Bord.

„Vorsicht, nicht schaukeln", kreischte eine Frau. „Ich kann nicht schwimmen", riefen Kinder.

Da ich auch nicht schwimmen konnte, war ich froh, wieder am Ufer angekommen zu sein. Mit zittrigen Knien stieg ich aus. „Da rudere ich lieber alleine, wenn es nur nicht so teuer wäre", sagte ich zu meinen Kumpanen, die am Ufer zurückgeblieben waren. Sie konnten im Übrigen auch nicht schwimmen.

Der Herbst 1941 war in meiner Erinnerung sehr schön und warm. Fliegeralarm gab's nicht, also auch keine Bomberpulks am Himmel, einfach klasse!

Wir, die Preußen

Wir „Ferienkinder", wie man uns auch nannte, brachten etwas Schwung in die friedliche dörfliche Kinderidylle, durch unsere (städtische) fixere Art und unsere Unternehmungslust. Klar, unsere ruhigen und vorsichtigen Mitschüler sind ja zu Hause geblieben.

Natürlich fielen wir schon durch unsere hochdeutsche Sprache auf. Wenn wir dann von Fliegeralarm, Flak, Scheinwerfer, Bomben und Bomberpulks mit ihren Kondensstreifen am Himmel redeten, sperrten sie Mund und Nase auf. Wir waren Exoten, zweifelsohne, auch in Uffing.

In der Schule waren wir alle gleich, so war das Miteinander kein Problem, mit Ausnahmen natürlich.

Gab es Ärger untereinander, waren wir die „Preußen", auf bayrisch „Preißn", das reimte sich prima auf scheißen und wurde gnadenlos angewendet, insbesondere wenn die „Buam" sich unterlegen fühlten. Saupreiß war auch ein gängiger Ausdruck. Einen bleibenden psychischen Schaden habe ich aber nicht davon bekommen.

Da ich relativ groß für mein Alter war, orientierte ich mich oft nach den größeren, älteren Mitschülern.

Unter den „Buam" war mir seit längerem ein stets gut angezogener Junge aufgefallen. Ein ruhiger Typ, vielleicht 2 Jahre älter als ich, in meiner Größe, etwas blass im Gesicht. András, „Androsch" gesprochen, ein gebürtiger Ungar, wie er mir sagte.

Er war immer gut angezogen. Schöne Schuhe hatte er, braune, elegante Lederschuhe. Er war anders als wir, schon in seinen Umgangsformen, seiner Höflichkeit. Er zog mich in seinen Bann und ich war gern mit ihm zusammen.

Wir freundeten uns an. Einmal nahm er mich mit zu sich nach Hause.

Das Haus seiner Eltern, etwas abseits vom Ortskern gelegen, in einem Busch oder Wald, irgendwie versteckt oder abgesondert, war anders als die schönen, prächtig bemalten Häuser der Region.

Ein Einfamilienhaus, anderthalb geschossig, nicht sehr groß – eine Villa? Ein Refugium?

Es war aus Stein, ursprünglich weiß verputzt. Der Putz war mittlerweile graugrünlich von Algen aufgrund der vielen hohen Bäume ringsherum.

Auch das Dach. Insofern wirkte es, als hätte es schon bessere Tage gesehen.

Ringsherum nur Rasen und Bäume, kein Garten. Ein Weg zum Hauseingang in der Mitte – keine großzügige Zufahrt – alles mehr oder weniger zugewachsen.

„Komm' rein", sagte Androsch.

Seine Mutter, eine zierliche, schwarzhaarige, schlanke Frau begrüßte mich freundlich. Androsch lebte mit seiner Mutter allein in diesem Haus. Geschwister hatte er keine. Vom Vater wurde nicht gesprochen, er war wohl Soldat.

Beeindruckt war ich von den großen Hirschgeweihen, den Jagdgewehren, einer alten Armbrust an den Wänden. Auch Säbel oder Degen konnte man bewundern, sowie einen offenen Kamin. Auf dem Fußboden lagen Teppiche.

Man musste sich benehmen, das war klar. Für die Limonade, die ich von Androschs Mutter bekam, habe ich mich höflich bedankt. Wenn es sein musste, konnte auch ich so was.

„Freut mich, wenn es dir geschmeckt hat" und „was habt ihr heute noch vor?", fragte sie. „Wir wollen noch in den Wald, da soll es einen Holzschuppen geben mit einer Kanone drin, hat mir Androsch erzählt", erwiderte ich.

Das Geheimnis im Wald

Mit einem freundlichen „Macht's gut" waren wir entlassen und konnten uns auf den Weg zum Schuppen machen.

Androsch hatte sich einen Hut aufgesetzt und ein Spielzeugschwert umgegürtet, mir gab er auch eins aus Holz. So bewaffnet trafen wir uns mit unseren anderen Freunden. Sie bewunderten unsere Kostümierung nicht ohne Neid und wir zogen los. Fritz war auch dabei.

Es dauerte nicht lange und wir hatten den alten Schuppen gefunden, der natürlich verschlossen war. Durch die Ritzen der Bretter konnte man nicht viel erkennen. Einer meinte, eine alte Feuerspritze erkannt zu haben, ich meinte, es könnte doch so etwas wie eine Salutkanone sein, die großen Räder deuteten darauf hin, die ich gesehen zu haben glaubte.

Durch eine Ritze konnte man ein kleines Küchenmesser sehen, das auf einem Bord lag. Das bekam ich zu fassen, zog es heraus und versuchte, damit eine Ritze zu vergrößern. Da das nicht gelang, zogen wir weiter, das Neue hatte seine Faszination bald eingebüßt.

Wenige Tage nach diesem Ausflug, ich hatte ihn schon fast vergessen, hatte er noch ein Nachspiel, das mir noch lange auf der Seele lag.

Nach der Schule erreichte mich die Nachricht, ich sollte mich bei einem Mann im Gasthaus Großmann melden, er hätte was mit mir zu besprechen. Dem musste ich natürlich nachkommen.

Neugierig ging ich zu meiner früheren Wirkungsstätte und meldete mich an der Theke. Nichts ahnend wurde ich zu einem würdigen, alten Mann geleitet, mit einem langen Vollbart erster Güte. Er saß mit einer Maß Bier an einem der Tische in der Gaststätte und ich setzte mich nach Aufforderung ihm gegenüber hin.

Er musterte mich nicht ganz unfreundlich. Er kam sofort zur Sache und fragte mich mit tiefer Stimme auf bayrisch: „Warum seid's ihr in den Holzschober eingedrungen und was habt ihr g'stohlen?"

Mir rutschte das Herz in die Hose, nahm aber meinen ganzen Mut zusammen und sagte:

„Wir haben nichts gestohlen, der Schuppen war abgeschlossen, da kam man nicht hinein."

„Wer war alles dabei?"

Ich erzählte ruhigen Gewissens den Hergang und die Teilnehmer.

Nach einer Ermahnung: „Lasst's in Zukunft die Finger vom Gemeindeeigentum" wurde ich entlassen. Der Schreck ließ nach, mit weichen Knien verließ ich die Gaststätte, ohne mich umzugucken.

Wer uns verraten hat, ist nie herausgekommen, wahrscheinlich ein launischer Einheimischer!

Nicht Androsch, da war ich mir sicher. Der Vorfall war bald vergessen und man konnte sich auf neue Abenteuer konzentrieren. Nicht jedoch auf die Schule, die wurde mit links absolviert.

Heimatkunde war jedoch immer interessant. So habe ich das Geheimnis des Walchensees erfahren, der liegt ganz in der Nähe. In der Tiefe des Sees (nur nebenbei: der Staffelsee ist flach) befindet sich bekanntermaßen ein riesiger Walfisch (Fisch!), der sich in den Schwanz beißt, ständig. Wenn er mal loslässt, gibt es eine riesige Überschwemmung in der Gegend. „Vielleicht in Sachenbach", meinte ich dazu, „aber nicht bis zu uns."

An der Aach

Weit über die Kunde unserer Heimat hinausgehend wurden wir auch über unsere militärischen Erfolge in Europa informiert. Das war sehr interessant und erhebend, aber irgendwie imaginär hier in unserer friedlichen intakten Landschaft.

Es ging zweifellos noch vorwärts voran, ununterbrochen, nunmehr auch in die östliche Himmelsrichtung. Das entsprechende Lied dazu war:

„Siehst du in den Osten, das Morgenrot,
 ein Zeichen der Freiheit und Sonne?"

Moskau war sozusagen schon in greifbarer Nähe. Unsere U-Boote versenkten ebenfalls Tausende von Bruttoregistertonnen.

Zu lesen gab es nicht viel, was meinen Lesehunger stillen konnte.

Das spätherbstliche schöne Wetter lockte uns Kinder immer wieder an die Aach oder an den Staffelsee.

An der Aach gab es eine alte Füllfederhalter-Fabrik, offensichtlich mit Wasserkraft angetrieben. Ob sie noch in Betrieb war, weiß ich nicht mehr. Jedenfalls staute sich das Wasser vor einem Wehr und man konnte dort ziemlich gut planschen.

Allerdings gab es dort Schlingpflanzen, auch war es im Schatten der Bäume in Nähe des Gebäudes dunkel und man hatte ein ungutes Gefühl dort im Wasser.

Da unten an der Aach war eine abgemähte Wiese und dort spielten wir wie immer mit viel Geschrei, als eine Frau mit einem Sack zu uns kam.

Sie fragte uns: „Wollt ihr euch nicht etwas nützlich machen, als so ein Geschrei und Gezetere zu veranstalten? Jeder von Euch bekommt fünfzig Pfennig dafür!"

Fünfzig Pfennig! Das war fünf Mal Rudern oder 15 Eckstein-Zigaretten.

„Klar, machen wir, natürlich, warum nicht, was sollen wir tun?" riefen wir durcheinander. Sie machte den Sack auf und sagte:

„Ihr müsst nur die vier Kätzchen hier im Sack ertränken" und drückte jedem von uns ein Fünfzig-Pfennig-Stück in die Hand.

„Keiner will sie haben, ich kann sie aber auch nicht behalten, ich habe schon drei Katzen." Sie fuhr fort: „Es ist jedes Jahr dasselbe, die vermehren sich wie die Karnickel."

Sie ging und ließ uns mit dem Sack zurück. Neugierig schauten wir uns die Kätzchen an, indem wir sie einfach aus dem Sack auf die Wiese schütteten.

Schwarz-weiße, kleine Knäuel, einfach süß. Im Dorf gab es zig davon. Wir spielten mit ihnen, bis Androsch sagte: „Also damit ihr es wisst, ich mach die nicht kaputt, das steht fest." Das klang sehr entschlossen.

„Ich auch nicht", sagte ich.
Ein anderer: „Aber was sollen wir tun, wir müssen, das Geld dafür haben wir schon genommen."
„Da wussten wir aber nicht, was wir dafür tun sollten."
Unser Uffinger Freund, der Ferdl, nahm sich ein Kätzchen und warf es in hohem Bogen ins Wasser. „So wird's g'macht", sagte er. Wir wollten nicht zurück stehen, warfen die anderen auch hinein und dachten, die Sache sei damit erledigt. Aber keineswegs, die Kätzchen schwammen zu uns Scharfrichtern zurück.

Mit Widerwillen warfen wir sie noch mal ins Wasser – sie kamen wieder zurück.
„Ich mach da nicht mehr mit", sagte einer von uns. „Ich auch nicht", rief ich zurück, „so ein Mist aber auch!"

Dann machte Ferdl der Sache ein Ende. Ungerührt warf er sie nacheinander mit voller Wucht an die Wand des Schobers. Sie rührten sich nicht mehr. „Er hatte wohl Erfahrungen damit", sagte Androsch. Wir trollten uns davon, die Lust zu spielen war uns vergangen.

Am anderen Tage gingen wir zum Tatort. Die Kätzchen waren weg. Wir diskutierten: „Die haben nicht überlebt." „Es ist nicht gesagt, dass sie tot sind, Katzen haben sieben Leben."

„Vielleicht haben sie doch überlebt."

„Hoffentlich."

„In so was lass ich mich in Zukunft nicht mehr hineinziehen, da frag ich vorher, was zu tun ist."

Ferdl meinte abschließend „stellt's euch nicht so an."

Wir wollten schon gehen, da sehe ich auf einem Gatter neben der besagten Scheune, in dem sich ca. 30 Küken befanden, eine Fledermaus liegen.

Eine Fledermaus direkt vor unseren Augen. Sensationell! Man konnte ihre Augen, das Gebiss, die Ohren und die Haare deutlich erkennen.

Die Flügel waren ausgebreitet. Ferdl war Herr der Situation.

„Die ist wohl oben aus der Luke der Scheune gefallen und hat sich die Flügel gebrochen! Die hat keine Chance zu überleben", rief er, und stieß sie durch den Maschendraht des Deckels zu den Küken hinunter. Die Küken fielen über sie her. Im Nu war sie zerrissen und zerhackt von den vielen Schnäbeln und vertilgt.

„Hühner san Raubvögel", sagte er lakonisch, „dös is die Natur."

Wir „Zug'reisten" waren ziemlich beeindruckt.

Vielleicht hatte er ja recht.

Diese Seite der Natur hat mir jedoch noch nie so richtig gefallen und ich habe noch lange an die Raubvögel im Käfig zurück gedacht.

Die Natur kühlte nun ab, an Baden war nicht mehr zu denken, Kahn fahren würde noch gehen, wenn man wollte.

Der Winter stand vor der Tür, er klopfte sozusagen schon an.

Eine Fahrt nach Murnau

Wir Ferienkinder wollten unbedingt einmal nach Murnau. Da sollte es sehr schön sein.

Unternehmungslustig waren wir immer, aber irgendwas war bis jetzt immer dazwischen gekommen. Es war also höchste Zeit, dieses Thema anzugehen. Das heißt, Murnau war zu weit entfernt, um dahin zu laufen zu können. Aber mit der Eisenbahn war es eine Station von Uffing aus. Also kein Problem.

Am Sonntag nach dem Mittagessen ging's los. Wir waren zu sechst, ohne Begleitung eines Erwachsenen, Christel war auch dabei.

Wie wir nach Murnau gekommen sind, ist mir entfallen. Wie wir zurück gefahren sind, ist bei mir jedoch bis heute fest im Gedächtnis verankert.

Murnau war schön. Wir tollten durch die Straßen, bestaunten die Schaufenster, kauften uns Eis. Es war herrlich.

Dann ging's zum Bahnhof, die Besonnenen unter uns drängten zur Rückreise. Einige von uns wären gern geblieben, darunter ich. Warum diese Eile. Es war doch nur eine Station bis Uffing.

Die Bahnfahrt war toll, denn wir tollten im Zug hin und her, immer großes Hallo, immer was Neues zu sehen und viel zu erzählen untereinander.

Wir fuhren und fuhren und hielten und fuhren und wurden immer stiller.

Es wurde uns klar, wir hätten längst in Uffing sein müssen. Es war niemand im Zug, den wir fragen konnten oder mochten. Kein Schaffner in Sicht.

Die Namen der Bahnhöfe sagten uns nichts, deshalb blieben wir einfach im Zug sitzen, da war es am sichersten.

Dann blieb der Zug stehen, der Bahnhofsvorsteher rief laut und deutlich „Endstation!" Der Schaffner ging durch den Zug. Er war baff, als er uns sah, ein Häufchen Elend, mutlos, aussichtslos.

„Was macht's ihr denn hier?", fragte er fassungslos. „Wo kommt's ihr denn her?"

„Wir sind aus Uffing und wollen wieder nach Hause", riefen wir kleinlaut. „Wir waren in Murnau."

„Und warum seid's ihr nicht in Uffing ausg'stiegen? Ihr seid's hier in Schongau und hier ist Endstation." Wir waren am Boden zerstört.

Er nahm uns mit in den Wartesaal des Bahnhofs. Bald war die Angelegenheit in die Verantwortung der KLV/NSV übergeben, die waren für uns zuständig.

In ihrer Obhut sind wir dann mit einem Bus zurücktransportiert worden. Im Bus hatten wir dann schnell unsere gute Laune wiedergefunden.

Am anderen Tag waren wir einerseits die Deppen aus Preußen, andererseits wurden wir von den Mitschülern beneidet, die nicht mitgefahren waren.

Uffing im Winter

Im Winter hatten wir sehr viel Schnee.

Jeder Haushalt hatten einen oder mehrere Schlitten und so war ich auch mit dem Schlitten meiner Pflegeeltern unterwegs. Christel hielt sich zurück.

Für die Verwegenen der einheimischen Jugend war es ein besonderes Vergnügen, durch die Mitte des Ortes bis hinunter an die Aach zu fahren.

Das war nicht ungefährlich und eigentlich verboten. Es wurde aber stillschweigend toleriert, da es wenig Autos gab und wegen des hohen Schnees kaum Pferdefuhrwerke unterwegs waren. Im Übrigen war es Tradition.

Einzeln, mit dem Bauch auf den Schlitten liegend und mit den Füßen lenkend, ging es von höchsten Punkt des Dorfes hinunter links an den Pfeilern der Kirchhofsmauer von St. Agatha vorbei bis hinunter zur Aach. Unten angekommen, musste man irgendwie mit den Füßen bremsen oder warf sich einfach in den Schnee, wenn man zu schnell war und drohte, in die Aach zu fahren.

Man konnte auch in Kolonne fahren, indem man die Beine/Füße des Vordermanns fest im Griff hielt. Mit mehreren Schlitten war meiner Meinung nach die Geschwindigkeit höher.

Am interessantesten war es, wenn vorn ein Bobschlitten war, mit dem man die Kurven schneller nehmen konnte. Wenn bis zu fünf Schlitten dahinter durch die Straßen hinunter sausten, war die Geschwindigkeit besonders hoch. Man musste achtgeben, dass man nicht in der Aach landete, die auch im Winter nicht ganz zufror.

Abends war man hundekaputt, da aber kein Fliegeralarm unseren Tiefschlaf störte, war man am anderen Tag ausgeruht und wieder tatendurstig.

Ein noch größeres Vergnügen als Schlittenfahren war für mich das Schlittschuhlaufen. Man fuhr einfach los, wenn die Voraussetzungen gegeben waren, ohne erst mühsam einen Hügel erklimmen zu müssen. Das war einfach genial.

Seit Weihnachten war ich stolzer Besitzer von Schlittschuhen, die man unter die Schuhsohlen schraubte. Mit einem zusätzlichen Riemen um den Spann saßen sie einigermaßen fest. Dieses Geschenk war ein Volltreffer.

Ich war meinen Pflegeeltern sehr dankbar dafür.

Nach anfänglichen Schwierigkeiten und zähem Üben konnte ich zumindest einigermaßen mithalten. Es gab viele Schüler, die Spezialisten in dieser Disziplin waren und sogar Eishockey in Jugendmannschaften spielten.

Es war herrlich, auf dem festgetretenen Schnee den Eisflächen rund um den Staffelsee dahin zu gleiten, ohne große Anstrengung. Das ging oft stundenlang so. In größeren Gruppen oder zu zweit oder zu dritt war es eine richtige „Gaudi", wie der Bayer sagt.

In dem Winter habe ich auch Skifahren probiert – auf geliehenen Ski.

Auf den umliegenden Hügeln gab es kleine Abfahrten für Kinder. Das war ebenfalls spannend, aber nicht so wie Schlittschuhlaufen. Wahrscheinlich weil ich nicht so geübt darin war.

Für uns überraschend kam die Nachricht, dass unsere Abreise bevorsteht. Meine Reaktion war: „Schade, jetzt schon?"

Christel war begeistert. „Das wurde auch Zeit", meinte sie.

Wir hatten schließlich fast acht Monate im schönen Bayern verbracht, mit gutem Essen, wie z.B. (Leber-, Semmel- und Kartoffel-) Knödeln, Kaiserschmarrn, Dampfnudeln mit Vanillesoße und Schweinsbraten.

Der Staffelsee, die Aach, die grünen Wiesen und Wälder, ach wie schade, dass alles vorbei war. Die gewonnenen Freunde nicht zu vergessen, die Abenteuer mit ihnen.

Unsere freundlichen Pflegeeltern haben es verstanden, unser Heimweh, besonders das von Christel, erträglich zu machen. Sie haben uns stets umsorgt. Ich kann mich nicht erinnern, jemals eine Verstimmung, geschweige denn eine Auseinandersetzung mit ihnen gehabt zu haben. Waren wir pflegeleicht geworden?

Christel sah das differenzierter. Ja, wenn unsere Mutter dabei gewesen wäre, dann wäre es vielleicht schön gewesen.

Dann ging alles ganz schnell. Nur so kann ich mir erklären, dass ich beim Einpacken meine Schlittschuhe in der Pappschachtel oben im bemalten Kleiderschrank auf der Hutablage samt meinem gesparten Kleingeld habe liegenlassen.

Das war die Handschrift meiner Mutter. Sie hat nicht lange gefackelt, wenn etwas zu regeln war. Sie hat uns wohl auch vermisst.

Wir fuhren mit ihr mit dem Zug nach Hause, nicht mit dem KLV-Transport. Das muss sie mit der NSV abgestimmt haben, anders war es nicht möglich.

In München mussten wir umsteigen. Die Alpen waren nun nicht mehr zu sehen, wirklich schade. der Zug ratterte und ratterte, die Gedanken ließen sich nicht aufhalten. Ich versuchte, das Erlebte zusammenzufassen. Mir hat es wirklich gut gefallen dort. Ich war fast heimisch geworden. Die bayrische Sprache war für mich kein Problem, das Hochdeutsche war zurückgedrängt.

Unterwegs wurde es wieder schön spannend und abwechslungsreich. Viel Volk war unterwegs. Immerhin hatten wir öfter Sitzplätze.

Mutter erzählte uns von Vater, der in Russland als „Fahrer vom Bock" (also mit Pferden) tätig war.

Er lebte also, wir hatten ihn fast vergessen. Schreibfaul war er noch immer, bemerkte sie.

Die Heimat hatte uns wieder.

Zurück

Während Christel richtig froh war, wieder zu Hause bei der Mutter zu sein, trauerte ich meiner ungebundenen Zeit in Uffing nach. Aber es galt, sich wieder an die oft graue, rußige, staubige, gefährliche und doch so vertraute Heimat einzugewöhnen. Jetzt gab es wieder lange nicht mehr gehörtes, aber keinesfalls vermisstes Sirenengeheul, tagsüber und auch nachts.

Schlaftrunken wankte man in den Keller. Da Mutter sich nicht sonderlich aufregte, war es wohl nichts Ernstes.

Die Flak schoss dann wieder wie verrückt. Diese Knallerei und dieses Dröhnen und Zittern des Hauses, das Rappeln der Türen und das Klirren der Fensterscheiben vom Luftdruck des Geschützfeuers hatte ich fast vergessen. Es erschien mir heftiger als voriges Jahr. Hatten wir bei Janningshoff etwa jetzt schwere Flak, die mit 10,5 cm Granaten schoss?

Es gab jetzt wieder viel zu lesen – meine Leidenschaft. Hauptsächlich über Krieg, sehr spannend.

Leider mussten wir sofort wieder zur Schule, und ich musste feststellen, dass meine Klassenkameraden im Stoff viel weiter waren als wir in Uffing. Es galt Versäumtes nachzuholen, und ich musste mich plötzlich anstrengen, um den Anschluss nicht zu verpassen.

In der Schule erzählte Etlon von unseren Erfolgen in Afrika und von unserem Afrika-Corps. Es ging weiter voran. Ein neues Lied wurde gelehrt, mit dem Schluss: „Panzer stoßen in Afrika vor."

Südlicher ging's nicht. Wir hatten ein neues Idol: Generalfeldmarschall Rommel. Der macht das schon, jedenfalls im tiefsten Süden. Was waren da die paar Luftalarme hier bei uns? Wir stehen das schon durch, bisher zogen die Bomber ja auch immer an uns vorbei. Im Keller war man sowieso sicher, dachte ich.

Alles halb so wild? Keineswegs!

Die Explosion am 16.01.1942

Die Gefahr kam urplötzlich, aus dem Nichts. Alles war ruhig und friedlich. Es gab keinen Alarm.

Ich war zu Hause mit meinen zwei Geschwistern. Es muss also nach der Schule gewesen sein. Meine Mutter war nicht da, sie war einkaufen. Das war immer mit Schlange stehen verbunden. Wir drei spielten allein in der Wohnküche, als es plötzlich eine furchtbare Explosion gab. Der Knall und der gleichzeitig entstehende Luftdruck stellte alles bisher Erlebte in den Schatten.

Das Haus bebte, die Fensterscheiben zerbarsten. Wir krochen instinktiv unter den Küchentisch, verharrten dort mehrere Sekunden, als nichts weiter geschah, sprang ich auf und rannte so schnell ich konnte hinunter in den Luftschutzkeller. Meine Schwester Christel hinter mir her.

Dort angekommen, trafen wir auf mehrere Hausbewohner, die schon vor uns den Keller erreicht hatten.

Große Aufregung, was war das? Fliegeralarm war nicht gegeben worden.

Meine Schwester und ich schauten uns plötzlich verdutzt an, wo war Liesel, unser Nesthäkchen?

Ich rannte, so schnell es irgend ging, wieder zurück nach oben in die Wohnung.

Die Wohnungseingangstür stand noch offen, Liesel hockte weinend unter dem Tisch. Ich schnappte sie mir und rannte die Treppe hinunter in den Luftschutzkeller. Liesel beruhigte sich, wir lauschten, ob sich draußen was tat.

Es war verhältnismäßig ruhig, kein Flugzeuggebrumm. Einige von uns wagten sich nach draußen. Ich schlich hinterher. Nichts zu entdecken. Unsere Mutter kam atemlos angerannt. „Der Gasometer, der Stickstoff ist explodiert, habe ich gehört, ist euch was passiert?". „Nein"!

Wir beruhigten uns wieder.

Später entdeckte ich auf einer Freifläche in Nähe der Ziethenstraße ein verbogenes Blechteil von der Größe eines Lastwagens. Es war ca. einhundert Meter weit bis zu uns geflogen. Weitere große Blechteile haben wir noch im weiteren Umfeld gefunden.

Mehrere Häuser an der Zechenmauer waren zerstört, wie nach einem Luftangriff. Hunderte Fensterscheiben waren zersplittert, 400 allein in der Stimbergschule, so dass dort der Unterricht mehrere Wochen ausfiel. Auch in unserem Haus mussten Fensterscheiben ersetzt werden. Unsere Schule in Rapen hat nicht sehr gelitten, schulfrei hatten wir deshalb leider nicht.

Aber der Schreck saß tief.

Das Unglück[3] war durch technisches Versagen entstanden. Es gab viele Tote und Verletzte. Am 21. Januar wurden die dreizehn Todesopfer beerdigt.

Im Haus war man sich einig. Hatte man nicht schon Ärger und Strapazen (meine Mutter sagte immer „Trapazen") genug? Jetzt zusätzlich noch dieses Unglück, was steht uns noch alles bevor?

Andererseits, wir sind bisher gut davon gekommen.

„Lasst uns den Schutt wegräumen."

Es gab auch wieder viel zu helfen im Haushalt, wie z.B. die Kohlen herauf zu schleppen, für Brennholz zu sorgen, die Asche herunter zu tragen, einzukaufen und das Glas und den Docht der Petroleumlampe zu reinigen. Mutter hatte viel zu tun, da war die Übernahme kleinerer Pflichten selbstverständlich.

---

[3] Am 16. Januar 1942 explodierten gleichzeitig zwei Gasometer am Stickstoffwerk der Zeche Ewald-Fortsetzung. Das Datum konnte ich der Festschrift zum 25-jährigen Bestehen der Gemeinde Oer-Erkenschwick, S. 37, entnehmen.

Beim Kohleholen dachte ich immer mit Dank an den Kalauer mit dem Sanitätsgefreiten Neumann, seine Erfindung hat mir den Transport aus dem Keller in die dritte Etage wesentlich erleichtert.

Dieses Dankeslied lautete:

„Er lebe hoch, er lebe hoch
der Sanitätsgefreite Neumann
er, das ist der Mann,
der den Kohleneimer hat erfunden.
Früher musste man die Kohlen
einzeln aus dem Keller holen,
heute wendet jedermann
Neumanns Kohleneimer an.
Er lebe hoch..."

Die Melodie dazu konnte man sich leicht einprägen. Übrigens hatte Neumann noch 'zig weitere praktische Dinge des Alltags erfunden, wie zum Beispiel den Hosenträger. Auch andere nicht ganz stubenreine Sachen. Bub Struck kannte eine Menge davon.

Wir saßen in Oer-Erkenschwick sozusagen auf der Steinkohle, allerdings rund 1.000 Meter darüber. Die Zeche war nebenan, also heizte und kochte man mit Steinkohle, alle taten das.

Einmal im Jahr wurde Kohle beim Händler geordert. Der kam mit Pferd und Wagen und schüttete die Kohle vor das Kellerfenster, wenn das möglich war. Dieser Vorgang ging verblüffend einfach vonstatten. Das Pferd schob rückwärtsgehend den Wagen an Ort und Stelle. Die Ladefläche wurde mittels Eisenstab vorn hochgeklappt, und die Kohle rutschte hinten heraus. Da lag sie dann und musste in den Keller geschaufelt („geschöppt") werden.

Wir verbrauchten ca. acht Zentner im Jahr. Da mein Vater nicht auf der Zeche beschäftigt war und wir dadurch kein Deputat bekamen, war Kohle für uns ein zwar notwendiger aber nicht unerheblicher Kostenfaktor.

Nusskohle, Briketts, Koks oder Anthrazit war nicht erschwinglich.

Das Einschöppen war ganz schön anstrengend für mich, das tägliche Hochschleppen der Kohle (mindestens ein Eimer täglich) auch. Klar, dass ich meine Mutter hierbei besonders unterstützen musste.

Unter dem Herd befand sich ein kleiner Wagen. Den konnte man herausziehen und wieder hinein schieben. Da passte ziemlich genau ein Eimer Kohle hinein.

Eine andere Art Feuer anzuzünden

Zum Feuermachen wurde zuerst Papier verwendet, dann eine Handvoll trockenes Holz darauf geschichtet. Brannte das Feuer lichterloh, wurde zunächst eine Schüppe Kohle aufgelegt. Die musste Feuer gefangen haben, dann mehr. War viel Kohlengrus dabei, ging das Feuer wieder aus. Es erstickte.

Das Feuer durfte aber nicht ausgehen, besonders nicht im Winter. Der Herd war gleichzeitig Kochstelle und Heizung. Man musste also für ein gutes Verhältnis zwischen Stückkohle und Kohlengrus sorgen. Das heißt, dass man im Keller die richtige Mischung herstellte. Das war leichter gesagt als getan, insbesondere bei der letzten Anlieferung, die qualitativ keineswegs den Mindestanforderungen genügte.

War die Kohle zu fein, war das meine Schuld, nicht etwa die Qualität. Ich hatte sie ja nach oben geschafft und nicht richtig gemischt, d.h. mit zu wenigen Stücken versehen. Das konnte ich nicht auf mir sitzen lassen und suchte nach einer einfachen Lösung dieses Problems.

So ging's: Unter uns Kindern sprach sich damals herum, dass man auch mit Steinkohle eine Art Schwarzpulver herstellen konnte, indem man die feine Kohle mit Schwefelpulver mischte. Schwefelpulver gab's in der Drogerie zu kaufen. Einer übernahm das, ich besorgte die Steinkohle. Diese haben wir so fein wie möglich gemahlen, durch Zerschlagen, und dann mit dem Schwefelpulver gemischt. Doch in welchem Verhältnis brannte es am besten? Trocken war es, wir müssen experimentieren, lautete die Devise.

„Hat einer Sticken dabei?", fragte ich.

„Hab ich immer dabei", sagte Karl-Heinz.

Das Gemisch, etwa einen Teller voll, wurde durch ein darauf gelegtes brennendes Streichhölzchen angezündet.

Vorsichtshalber haben wir für unser Experiment den Betondeckel über der Jauchekuhle benutzt.

Zunächst brannte nur das Streichholz, doch langsam bildete sich Glut und es zischte, qualmte, glühte, kleine Funken sprühten, und wir schauten gebannt aus gebührender Entfernung zu, wie sich unser Brennstoff zu einem glühenden Haufen entwickelte.

Wir warteten begeistert, keine Explosion, prima.

In wenigen Minuten war alles vorbei. Der Rauch verzog sich. Mit Interesse wurde die kleine Delle, die das Feuer in den Beton gefressen hatte, begutachtet.

Das gab unter uns Kindern noch viel Gesprächsstoff für lange Zeit.

Daran erinnerte ich mich sofort, als mein Feuer im Küchenherd nicht brennen wollte. Schwefelpulver hatte ich noch. Vorsichtig mischte ich ein wenig davon mit meinem Kohlengrus. Etwas Erfahrung hatte ich ja bereits gewonnen. Dann schüttete ich das Gemisch von oben in das glimmende Herdfeuer und legte den Eisendeckel wieder auf.

Nach kurzer Zeit zischte es im Herd und das Feuer loderte und brauste. Ich bekam einen gehörigen Schrecken. Die Herdplatte glühte bis zum Ofenrohr hinten, dann wurde es schnell ruhiger und ich atmete auf. Der Schwefel hatte ganze Arbeit bewirkt. Ich legte ganz schnell Kohle nach und das Feuer brannte wie noch nie.

Meine Mutter staunte nicht schlecht, als sie die glühende Herdplatte sah, es war allerdings nicht mehr so dramatisch wie wenige Minuten vorher.

„Los, raus mit der Sprache, was hast du gemacht?", forschte sie nach.

Zerknirscht habe ich dann berichtet, wie sich alles zugetragen hatte. Aber auch, dass ich vorher geprobt hatte und ich die Kontrolle immer behalten habe.

„Versprich mir, dass du so was nie mehr machst", forderte sie, nachdem sie den Herd genau untersucht hatte. Die Herdplatte, die immer blank gewienert wurde und ihr ganzer Stolz in der Küche war, hatte sehr gelitten. „Was hätte nicht alles passieren können."

Ich war insgeheim erleichtert, dass alles verhältnismäßig gut abgelaufen war und versprach, alles was und wie sie wollte und habe es auch gehalten.

Plötzlich fiel mir ein, ich hatte lange nichts mehr von Vater gehört.

Deshalb fragte ich meine Mutter.

„Was ist eigentlich mit Papa?"

„Genau", bemerkte Christel dazu, „wie geht es ihm, hast du Nachrichten von ihm?"

Sie war wie immer sehr unter Druck, Liesel erforderte ihre ganze Aufmerksamkeit. „Dem geht's gut, er ist seit längerem in Russland unterwegs, nicht mehr mit Pferden als Fahrer vom Bock, sondern jetzt ist er wieder beim Fliegerbodenpersonal irgendwo jwd." Das stand für „janz weit draußen".

„Er darf ja nicht schreiben, wo er ist. Es wird alles zensiert, aber er lebt – bis jetzt jedenfalls."

„Kommt er mal wieder auf Urlaub zu uns?"

„Das weiß ich nicht, er hat nichts davon geschrieben, Schreiben ist wohl nicht seine große Stärke."

„Vielleicht darf er nicht viel schreiben, nur ein Lebenszeichen geben", warf ich ein. „Ja, das kann durchaus sein." Damit war das Thema Vater erst mal erledigt.

Das schien allerdings nur so. Die tägliche Sorge um uns und unser Überleben verdeckte, dass sie, wie viele andere Frauen auch, deren Männer, Söhne, oder Brüder im Krieg waren, in großer Angst um Vater war. Insbesondere, wenn er längere Zeit nicht geschrieben hatte, war sie reizbar und besonders pingelig.

Das ging schon los, wenn Christel oder ich von der Schule zur Tür herein kamen. „Füße abputzen", war das Begrüßungswort.

„Wo wart ihr so lange, das Essen ist schon kalt; wie seht ihr schon wieder aus, könnt ihr euch nicht in Acht nehmen?"

„Schling das Essen nicht so runter; wascht euch die Hände; sitzt gerade am Tisch."

„Du musst noch abtrocknen!"

„Stütz deine Ellenbogen nicht auf!"

Manchmal war sie unerträglich. Wenn sie Aufträge erteilte, wie z.B.:

„Sitz hier nicht so untätig herum, heute gehst du aber zum Frisör; deine Schuhe müssen noch zum Schuster; hol Brot und Milch und Haferflocken, vergiss die Marken nicht...", sagte sie.

Wenn's eilig war, oft zum Schluss: „ab trimo!" Woher sie den Ausdruck hatte, weiß ich bis heute nicht. Das hieß dasselbe wie „dalli dalli", also schnell, so viel war klar. Diesen Ausdruck habe ich nie wieder weder gehört noch gelesen.

Mutters Sorgen waren durchaus berechtigt. Todesmeldungen häuften sich. Allein im Februar 1942 waren in Oer-Erkenschwick elf Gefallene zu beklagen.[4]

Es hieß dann, dass der Mann, der Vater, der Bruder „im Felde der Ehre für Führer, Volk und Vaterland" sein Leben gelassen oder geopfert hatte. Das hörte sich gut an, war aber für die Betroffenen eine Katastrophe.

Ein Schauer lief mir einmal über den Rücken, als wir, meine Mutter und ich, an einem Trauerhaus in unserer Straße vorbei kamen. Ein herzzerreißendes lautes Weinen und Klagen war zu vernehmen, bis auf den Bürgersteig. Meine Mutter zog mich schnell weiter, mit der Bemerkung: „Junge, das verstehst du nicht." Sie meinte wohl: noch nicht. Ich dachte mir meinen Teil.

---

[4] Festschrift Oer-Erkenschwick, S. 37.

Pendeln

Die junge Witwe trug dann schwarz. Sie färbte ihre gesamte Wäsche, alles auf einmal, im Waschkessel pechschwarz. Schwarze Farbe gab es genug in guter Qualität und preiswert. Da wurde vorgesorgt, ganz von oben.

Ohne Bezugschein, alles war geplant, auch dies, für alle Fälle.

Schwarz war modern, man sah es immer öfter auf der Straße. Die Frauen, die diesmal davongekommen waren, fürchteten sich, die Nächsten zu sein, insbesondere wenn der Postbote den sehnsüchtig erwarteten Brief wieder nicht dabei hatte. Es war ein schlechtes Zeichen, wenn über einen längeren Zeitraum kein Brief kam. Hatte er keine Möglichkeit zu schreiben?

War er verwundet, vermisst, etwa tot? Was war mit ihm?

Durch Pendeln versuchte man, das herauszufinden. Es sprach sich bis zu meiner Mutter herum, dass es in Oer eine ältere Dame gab, die die Gabe des Pendelns hatte.

Hoffnungsvoll, aber auch ängstlich, vertraute man ihr die Antwort auf bangende, schicksalhafte Fragen an. Schließlich war von zutreffenden Ergebnissen die Rede.

Meine Mutter hatte auch die gleichen Fragen an die Vorsehung, konnte aber so recht kein Vertrauen in diese Art der Weissagung setzen.

Immerhin wollte sie wissen, wie das Pendeln von statten ging. Sie hatte sich erkundigt und mit mir darüber gesprochen.

Bei der Frage oder besser bei der Antwort, ob Vater noch lebte oder bereits tot war, schließlich hatte er viele Wochen nicht mehr von sich hören lassen, benötigten wir sein Bild.

Das legten wir auf den Küchentisch. Er war darauf in Uniform mit hellen (gelben) Kragenspiegeln und einer stilisierten Möwe, das Zeichen, dass er zu den Fliegern, der Vollständigkeit halber sei noch mal erwähnt, zum Bodenpersonal, gehörte. Er sah toll darauf aus und schaute von uns aus gesehen nach links in die weite Ferne, in die es ihn zog.

Jetzt brauchte man möglichst ein persönliches Teil von ihm, einen Ehering z.B., oder seine Uhr, die hatte er aber mitgenommen. Seine alte Pfeife war eher unpassend oder zu unhandlich. Schließlich nahmen wir den Ehering meiner Mutter, da stand sein Name innen vermerkt. Durch den Ring zog Mutter einen Zwirnsfaden, und mit Daumen und Zeigefinger, den Ellbogen aufgestützt, hielt sie den Ring nah über sein Bild. Drehte sich der Ring im Kreis, lebte er, pendelte der Ring lediglich hin und her, war er bereits tot. Wir hielten den Atem an, Christel schaute zu.

Das Pendel wollte zuerst nicht pendeln, besann sich dann aber und drehte sich im Kreis. Hurra, er lebte.

Lächelnd und nicht unzufrieden mit dem Ergebnis wollte meine Mutter den Ring wieder anstecken.

„Lass mich auch mal pendeln", sagte ich und nahm schnell ihren Ring mit dem Faden und begann, ihn ebenfalls über sein Bild zu halten.

Das Pendel drehte sich im Kreis, wurde immer schneller, obwohl ich es ganz bestimmt ruhig festhielt. Das Ergebnis konnte sich sehen lassen. Wir waren glücklich, Papa bereiste weiterhin die Welt, was er immer wollte (Russland war allerdings nicht seine bevorzugte Destination).

Ich habe mich später gefragt, was wäre gewesen, wenn das Pendel nur hin und her gependelt hätte. Das ist sowieso nur Unfug, hätte Mutter mit Sicherheit gesagt.

In der Straße

Wer kannte nicht den Spruch unseres „Verführers": „Der Deutsche Junge solle schnell wie ein Windhund, zäh wie Leder und so hart wie Kruppstahl sein" (oder so ähnlich). Das war übertrieben, aber Sport wurde gefördert und kam unserem Bewegungsdrang entgegen. Der trieb uns aus der Enge der Wohnungen auf die Straße. So oft und so bald wie möglich trafen wir Kinder uns im Freien.

Fernseher und Computer gab es natürlich nicht. Bücher – außer Kriegsbücher – waren rar. Wenig Ablenkung also.

Wir lebten und erlebten wie selbstverständlich die raue Wirklichkeit um uns herum. Langeweile gab es nicht, Telefon auch nicht. Jedenfalls nicht bei uns und in der Nachbarschaft auch nicht. Bewegung, Sport und Spiel war angesagt und Schulfach.

Zur Schule gingen wir zu Fuß bei Wind und Wetter, wie man so sagt, „winters und sommers". Schulbusse gab es nicht, wozu auch, die Schule war in der Nähe. Wir waren fast ständig in Bewegung, sogar des Nachts.

Bei Fliegeralarm ging man bzw. eilte man mindestens einmal in den Luftschutzkeller und wieder die Treppe nach oben (wir wohnten im dritten Stock) und Alarm gab es oft, manchmal mehrfach bei Tag oder Nacht. So waren wir damals mit ziemlicher Sicherheit sportlicher als viele Kinder heute.

Gefährlicher als heute war es auch, abgesehen vom heutigen Straßenverkehr. Spannender sowieso am Himmel und auf Erden, am Tage und bei Nacht.

Wahrscheinlich lebten wir gesünder, denn keins von uns Kindern oder Schülern war dick oder zu dick. An Eisenmangel, auch im übertragenen Sinne litten wir auch nicht, allerdings hat auch keiner nachgemessen.

Weil wir viel in Bewegung waren, hatten wir auch immer Hunger. Im Herbst gab es Nahrungsergänzungsmittel, nämlich Feldfrüchte. Wie der Name sagt direkt vom Feld, frisch und kostenlos. Frischer ging es nicht. Man durfte sich nur nicht erwischen lassen.

Das Angebot war freilich begrenzt. Gemüse der Saison waren besonders Möhren (oft die gelben, die waren ziemlich groß, schwer aus der Erde zu kriegen, man kaute den ganzen Nachmittag daran herum), Steckrüben und weiße Rüben (wir sagten „Stoppelrüben", diese waren schwer verdaulich).

Bereits am frühen Nachmittag riefen wir nach der Mutter: „Mama, Mama ich hab Hunger, wirf mir 'ne Butter (Butterstulle) 'runter." Die Antwort kam, sorgfältig mehrfach in Zeitungspapier gewickelt, von oben angeflogen.

Es waren in der Regel Brotschnitten mit Margarine gereizt, oder nasse Schnitten mit Zucker bestreut, manchmal gab es auch Brote mit Rübenkraut. Die hierzu erforderlichen Zuckerrüben hatten wir auch frisch vom Feld in der Nähe konfisziert.

Einige Mütter ließen ihre Kinder nicht aus den Augen und schauten uns aus ihren Fenstern zu. Mit einem Kissen auf der Fensterbank hielten sie es längere Zeit aus.

Gab es unter uns Kindern Streit, was nicht selten vorkam, griff man von oben verbal ein. Das konnte auch schon mal so klingen:

„Lass dir nichts gefallen", „knall ihm eine" oder: „hau ihm eine rein".

„Gib ihm Saures, der hat schon lange mal wieder eine Tracht Prügel verdient."

„Nimm die Schüppe!"

Damit dem Gegner auf den Kopf gehauen, gab Luft und Respekt.

Hatten wir Kinder uns längst wieder vertragen, waren die Eltern und Mütter untereinander sich noch lange spinnefeind.

Auch einige ältere Männer lagen oft im Fenster, weil sie entweder Rentner oder krank waren, zum Beispiel durch die ungesunde Tätigkeit unter Tage. Sie beobachteten gern das Treiben auf der Straße. Ein Schwätzchen von oben nach unten und umgekehrt mit Vorbeigehenden wurde gerne angenommen. Zumal es sich nicht selten um Kumpel von der Zeche handelte, die man seit Jahren kannte. Jeder kannte fast jeden.

Das hörte sich auf „Rapensprech" etwa so an:
„Na, wie isset?"
„Geht so; und wie geht dich dat so?"
„Muss!"
„Hasse Schicht?"
„Jau, komm' grade vom Pütt."
„Und, gibt et wat Neuet?"
„Komm gezz inne Bandkolonne."
„Au, au, seh zu, dasse da wieder rauskomms, da musse richtig malochen, hass immer Nachtschicht und deine Perle schläft alleine."
„Dat stimmt, ma sehn, ich brauch dat Moos".
„Wer brauch dat nicht."
„Dat war mal wieder 'ne Knallerei gestern Nacht."
„Hab schon gehört."
„Dat wird immer schlimmer."
„Jau, manchmal isset besser, wenne unter Tage bis, da hörsse davon nix."
„Auch wieder wahr."

Ein weiterer Bekannter gesellte sich zu den beiden und wird herzlich begrüßt:
„Tach zusammen."
„Tach alleine."
„Hömma, du hümpelst ja."
„Jau, bin am Krankfeiern."
„Du auch? Bei mir wird dat nix mehr, hab schon 'nen Termin beim Knappschaftsältesten."
„Wat willze machen, wennet nich mehr geht?"
„Ich muss, wünsch euch wat, hab Schmacht! Also, bis die Tage."
„Ich hau auch ab."
„Also mach's gut."
„Mach' et besser."

Aus heutiger Distanz wundert mich, dass wir Schüler Cliquen bildeten und uns straßenweise bekriegten. Wir spielten Krieg, untereinander und gegen die Cliquen in der Nachbarschaft. Vorbilder für Kriegsspiele hatten wir ja jede Menge. Täglich kamen weitere hinzu. Das übertrug sich auch auf unser Verhalten. Wir Jungs waren Soldaten, Stöcke unsere Gewehre. Das war immer sehr spannend.

Auch selbst angefertigte Flitschen, auch Zwillen oder Katapulte genannt, hatten wir dabei, oft aber wenig passende Kieselsteine in der Tasche.

Die Mädchen spielten Krankenschwestern. Viel Spaß hatten wir, wenn sie unsere angeblichen Verletzungen spielerisch und symbolisch verbanden und mit Spucke heilten.

Ernst wurde es, wenn die Clique von der Ziethenstraße (heute Wittlohstraße) auftauchte und uns mit Steinen bewarf.

Nicht selten beschossen wir uns gegenseitig mit Flitschen. Das konnte durchaus ins Auge gehen und auch sonstige Verletzungen nach sich ziehen.

Die Deckel von Waschkesseln mit dem Griff in der Mitte waren auf beiden Seiten die Schilde, mit denen man sich schützte.

Dann schritten jedoch die Erwachsenen ein, die aus der Vogelperspektive vieles mitkriegten. Aber sie hatten uns nicht immer im Blickfeld.

Ich kann mich erinnern, dass mich ein Junge mit einem Luftgewehr beschossen hat. Mein Waschkesselschild hat mich gerettet. Zum Nachladen kam er nicht mehr, mein Steinwurf hat ihn außer Gefecht gesetzt und er lief weinend nach Hause.

Nicht lange danach hat mich die Ziethen-Clique geschnappt und mich an einen Marterpfahl gebunden, gehänselt und mich gefühlt mehrere Stunden dort hängen lassen.

Die Clique von der Holtgarde war von uns gefürchtet. Sie hat uns oft den Weg in die Haard versperrt. Wir hatten regelrecht „Schiss in der Bux", wenn sie auftauchten. Um nach Mutter Wehner zu gelangen, mussten wir entweder einen Umweg machen oder sehr schnell sein. Irgendwie haben wir es aber immer wieder geschafft, unsere geliebten Ausflüge dorthin zu schaffen.

Spielen macht schlau

Leider hat das Wetter nicht immer mitgespielt und man musste in der Wohnung bleiben.

Wenn die Schulaufgaben und die kleinen Hilfen zu Hause erledigt waren, haben wir uns mit den Nachbarschaftskindern getroffen und Gesellschaftsspiele gespielt.

Bei Fliegeralarm musste man aber schnell zu Hause sein.

„Mensch ärgere dich nicht" war der Renner.

Kartenspiele waren für mich am interessantesten.

Solo, Mau-Mau, Mauscheln, 17 und 4 zum Beispiel, oder Quartette.

Brettspiele wie Mühle, Dame und Halma waren auch beliebt, und darin war ich gar nicht so schlecht.

Es ging dabei immer hoch her, machte viel Spaß und die Verlierer ärgerten sich, obwohl sie es nicht sollten. Auch bei uns galt der Spruch: „Schadenfreude ist die reinste Freude".

Alle diese beispielhaft genannten Spiele gibt es heute noch.

Wehrschach

Aber ein Brettspiel ist wohl gänzlich und mit Recht ausgestorben, nämlich das unglaubliche Wehrschach. Das hat es tatsächlich gegeben. Ein Mitschüler hatte sich damit gebrüstet, sein Vater hätte eins.

Ich war wirklich überrascht, davon hatte ich noch nie etwas gehört. Ich ließ nicht locker, bis er es mir zeigte. Seine Eltern hatten ihm wohl verboten, damit zu spielen. Jedenfalls war er sehr pingelig dabei.

„Weißt du, wie das gespielt wird?", fragte ich ihn.

„Leider nein."

„Schade."

Ich kann mich an die roten und blauen militärischen Figuren noch gut erinnern und an ein Spielfeld ähnlich einem normalen Schachbrett. Ich fand es interessant und war beeindruckt.

Danach habe ich siebzig Jahre nichts mehr von Wehrschach gehört oder gelesen. Dann fand ich Abbildungen bei Wikipedia (siehe nächste Seite).

Da war es also wieder, ich hatte es filigraner in Erinnerung.

Erstaunt war ich, dass dieses Brettspiel schon 1779 in der Zeitschrift „Der Teutsche Merkur" veröffentlicht wurde. Ich dachte ernsthaft, das hätten unsere NS-Ideologen erfunden.

Aber sie haben es wieder ausgegraben! Das passte gut in ihre alles umfassende Propaganda und in ihre vormilitärische Ausbildung, die selbst vor Gesellschaftsspielen nicht Halt machte.

Das Wort „Schach" hier zu verwenden, ist eher eine Beleidigung für das edle Schachspiel, in dem Weltmeisterschaften ausgetragen werden.

So sieht es aus: Spielen würde ich heute nicht mehr damit.

Wehrschach[5]

Wehrschach, auch Tak-Tik genannt, wurde erstmals im April 1938 in der Illustrierten Deutschen Schülerzeitung vorgestellt und 1939 von Bernhard Lehnert in Berlin herausgegeben, der auch die sogenannte Wehrschach-Sportleitung gründete[6].

---

[5] Quelle: http://media05.myheimat.de/2013/01/31/2489572_web.jpg?1359654517.
[6] Vgl. http://de.wikipedia.org/wiki/Wehrschach, abgerufen am 21.01.2015.

Einschläge kommen näher / Flugblätter

Im März wurde Recklinghausen angegriffen, des Nachts.

In der Richtung nach dort sah man Leuchtbomben niedergehen.

Einige Erwachsene waren aus dem Luftschutzkeller nach draußen gegangen, ich schlich mich hinterher. Fritz Maslowski kam mit. Ein grandioses Schauspiel bot sich uns. Scheinwerfer suchten den Himmel nach Flugzeugen ab.

Die Flak ballerte was das Zeug hielt. Wir mussten unter dem Vordach des Eingangs stehen bleiben, denn es regnete Flaksplitter, die mit einem hohen Pfeifton oder Surren herunter kamen. Einige klatschten erst aufs Dach, kollerten hörbar und schlugen erst dann in unserer Nähe auf.

Ich verspürte keine Angst, dass uns etwas passieren könnte. Fritz ging's genauso. Das gefährlichste waren wohl die Flaksplitter.

Die Erwachsenen hatten Bedenken, dass wir uns aus dem Schutz des Vordachs hervorwagen würden, und beorderten uns bald wieder zurück.

„Los, ihr beiden, jetzt aber wacker zurück in den Keller, macht schon."

Schade, wir gehorchten.

Schäden gab es auf der Kunibertistraße und am Grafenwall. Die Einschläge kamen näher.

Am Morgen danach lagen unzählige Flaksplitter auf Wegen und Straßen, das war allerdings nichts Neues.

Neu waren Flugblätter, gelbbraune Zettel, nicht sehr groß, die haben wir hinter unseren Ställen gefunden, einmal ein ganzes Paket.

„An die deutsche Bevölkerung" oder so ähnlich stand darauf. Wir mussten alles schleunigst abliefern. Diskutiert wurde nicht darüber.

Die Zeche drückt

In der Abenddämmerung oder bei Dunkelheit konnte man oft einen weithin sichtbaren Lichtschein am Himmel über der Zeche wahrnehmen. Dann sagten wir, die in der Nähe der Zeche wohnten, „die Zeche drückt". Das war das Zeichen für uns, dass die Zeche, genauer gesagt: die Kokerei, Koks erzeugte.

Koks war wichtig für die Stahlindustrie. Tagsüber konnte man diese Produktion an den riesigen Wasserdampfwolken erkennen, die über uns hinweg zogen.

Der Lichtschein entstand, wenn am Ende des Verkokungsprozesses die glühenden Kohlen aus den in Reihen angeordneten und mit Schamottesteinen ausgemauerten Kammern herausgedrückt wurden.

Die Glut fiel in große stählerne Wagen, die sofort zum Ablöschen unter eine Wasserberieselungsanlage gezogen wurden. Danach erlosch auch das Licht. In dem entstehenden Wasserdampf befanden sich noch feine Ruß- oder Staubpartikel, die je nach Windrichtung auf uns hernieder rieselten.

Mit der Feststellung „die Zeche drückt" war die Gewissheit verbunden, dass in absehbarer Zeit kein Fliegeralarm zu erwarten war. Es hatte sich auch bei uns Kindern herumgesprochen, dass der Kokereiprozess nicht kurzfristig unterbrochen werden durfte. Das hieß, man konnte durchaus noch einkaufen gehen, Besuche machen oder noch schnell die Schulaufgaben erledigen etc.

Stabbrandbomben

Es lag wohl an der Zeit, dass meine theoretischen Kenntnisse über Brandbomben durch praktische Erfahrungen bereichert wurden.

Zur eventuellen Brandbombenbekämpfung wurden vorsorglich in allen Mehrfamilienhäusern auf den Dachböden Eimer mit Sand und Wasser deponiert. Dazu eine „Feuerpatsche", die aussah wie ein stabiler Schrubber mit einem daran befestigten Aufnehmer. Instruktionen zur Handhabung wurden ebenfalls angebracht.

Ich habe mir alles genau durchgelesen. Auch in der Schule wurden wir auf zu befürchtende infame Anschläge auf die deutsche Bevölkerung hingewiesen.

Es gab damals zwei Arten von Brandbomben. Zum einen die Phosphor-Brandbomben (nur der Vollständigkeit halber erwähnt), mit denen habe ich gottlob aber keine Bekanntschaft gemacht, denn die waren bestimmt sehr gefährlich.

Zum anderen gab es die Stabbrandbomben.[7] Diese hielt ich damals, im Gegensatz zu Sprengbomben, nicht für besonders gefährlich, zumindest für beherrschbar, wenn man sie rechtzeitig bemerkte.

Das war das Problem an den Dingern, und dafür war der Blockwart zuständig. Aber wenn der anderweitig unterwegs war, wer würde die Brandbombe rechtzeitig löschen, oben auf dem Dachboden, wenn alle im Luftschutzkeller waren, wer würde sie überhaupt rechtzeitig bemerken.

Es war übrigens Pflicht, bei Alarm den Luftschutzkeller aufzusuchen.

---

[7] Ein Löschen mit Wasser war nicht möglich. 80 Millionen davon wurden über Deutschland abgeworfen, Quelle: http://de.wikipedia.org/wiki/Stabbrandbombe, abgerufen am 21.1.2015.

Bei akutem Alarm, d.h. wenn die feindlichen Flieger fast über dem Haus sind, geht doch keiner auf den Dachboden, für den Fall, dass eventuell Brandbomben fallen.

Alles nur zu unserer Beruhigung? Vielleicht!

Zu bedenken ist hierbei auch, dass eine Brandbombe niemals allein kommt, sondern immer in größerer Gesellschaft mit vielen hundert anderen und zwar zur selben Zeit am selben Ort.

Ein fast unlösbares Problem tut sich einem auf, wenn man über Vorsorgemaßnahmen bei diesem Luftkrieg nachdenkt.

Andererseits, gegen eine Sprengbombe oder Luftmine war überhaupt nichts auszurichten, nicht mal theoretisch. Am schlimmsten war die Kombination von beiden.

Unterm Strich: Egal mit welcher Bombe man getroffen wird – es ist aus, oder auch nicht. Wir werden es noch sehen.

An unserem Haus haben wir keine Erfahrungen mit Brandbomben gemacht, dafür umso schlimmere mit Sprengbomben, dazu später mehr.

Die meisten Brandbomben gingen Gott sei Dank daneben oder waren Blindgänger. Dann aber konnte ich eine Brandbombe aus nächster Nähe kennen lernen. Wir trafen einen Jungen aus der weiteren Nachbarschaft mit einem runden Metallstab in der Hand.

„Guck mal, was ich hier habe", sagte er.

„Das ist doch unglaublich", meinte Bub Struck und nahm ihm das Ding ab. „Eine Stabbrandbombe!" Er hielt uns das Teil vor die Nase.

Bub war besonders kräftig, mehrere Jahre älter als wir, groß, mutig, wir bewunderten ihn insgeheim. Waren wir mit ihm zusammen, war er der unumstrittene Führer. Er kannte Lieder, bei denen uns übel wurde.

Wir betrachteten den sechseckigen Stab interessiert.

Eine Stabbrandbombe auch mal in Natura zu sehen und in der Hand zu halten war schon aufregend. Auf Bildern hatte ich sie schon gesehen.

„Wo hast du die her?", fragten wir.

„Die lag bei uns im Garten hinterm Haus, da waren noch mehr, die wurden mir aber weggenommen. Ein Soldat in Uniform kam vorbei, sah, dass ich eine Brandbombe in der Hand hielt, und nahm sie mir sofort ab und schimpfte: ‚Verdammte Lausebengels, seid ihr wahnsinnig?'

Die sind gefährlich, weil sie Blindgänger sind. Der Zünder hat sich bestimmt verbogen, wenn ihr sie fallen lasst, kann sie sich entzünden, dann wird's gefährlich."

Bub meinte trocken: „Wahrscheinlich gibt's noch mehr davon, auch bei uns, wir müssen sie nur finden."

Axel, ich, Fritz und Bub machten uns auf die Suche. Auf der Straße und auf dem Bürgersteig waren keine.

„Hinterm Haus, wo der Boden weicher ist als auf der Straße, können welche zu finden sein, die noch nicht weggeräumt sind", meinte Fritz.

Wir suchten hinter unserem Haus, Bub hinter seinem Haus, die Häuser standen nebeneinander, nur durch eine Gasse getrennt, die aber nur zum Eingang unseres Hauses führte. Der Garten des Nachbarshauses war durch einen hohen Maschendrahtzaun, oben mit Stacheldraht versehen, getrennt, damit wir nicht darüber klettern konnten.

Mit dessen Besitzer Hollub gab es immer wieder Ärger, der wohnte im Haus und beobachtete uns immer misstrauisch.

Bub kam zu uns rüber. „Der Alte sitzt schon wieder hinter der Gardine, wenn wir eine Brandbombe finden, nimmt er sie uns sofort wieder ab", sagte er.

„Lasst uns hinter den Ställen suchen, da sieht er uns nicht, vielleicht haben wir Glück."

Tatsächlich, mehrere Löcher im Boden deuteten auf Blindgänger von Stabbrandbomben hin. Wir kratzten eine heraus und säuberten sie vorsichtig, die mahnenden Worte des Soldaten noch im Ohr.

„Bloß nicht fallen lassen", sagte ich, „und was machen wir jetzt damit?"

„Zeig mal her", sagte Bub, „erst mal müssen wir sie näher untersuchen."

Die Brandbombe war ca. 60 cm lang, sechseckig, in ihrer Länge unterschiedlich schwer.

„Der leichte Teil ist oben, seht ihr, er ist hohl, aus Blech. Die Brandbombe wird vom Flugzeug abgeworfen, der schwere Teil ist unten, so steckte sie auch im Erdreich. Dann ist oben der Zünder", erklärte Bub.

Es war mal wieder richtig spannend.

Das Blech war verbogen. Man konnte den Zünder von der Seite sehen.

„Diese Spitze kann nur der Aufschlagzünder sein", meinte Bub.

Um die Spitze war ein Zahnkranz aus sehr dünnem Blech.

Unter der nur wenige Millimeter langen Spitze konnte man ein Zündplättchen erkennen. Die Sache war für ihn klar. Schlug die Brandbombe auf, bog sich der

Zahnkranz nach oben und die Spitze durchbohrt das Zündplättchen und die Zündung tritt ein.

„Haut schon mal ab in sichere Entfernung, ich bring die Bombe jetzt zur Zündung, das scheint relativ ungefährlich zu sein, da sie keinen Sprengsatz hat und daher nicht explodieren kann."

Er nahm die Bombe am unteren Ende in die Hand und schlug sie senkrecht auf den Beton der Jauchegrube, die sich hinter den Ställen befand. Die Bombe blieb oben liegen, er lief zu uns und wir schauten um die Ecke des Stalls herum gespannt, was passierte.

Es zischte, aus der Seite kam ein ca. 20 cm langer Feuerstrahl, dann glühte der untere schwere Teil und ging über in einen Brei aus glühendem Magnesium/Alu (Thermit).

Die Wärmestrahlung war trotz unseres weiten Sicherheitsabstands zu spüren. Dieser „Kuchen" fraß sich mehrere Zentimeter in den Beton der Jauchegrube. Das war schon beeindruckend.

Wir Kinder haben dann noch mehrere dieser Stabbrandbomben gefunden. Meine Schwester hatte einen besonderen Sinn, diese anhand der Einschlaglöcher zu finden. Keiner von uns hatte aber noch Interesse an dieser gefährlichen Munition. Die Demonstration von Bub hatte uns gereicht.

Soviel war uns klar: Trifft einer dieser Branderzeuger unser Haus und keiner löscht rechtzeitig, dann brennt unser Haus völlig aus.

Zwischen den Fliegeralarmen tagsüber und auch nachts gab es bei uns oft mehrere Tage, manchmal auch eine Woche oder auch länger, Zeiten der Ruhe.

Dann konnte man ausschlafen, entspannen und seinen täglichen Pflichten nachgehen. Die feindlichen Flugzeuge waren jedoch keineswegs verschwunden, sie zogen dann lediglich an uns vorbei.

Gab es dann wieder Alarm, schienen sich die Aktivitäten der Akteure immer zu steigern. Es gab mehrfach am Tage, aber auch mehrfach nachts Alarm. Die Flak schoss dann gefühlt stundenlang. Das ging mir schon manchmal auf die Nerven.

War Alarm während der Schulstunden, konnten die Schüler, die in der Nähe der Schule wohnten, nach Hause gehen, die anderen gingen in den Luftschutzraum der Schule. Ich bin wohl immer nach Hause gegangen, denn ich kann mich an den Luftschutzraum der Schule nicht mehr erinnern.

In der Schule hatte ich meinen Rückstand aufgeholt. Die Versetzung war keineswegs gefährdet. In meinem Lieblingsfach Erdkunde wurde Ostpreußen durchgenommen.

Sofort war mein Interesse für diese Region geweckt und ich fragte unseren Lehrer Nolte, ob ein Transport der KLV nach dort geplant ist.

„Zur Zeit ist mir nichts dergleichen bekannt, aber du warst doch erst vor kurzer Zeit in Bayern, hat es dir dort nicht gefallen?", meinte Etlon.

„Doch, doch, aber Ostpreußen scheint auch schön zu sein, da würde ich gerne mal hinfahren."

Ich dachte dabei an die Kurische Nehrung, an Königsberg, an die Memel.

„Sicher, da hast du Recht, aber sag mal, willst du etwa noch mal zur Kinderlandverschickung?"

„Ja klar." Mir war aufgefallen, das mehrere Schüler, mit denen ich früher viel zusammen war, fehlten, und so fragte ich ihn:

„Da fehlen aber eine Reihe von Schülern, wo sind die denn geblieben?"

„Die meisten sind nach Bayern", gab er zur Antwort.

Aha, nach Bayern, dachte ich, Bayern ist groß.

„Was denkst du", Etlon sah mich aufmerksam an, „möchtest du noch mal nach Bayern?" Das „noch mal" betonte er dabei.

„Warum nicht, da war es sehr schön!"

Das Gespräch hatte ich lange vergessen, bis Etlon bekannt gab, dass ein neuer KLV-Transport nach Bayern geplant sei.

„Helmut, nicht nach Ostpreußen", sagte er mir. „Das ist auf längere Sicht nicht beabsichtigt." Natürlich, dachte ich, die deutschen Truppen in Russland waren in heftige Kämpfe verwickelt, die Russen waren im Süden durchgebrochen, sie konnten aber gestoppt werden.

Meine Lust dahin zu fahren war auch ziemlich erloschen.

In der Zwischenzeit hatten wir Ostpreußen verlassen. Ich meine im Unterricht, ich will nicht vorgreifen.

„Ich bin interessiert, muss aber noch meine Mutter fragen. Weiß man schon, wohin es genau geht?"

„Nein, aber ich gebe dir rechtzeitig Bescheid."

Mit der Neuigkeit im Gepäck ging ich schnurstracks zu meiner Mutter nach Hause, und bestürmte sie, mich fahren zu lassen.

„Das ist auf jeden Fall besser, als hier im Keller zu hocken und auf Bomben zu warten", sagte ich forsch. „Da bin ich sicherer aufgehoben als hier."

Das letzte Argument zog, das wusste ich, da war sie verwundbar. Hinzu kamen die Erlebnisse der letzten Nächte mit mehreren Alarmen, heftigem Flakfeuer, Müdigkeit.

Sie zögerte erst, aber überlegte nicht lange und sagte: „Aber Christel muss wieder mit, dann seid ihr beide sicher. In Bayern ist die Luft auch besser."

Das war zu erwarten. Ich hatte nichts dagegen, Christel war schließlich ein vorzeigbares, zurückhaltendes, freundliches Mädchen, ich sollte natürlich wieder auf sie aufpassen. Allein wäre sie nie gefahren, ich schon.

Zweite Kinder-Landverschickung

Der Tag der Abreise kam. Wir fuhren abends mit der Straßenbahn nach Recklinghausen und sollten in Bunker am Bahnhof übernachten.

Vielleicht weil der Zug sehr früh morgens wegen der Fliegergefahr noch im Dunkeln abfahren sollte. Wir bekamen von der NSV einen Platz im Bunker zugewiesen, der aus einer Holzpritsche für jeden von uns bestand, auf der man auch liegen, also auch schlafen konnte. Decken bekamen wir auch.

Der Bunker war ziemlich voll, ein reges Treiben herrschte. An Schlaf war beileibe nicht zu denken, auch wegen des Dämmerlichtes.

Unsere Pritschen standen hintereinander an der Wand. Auf der anderen Seite standen ebenfalls Pritschen, zwischen uns war der Durchgang.

Wir zwei Kinder waren in einem Gang untergebracht. Und der wurde auch als solcher benutzt. Es war also sehr unruhig. Das war ungemütlicher als in unserem Luftschutzkeller.

Ich beobachtete mir gegenüber einen älteren Mann, der erst auf der Pritsche saß, sich dann hinlegte, sich zudeckte, und sich hin und her wälzte. Dann streifte er die Decke ab und setzte sich wieder auf den Rand der Pritsche. Das dauerte wenige Minuten.

Dann legte er sich wieder hin, deckte sich wieder zu, lag ein Weilchen auf dem Rücken, drehte sich zu mir, sah mich dabei aber nicht an. Dann drehte er sich zur anderen Seite.

Kurz danach legte er sich auf den Rücken, zog die Decke zurecht. Dann schob er die Decke wieder zurück und stand auf. Kaum war er aufgestanden, setzte er sich wieder hin.

Er stützte seine Ellbogen auf die Knie, nahm seinen Kopf in beide Hände, blickte zu Boden, irgendwie teilnahmslos, schob die Decke zur Seite, legte sich wieder hin und deckte sich zu.

Ich legte mich auch hin, mit dem Gesicht zu ihm, wagte aber nicht, ihn direkt anzusehen. Aus den Augenwinkeln sah ich, wie er sich aufrichtete und sich auf die Pritsche setzte. Er schaute zu mir herüber, ohne mich direkt anzusehen, und legte sich wieder hin.

Ich richtete mich auch auf und rutschte im Sitzen zu Christel, die bisher auch kein Auge zugetan hatte. „Hast du gesehen, wie sich der Mann mir gegenüber verhält?", flüsterte ich ihr zu.

„Ja, der ist wohl krank oder nicht normal. Mir ist der unheimlich, so wie alles hier, ich will wieder nach Hause." Ihr kamen die Tränen.

Eine Schwester kam zu uns:
„Versucht zu schlafen, ihr müsst morgen früh raus", beruhigte sie uns.
Es wurde ruhiger im Gang, alle waren müde.

Dann wurden wir sanft geweckt. „Kommt Kinder, es geht los." Sie nahm uns bei der Hand und ging mit uns zum gegenüberliegenden Bahnhof. Schlaftrunken folgten wir ihr in den Wartesaal. Wir bekamen etwas zu essen und zu trinken.

Nach Prüfung bekamen wir unsere Schilder umgehängt, stiegen in den Zug und nahmen unsere Plätze ein. Mit den Worten: „Macht's gut Kinder", verabschiedete sie sich.

Dann ging's mit dem Zug ohne nennenswerte Vorkommnisse Richtung München. Wir behielten unsere Schilder umgehängt, auf denen stand, wo unsere Reise hinging: „Nach Mintraching bei Freising/Oberbayern" stand drauf. Christel konnte inzwischen auch lesen und schreiben. Wo der Ort genau lag, wussten wir nicht. Wie auf unserer Reise nach Uffing wurden wir verpflegt, versorgt.

Spannend war's. Der Zug war wieder vollgestopft mit Kindern. Aus unserer Schule war niemand dabei.

Der Zug fuhr den ganzen Tag und auch die ganze Nacht hindurch. An fast jedem Bahnhof hielt er an. Interessiert schaute ich dann aus dem Fenster. Ich lag wieder auf der aufgeklappten Rückenlehne oben mit dem Gesicht zum Fenster, Christel auf der Sitzbank unter mir.

Das gleichmäßige Rattern des Zuges wiegte uns beide dann doch in den Schlaf, schließlich hatten wir was nachzuholen.

Irgendwann hatten wir dann ausgeschlafen, es gab was zu essen und zu trinken. Im Abteil war es lustig, wir haben gesungen, Witze gemacht.

Die Zeit verging, alles war prima.
Dann waren wir in München-Hauptbahnhof angelangt. Wir wussten von unserer ersten KLV-Tour, hier müssen wir aus- und umsteigen.
Die meisten fuhren weiter.
Im Wartesaal wurden wir wieder verpflegt und so weiter wie gehabt, und warteten auf unseren Anschlusszug.

Der Anschlusszug in Richtung Landshut über Freising wurde angekündigt über den Lautsprecher. Wir wurden wieder anhand unserer umgehängten Karten identifiziert und sortiert. Eine Schwester ging mit uns zum Zug und in ein Abteil und ließ uns nicht aus den Augen. Der neue Zug hielt nach relativ kurzer Zeit an und wir stiegen aus. Unsere Karten wurden wieder gemustert, wir hielten uns an den Händen um klarzumachen, dass wir zusammen gehören und nicht auseinander gerissen werden wollten.

Eine Schwester führte uns zu einem Pferdefuhrwerk. Dessen Besitzer kam uns bereits entgegen, nahm uns in Empfang, die Karten um unseren Hals wurden uns abgenommen.
    Herr Burglechner stellte sich uns vor und hieß uns in seiner Familie willkommen. Er hob uns auf den Wagen.
    Ab ging die Post, das Pferd trabte dahin, uns wurde etwas mulmig, aber der Kutscher machte keinen schlechten Eindruck auf uns.
    „Habts a guede Fahrt g'habt?", fragte er uns.
    „Jo, lang hat's halt gedauert."
    „Könnt's ihr etwas Bayerisch?", fragte er erstaunt.
    Wir bejahten, sein Bayerisch hatte uns wieder instinktiv in unseren Wortschatz aus Uffing fallen lassen. Wir erzählten, dass wir bereits acht Monate in Uffing gewesen waren.
    In seinem Haus angekommen, wurden wir freundlich von der Hausfrau begrüßt. Wir bekamen zu essen und zu trinken. Es waren noch drei Kinder im Haus: der Erich, ca. zwei Jahre älter als ich, der Siegfried, so alt wie ich, und eine Tochter in Christels Alter namens Anneliese.
    Der älteste Sohn, Hans, war bereits Soldat.
    Unser Zimmer war schön und geräumig. Wir hatten wieder mehr Platz als zu Hause. Nach dem Essen ging's früh zu Bett, wir waren doch ziemlich müde von der Fahrt.

Die ersten Tage waren ziemlich unbequem oder stressig, man musste sich eingewöhnen. Das fing schon an beim Frühstück, das Frühstücksbrot mit ungewohntem Kümmelgeschmack wurde in großen Kaffeetassen eingebrockt und mit dem Löffel ausgelöffelt.

Wurst gab es nur wenig, sie wurde mit der Hand dazu gegessen. Satt wurde man aber.

Wir gingen bereits am übernächsten Tag zur Schule. Schnell stellten wir fest, dass wir schulisch mithalten konnten, das war schon mal gut.

Mit den Schulkollegen kam man klar, unser „Bayerisch" und die Tatsache, dass wir bereits längere Zeit in Bayern verbracht und zur Schule gegangen waren, verschaffte uns bald Anerkennung und Akzeptanz. Nur einige wenige betitelten uns als Preiß'n.

Herr Burglechner war gelernter Maurer und hatte einen Nebenerwerbsbauernhof. Zu diesem Nebenerwerb mussten wir beitragen.

Obwohl wir in der Schule gelernt hatten, dass Mintraching sich am Rande des Erdinger Moos befand und auch in der Nähe die Orte Hallbergmoos und Schwaigermoos lagen, war vom Moor nichts zu sehen (Moos bedeutet in Bayern Moor). Im Gegenteil, es war eine weite Ebene, die intensiv landwirtschaftlich genutzt wurde. Der Boden um Mintraching war fruchtbar, wenn auch durch viele runde Steine im Boden gekennzeichnet, die ich in der vom Pflug frisch aufgeworfenen Ackerfurche mit einem Korb entlang laufend aufklauben musste.

Die Steine wurden am Ackeranfang neben dem Weg gesammelt und das offensichtlich schon seit der ersten mittelalterlichen Besiedelung, gemessen an den vielen Steinen, deren Haufen überall an den Feldrainen zu sehen waren. Die Steine waren im Grunde schön und rund, sahen im ersten Moment wie mittelgroße Kartoffeln aus, die man im letzten Herbst übersehen hatte, insbesondere wenn es geregnet hatte lagen sie hell leuchtend oben auf der Erde.

Sie waren aber auch schwer, nicht im Einzelnen, aber in der Menge, wenn man sie im vollen Korb zu tragen hatte. Das war Schwerstarbeit. Gut, dass der Gaul, der am Pflug zog, öfter eine Pause brauchte, so konnte ich auch verschnaufen.

„Die wachsen von unten immer nach", sagte der Bauer.

Wenn wir Runkeln oder Steckrüben ausstechen mussten, war Christel auch gefragt. An Besenstielen waren unten schmale, wie Spachtel aussehende scharfe Messer angebracht, mit denen die gesäten Reihen ausgeräumt wurden. Die besten und größten wurden stehen gelassen, damit sie sich zu Rüben entwickeln konnten. Gleichzeitig wurden auch die in Mengen vorhandenen Disteln, die zwischen den Reihen wuchsen abgestochen. Das war auf Dauer ziemlich anstrengend, musste mehrfach im Jahr gemacht werden und hat bei Christel einen bleibenden Eindruck bis ins hohe Alter hinterlassen.

Für mich war die Mithilfe in der Landwirtschaft oft eine willkommene Abwechslung und stets interessant.

Für kleine Späße war immer Zeit, so haben Siegfried und ich uns im Kuhstall einmal direkt vom Euter der Kühe gegenseitig bespritzt, was zu viel Gelächter führte.

Nach einigen Tagen war allerdings eine Kuh im Stall krepiert. Sozusagen wie ein Blitz aus heiterem Himmel. Wir waren nicht schuld, das war sicher. Der Bauer tobte auf bayerisch „Himmiherrgottsakrament".

Übersetzt ins Hochdeutsche: „Das kommt davon, dass ihr den Kehricht aus der Küche immer direkt in den Stall fegt", sagte er, und: „da war sicher eine Nadel dabei, die ist ins Futter für die Kühe geraten. Ich hab's immer g'sagt, dass ihr das unterlassen sollt's."

Der Verlust war wohl erheblich, wurde aber bald ausgeglichen durch ein Kalb, deren natürliche Erzeugung durch den Dorfbullen wir Kinder öfter mit Interesse beobachten konnten.

Für die Jugendlichen, die bereits einen landestypischen Hut trugen, waren die am Ende gebogenen, bunten Schwanzfedern der Erpel besonders interessant, die konnte man sich an den Hut stecken, das war Brauchtum.

Es galt also, einen Erpel zu fangen und ihm die Schwanzfedern auszureißen, schließlich konnte man nicht bis zum Winter warten, bis sie geschlachtet wurden. Da konnte ich behilflich sein. Wir trieben die Enten in eine Ecke und ich konnte einen Erpel schnappen und ihm die begehrten Trophäen ausreißen. Nicht für mich, sondern für einen Auftraggeber. Seine Anerkennung und sein Dank waren mir sicher.

Viel gefährlicher waren Gänseriche, davon gab es im Hof nebenan mehrere. Über den Bauernhof konnte man den Weg zur Schule wesentlich abkürzen. Die Gänseherde passte aber auf wie Hofhunde.

Wenn wir Schüler morgens von Burglechners, wir waren immerhin fünf an der Zahl, immer unter Zeitdruck die Abkürzung nehmen wollten, stürzten sie sich mit ausgebreiteten Flügeln schreiend und trompetend auf uns. Da musste man schnell sein. Es schien bald so, dass sie uns morgens schon erwarteten, dann hieß es, um den eingezäunten Hof herumzugehen. Doch dann steckten sie ihre langen Hälse durch den Zaun und zischten. Erst als ich einmal einen Gänserich mit beiden Händen an den Hals packen und ihm das Maul zuhalten konnte, wurden sie ruhiger.

Den Weg über den Hof haben wir aber nicht oft riskiert.

An der Isar

In Erdkunde habe ich immer besonders gut aufgepasst. So war mir der Spruch: „Iller, Lech, Isar, Inn, fließen rechts zur Donau hin." natürlich geläufig.

Ich habe meine Schulkameraden, darunter waren noch weitere Ferienkinder, immer wieder bedrängt: „Lasst uns mal zur Isar gehen, da können wir baden, das wäre doch was, das sind maximal zwei Kilometer, also nicht weit."

Die „Buam" waren nicht zu bewegen. „Viel zu gefährlich, die Isar ist sehr reißend, schwimmen geht gar nicht", hörte ich sagen.

An einem schönen Sommertag klappte es doch. Wir zogen los. Wir waren aber nur Ferienkinder, Christel ging nicht mit.

Die Route war klar, Richtung Neufahrn auf die Brücke und dann mal gucken, was es dort zu sehen gab. Vielleicht kommt man da ans Wasser, war meine Überlegung.

Die Brücke überspannte die ganze Aue. Die Aue war bewachsen mit Büschen, Sträuchern, Bäumen und war ca. viermal so breit wie das Kiesbett der Isar, die sich ihrerseits durch das Kiesbett schlängelte.

„Das soll die Isar sein?", sagte einer von uns.

Wir liefen auf der Brücke hin und her und kreuz und quer und schauten hinunter, um uns eine Bild von der trotz alledem imposanten Natur zu machen.

„Hat einer von euch einen Weg gefunden, um nach unten zu kommen?", fragte ich.

„Hier vorn gibt es einen Trampelpfad, da können wir hinunter."

Gesagt, getan, es war steil, aber es ging, bald standen wir am Wasser. Unter der Brücke auf unserer Seite hatte die Isar ein Loch gegraben, da staute sich das Wasser etwas, floss im Kreis. Dadurch wurde es dort langsamer, bevor es wieder vor einem Kiesbett zur anderen Seite abbog und dann nach links mit steigender Geschwindigkeit abfloss.

Wir zogen unsere Schuhe aus, sprangen auf dem Kiesbett umher und planschten im Wasser. Die Kiesel waren alle rund und störten nicht sehr, Sand wäre aber besser gewesen.

Wo die Isar richtig abfloss, ohne Stau, war sie enorm reißend, man konnte sich kaum auf den Beinen halten. Weiter stromaufwärts war sie breiter, etwas flacher. Mit einiger Mühe kam man aber weiter.

Wir waren zu zweit, Heinz und ich hielten uns an den Händen, um nicht weggerissen zu werden, wenn man hinfallen sollte.

Dann war es passiert; Heinz rutschte, vom Wasserdruck von den Beinen, riss sich los von mir und sauste schreiend halb unter und halb über Wasser hin zu der tiefsten Stelle am Brückenpfeiler.

Ich, auf dem Hosenboden rutschend, hinter ihm her. Ich schrie laut nach den anderen Freunden. Heinz überschlug sich und wurde in das tiefe Wasser getrieben, wo er unterging.

Mir ging's ähnlich, ich war aber größer und schwerer und wurde nicht so unter Wasser gedrückt.

Ich schrie um Hilfe und bekam am Rand des Kolkes Boden unter den Füßen. Die Freunde waren alle da, wussten aber nicht, was los war.

Heinz tauchte auf, schrie um Hilfe, ging wieder unter. Die Strömung drehte ihn im Kreis wieder zu uns, er tauchte wieder auf, gurgelte, ich schubste ihn zum Rand hin, ein anderer zog ihn auf den Kies.

Heinz röchelte, spuckte Wasser, schrie, keuchte, weinte, aber er hatte wieder Boden unter dem Bauch und er lebte.

Das war das Wichtigste. Hätte er ertrinken können? Ja! Hätte ich ertrinken können? Vielleicht.

Wir hatten einen gehörigen Schreck bekommen. Waren wir nicht gewarnt worden?

„Damit konnte man wirklich nicht rechnen", meinte ein Klugscheißer von uns. Doch, man konnte! Wir hatten einfach riesiges Glück.

Stillschweigen wurde vereinbart und gehalten.

Nach einiger Zeit bin ich mit anderen Ferienkindern noch einmal an der gleichen Stelle zum Baden gewesen. Heinz ging nicht mehr mit, das konnte ich verstehen. Ich war der Meinung, wenn man die Gefahr kennt, kommt man darin nicht mehr um.

In dem Kreisel, am Brückenpfeiler, war die Strömung nicht sehr stark, man musste sich nur hüten, in den Abfluss aus dem Kolk zu geraten.

Bald kannte man das Verhalten der Strömung und die Tiefen und Untiefen des Kreisels.

Der Kreisel war genial. Man stieß sich im seichteren Teil mit den Füßen ab und schwebte im Kreis auf dem Wasser in die Runde.

Ich schwamm, zweifellos, die Füße hatte ich ja angehoben. Die Kraft des Wassers schob mich voran. Mit der Zeit wurde man mutiger und sicherer. Den anderen Kindern ging es ähnlich.

Wir konnten schwimmen! Wir tauchten, machten Hechtsprünge ins Wasser, meistens aber Bauchflatscher.

Egal, es war ein großes Vergnügen und ein Hochgefühl, schwimmen, oder genauer gesagt sich über Wasser halten zu können.

Schön war auch unsere Klassenfahrt nach München, u.a. zur Bavaria an der Theresienwiese. Eine Wendeltreppe führte hinauf bis zu der Plattform im Kopf der Bavaria. Man hatte einen herrlichen Ausblick von da oben.

Die Feldherrnhalle war imposant. Der Ausflug hat richtig Spaß gemacht. A Gaudi war's, was B'sonders für uns Preiß'n.

Wenige von meinen Klassenkameraden in Oer-Erkenschwick waren schon mal in München. Nur die KLV-Ferienkinder, so wie ich.

Sonntags gingen Christel und ich, obwohl evangelisch, nach erstem Zögern wie selbstverständlich in die katholische Kirche, eine evangelische Kirche gab es in Mintraching sowieso nicht.

Spaß machte mir, mit anderen Kindern zusammen die Glocken zu läuten. Hatte man den etwas schwierigen Anfang überwunden und die Glocken hatten den nötigen Schwung, ging es leicht. Zum Schluss hing man sich oft zu zweit oder zu dritt an das Seil, die Glocken hoben einen noch mehrmals in die Höhe und klangen dann aus.

Zum Kirchgang kleideten sich die Leute regelrecht festlich an. Fast alle kamen in Tracht. Meine Klassenkameraden auch, die meisten mit Hut. Da konnten wir nicht mithalten.

Die Kirche hatte für mich eine Überraschung parat.

In der Mitte des Ganges zwischen den Bänken war eine Stufe. Man konnte sie gut erkennen, wenn man andächtig, die Hände gefaltet, den Kopf gesenkt, zu seinem Platz ging. Wenn man, wie ich, den Kopf zwar gesenkt hatte, aber nur so weit, um noch nach links und rechts blicken zu können, dann nicht.

Ich stolperte, knallte der Länge nach hin auf den Bauch, schlimmer noch, auf die Knie. Die bluteten wie Sau, es hörte gar nicht auf.

Zum Gebet hieß es hinknien. Tapfer kniete ich mich auf mein Taschentuch. Frau Lambertz kam mir in den Sinn. Sollte das abschreckend wirken?

Da die Winter in Bayern recht kalt waren und lang andauerten, musste rechtzeitig für Feuerholz gesorgt werden. Es wurde dort vorwiegend mit Holz geheizt und gekocht.

Das Holz wurde zum Teil noch in Stämmen herangeschafft, gesägt, gehackt und an geeigneter Stelle an der Hauswand gestapelt.

Das Hacken war unter anderem für mich reserviert. Hatten die Klötze keine Äste, machte das sogar Spaß.

Ich bekam durch längere Ausübung bald eine solche Fertigkeit darin, dass ich auch für das Abhacken von Hühnerköpfen herangezogen wurde.

Als Rechtshänder, so wurde ich eingewiesen, sollte ich das Huhn (älter, zum Kochen) oder das Hähnchen (jünger, zum Braten) mit links hinter die Flügel fassen, mit dem Stiel des Beils in der rechten Hand das Geflügel einen kurzen Schlag geben. Dadurch reckte es den Hals und man konnte denselben auf den Hauklotz legen und problemlos durchschlagen.

Dann wurde das Geflügel schnell weggeworfen. Es zappelte noch eine Weile und schlug mit den Flügeln, als wollte es wegfliegen, dann war Schluss.

Bei der großen Familie mussten stets drei oder vier für eine Mahlzeit herhalten. Das Rupfen, Ausnehmen, Braten oder Kochen machten andere, meistens natürlich Frau Burglechner. Beim Essen war ich wieder dabei.

Die Küken wurden in Gattern aufgezogen.

Die Hühner liefen oft frei in einem bestimmten eingezäunten Bereich des Gehöftes herum, dazu gehörte auch die Scheune. Das war für die Eiersuche problematisch, denn die Hühner hielten sich nicht immer an die zugewiesenen Nester im Hühnerstall, um ihre Eier abzulegen.

Frau Burglechner hatte die Anzahl ihrer Hühner und damit den voraussichtlichen Eierausstoß pro Tag voll im Griff. Eines Tages war sie wieder nicht zufrieden. Sie bat Siegfried und mich zu sich in die Küche und sagte: „Dös mit die Eier kann net stimmen, des müssten weit mehr sein. Sucht's fei besser ihr zwoa!"

Wir berieten uns. Siegfried meinte: „Wia müss'n dia Hendl, die siach in der Schauer herumtreiben, beobachten, wo sie herkimmen, wenn's gackern."

Die Hendl legten meistens morgens, da hieß es noch vor der Schule das Gackern zu beobachten. Ein Gackerspektakel ganz oben in ca. sechs Metern Höhe auf dem Heu war nicht zu überhören. So hoch? Unsere Hühner konnten tatsächlich fliegen.

Nach der Schule kletterten wir an dem hierfür vorgesehenen Kletterbaum in die Höhe, der auf beiden Seiten der Scheune angebracht war. Siegfried auf der einen, ich auf der anderen Seite.

In der Mitte standen der Pferdewagen und landwirtschaftliche Maschinen, wie Pflug, Heuwender etc.

Der Kletterbaum war ein Rund-Holzpfosten, der vom Boden bis in die Spitze des Daches reichte. Er war ca. alle 50 cm durchbohrt und mit Holznägeln versehen, die an beiden Enden ca. 30 cm herausragten, an denen man hochklettern konnte.

Ich hangelte mich vorsichtig hoch. Als ich in etwa drei Meter Höhe angelangt war, brach die rechte Sprosse ab und ich sauste mit einem gellenden Schrei in die Tiefe.

Zu meinem großen Glück fiel ich auf einen Heuhaufen darunter, federte wieder hoch, überschlug mich, streifte mit der linken Stirnseite den Klotz der Bremse an dem Wagen in der Mitte und blieb benommen liegen. Blut strömte über mein linkes Auge.

Frau Burglechner war eine erfahrene Krankenschwester, versorgte die Wunde über meinem Auge und verband mich. Erleichtert meinte sie: „Es sieht schlimmer aus, als es ist, hätte aber durchaus arg bös werden können."

Siegfried hat übrigens ein Nest mit ca. 20 Eiern gefunden. Jedes Huhn hat sein eigenes Nest, das bedeutete, dass das erste Ei mindestens 20 Tage alt war, aber welches?

Frau Burglechner roch an jedem Ei, nachdem es vorsichtig aufgeschlagen war, das war mir schon früher aufgefallen. Jetzt weiß ich warum. Ich habe noch Jahre danach jedes gekaufte Ei berochen, das ich aufgeschlagen habe, bis meine Frau mir diese Marotte, wie sie sagte, abgewöhnt hat.

Frau Burglechner war die Seele der Familie. Sie war kräftig, zupackend und gerecht. Sie hat Christel und mir das Gefühl gegeben, zur Familie zu gehören. Das war natürlich nicht selbstverständlich. Unser Wohl lag ihr genau so am Herzen wie das ihrer eigenen Kinder.

Sie konnte gut kochen, braten und backen. An ihren Hefezopf, die Dampfnudeln mit Vanillesoße und die Knödel denke ich sehr gern zurück.

Zu Weihnachten richtete unsere Pflegemutter allein ein größeres Zimmer im ersten Stock für die Bescherung her. Sie werkelte eine Woche darin, keiner durfte sie stören, keiner durfte vor Weihnachten hinein.

Sie schmückte den großen Weihnachtsbaum mit angehängten Äpfeln, glitzernden Kugeln und Holzfiguren. Girlanden schmückten die Wände, so eine Pracht gab's bei uns zu Hause nicht.

Auch wir bekamen jeder ein Geschenk, Christel eine Spieluhr, über die sie sich sehr freute, und ich einen weißen Pullover aus Schafswolle, auf den ich sehr stolz war.

Um 12 Uhr nachts ging es zu Fuß durch den Schnee zur Christmette, ich hatte meinen weißen Pullover angezogen. Alles war sehr feierlich, schön und friedlich, Burglechners gaben sich große Mühe mit uns beiden. Wir hätten es genießen können, aber wir bekamen stattdessen Heimweh. Wir dachten an Zuhause und mussten uns zusammenreißen, um nicht loszuheulen.

Wir hatten gelernt, auf uns aufzupassen und das Beste draus zu machen.

Die Zeit verging, die Schule und die kleinen häuslichen Pflichten, die man übernehmen musste, die Schulkameraden, all das Neue, was um uns herum vorging, ließ keine Langeweile und Sentimentalität aufkommen.

Es wurde Frühling, Zaunpfähle mussten erneuert werden. Weidenstämme wurden längs geviertelt, das ergab vier Pfosten je Stamm. Aus den Pfosten wurden zu meiner Überraschung wieder Bäume, wie man an anderen Zaun-Bäumen rund um die Weide erkennen konnte. Sie waren allesamt früher Zaunpfosten.

Der Bauer ließ eine neue Pumpe im Haus herrichten, dazu wurden Wasserrohre angeliefert, die man zusammenschrauben konnte und die mittels einer Ramme in den Boden geschlagen wurden.

Die Stelle, wo die notwendige Wasserader war, wurde von einem Wünschelrutengänger bestimmt. Wer hatte so etwas schon gesehen?

Sträucher oder Bäume wurden vermehrt mittels Ableger oder Reiser, die abgeschnitten, im Holzteil angeschnitten, mit einem Samenkorn versehen und in die Erde gesteckt wurden.

Diese Vermehrung war für mich völlig neu und interessant. Ich habe dies viele Jahre später mit Erfolg nachgemacht.

Ein Fisch an der Angel

Im Frühjahr zog es mich noch einmal zur Isar, an die Stelle, wo ich schwimmen gelernt habe.

Es hieß, es sei Hochwasser eingetreten. Heinz ging mit.

Welch eine Überraschung. Wir waren noch weit vor der Brücke und hörten schon ein Rauschen. Dann sahen wir es. Die ganze Aue war gefüllt mit milchigem grauweißem Wasser fast bis zur Unterkante der Brücke.

Ein vollständiger Baum mit Wurzeln und Krone schwamm vorbei, er war mehrere Meter lang. Dann, wir glaubten es zunächst nicht, kam eine Kuh angeschwommen, d.h. sie trieb vorbei, steif und tot.

Welch eine Kraft musste die Isar haben, um so etwas fertig bringen zu können.

Wir waren fasziniert von diesem Naturschauspiel

Dann sahen wir einen Angler auf der anderen Seite direkt neben der Brücke.

„Siehst du den Angler dort", bemerkte ich zu Heinz.

„Ja, wie kann das sein, der fängt doch sowieso nichts in diesem milchigen Wasser."

„Komm, wir gehen mal hin."

Der Angler sah nach der Angel ruhevoll, kühl bis ans Herz, ohne uns zu beachten. Wir schauten ihm zu, ohne ihn zu stören. Dann zuckte die Angel. Er zuckte zurück und hatte plötzlich einen Fisch an der Angel und zog ihn gekonnt heraus.

Wie war das möglich, fragten wir uns. „Hat der den Braten bzw. den Köder gerochen?", fragte ich Heinz. „Gesehen hat er ihn jedenfalls nicht", antwortete er. Dabei hatten wir immer den Angler im Blick, der den Fisch geschickt vom Haken befreite, ihn auf den Boden legte und mit einem Stich in den Kopf mit seinem Hirschfänger aus der Tasche an der Hosennaht tötete.

Der Fisch machte ein deutlich vernehmbares „uuuh" und verschied.

Was war das? Hatte der Fisch wirklich einen Ton abgegeben?

„Hast du das auch gehört?", fragte ich Heinz.

„Ja, das war unheimlich", sagte er ziemlich verstört.

Wir zogen ab, hasteten förmlich nach Hause. Das war schon fast zu viel Abenteuer auf einmal.

Besuch von Mutter, Vater und Liesel

Plötzlich und ohne Vorankündigung stand unsere Mutter in der Tür, mit Liesel auf dem Arm.

Christel war entzückt. Sie folgerte messerscharf, Mutter holt uns bestimmt wieder nach Hause. Mutter umarmte uns und bemerkte sofort, dass wir uns öfter am Kopf kratzten.

Die Freude, uns wohlbehalten vorzufinden, schlug in Besorgnis um. „Ihr habt ja Läuse", rief sie aus. Wir selbst und auch die Kinder Burglechners hatten nichts bemerkt.

„Das ist ja allerhand", ging's weiter, typisch für Mutter.

Frau Burglechner war das sehr unangenehm. „Dös ist bestimmt erst in den letzten Tagen passiert und kimmt von der Schul".

Egal, meine Mutter nahm das Heft in die Hand. Sie kannte sich aus. Kopfläuse gab es öfter mal, auch zuhause. Ich wurde kahl geschoren, mein Kopf mit Petroleum eingerieben, und ich bekam eine Pudelmütze aufgesetzt, die ich den ganzen Tag aufbehalten musste.

Christel wurde mit einem Lausekamm bearbeitet. Jeden Tag wurden ihr die Haare ausgekämmt. „Die Nissen sind das Problem", sagte Mutter. Die Ruhe war dahin.

Sogar Papa kam für einen Kurzurlaub nach Mintraching; die Familie war zusammen, aber wie? Wir blieben weiter bei den Burglechners, unsere Eltern und Liesel hatten eine andere Unterkunft gefunden.

Unser Vater reiste bald wieder ab. Er wurde für den Endsieg noch gebraucht.

Es war uns klar, Mutter nahm uns mit, wenn sie nach Hause fuhr. Sie hatte wohl genau so viel Sehnsucht nach uns wie wir nach ihr.

Die Zeit des Abschieds war also gekommen. Die Aussicht, zurück nach Erkenschwick und damit in die Heimat zu kommen, beflügelte uns. Die stets lange, beschwerliche und abenteuerliche Fahrt mit der Eisenbahn konnte uns nicht abschrecken.

Wir stellten fest, dass auch weitere Ferienkinder wieder nach Hause fuhren. Wir diskutierten über unsere bevorstehende Heimreise und beschlossen, ein letztes Mal an die Stelle der Isar zu gehen, an der wir viel Gutes und Schönes erlebt, aber auch Gefahren gemeistert hatten.

Wir suchten in Nähe der Brücke über die Isar, unserer Brücke, den größten Stein, den wir finden und tragen konnten. Den haben wir dann mit Mühe und Anstrengung gemeinsam auf das Brückengeländer gehoben und mit Hallo und Geschrei ins Wasser gestoßen.

Das war unser aller persönlicher, symbolischer Abschiedsgruß an die Isar und an Mintraching in Oberbayern, wo wir eine schöne und abwechslungsreiche Zeit verbracht hatten, ohne Fliegeralarm, und geborgen bei handfesten Leuten und guten Kameraden.

Der Abschied von der Familie Burglechner fiel uns schwer, trotz aller Freude wieder nach Hause fahren zu können. Wird man sich jemals wiedersehen?

Mit herzlichem Dank für Alles und mit einer liebevoll hergerichteten Wegzehrung ging's zum Bahnhof.

Nach kurzer Fahrt war München erreicht. „Hier war ich noch vor kurzem mit der Schulklasse auf Klassenfahrt" erklärte ich Mutter. „So so" meine Mutter „war's schön?" „Sehr schön".

Wir hasteten in den Wartesaal. Den kannten wir schon von unserer ersten Fahrt nach Uffing. Lang, lang ist's her.

Der Wartesaal war wie gehabt, sehr voll. Viele Soldaten und Krankenschwestern waren unterwegs, das war auch nichts Neues.

Mutter bestellte etwas zu trinken für uns. Es fiel uns bald auf, dass wir vier nichts zu trinken bekamen. Der Ober ging immer an uns vorbei, egal wie oft meine Mutter bestellte, erst als ich laut und perfekt auf bayerisch rief: „Geh Ober, nu sa'n mir aber dran, mir warten doch scho' so lang". „Hättens doch glei' sagen können, dass ihr koane Preißn seid's", und brachte uns unsere Selters.

Dann kam unser Zug, natürlich überfüllt, wie alle Züge damals; ganz Deutschland war wieder unterwegs oder auf der Flucht.

Zurück in die Gefahrenzone

Unser Waggon war für die KLV reserviert. Rot-Kreuz-Schwestern versorgten uns. Unsere Familie, ohne Vater, war wieder mal zusammen.

Wir beschäftigten uns miteinander, erzählten viel, neckten Liesel, unsere mittlerweile immerhin auch schon zweieinhalbjährige Schwester. Besondere Schlafmöglichkeiten, wie auf der Hinfahrt, gab es nicht, es war zu voll. Wir bekamen Decken und versuchten, so gut es ging, im Sitzen zu schlafen.

Das gelang uns auch im Wesentlichen; das gleichmäßige Rattern des Zuges tat sein Übriges. Es wurde dunkel und wieder hell. Geschäftigkeit auf dem Bahnhof trat an Stelle einer Ruhepause. Dann größere Unruhe: Umsteigen. Das Fahren wurde langsam quälend. Es ging aber immer weiter und weiter nach Norden. Der Zug verminderte seine Geschwindigkeit. Wir fuhren langsam in einen Bahnhof. Plötzlich hörte man Alarmsirenen. Der Zug hielt, „Alle aussteigen, Fliegeralarm" schallte es aus den Lautsprechern. So schnell wie wir konnten stiegen wir aus. Fragen ertönten: „Wo sind wir hier?" Antworten schwirrten: „In Essen!" „Was, schon in Essen?"

Der Bahnhof war wegen des Fliegeralarms nicht beleuchtet. Draußen war es noch nicht richtig hell, Morgendämmerung. Akuter Alarm folgte. Das bedeutete, die Flugzeuge sind sozusagen bereits über uns.

Wir hasteten die Treppen hinunter, den anderen Passagieren hinterher, und fanden uns atemlos in einem Luftschutzraum des Bahnhofs wieder. Der sah ganz ordentlich und vertrauenerweckend aus. Hier war man sicher, war die allgemeine Meinung. Ein dumpfes Grollen war zu vernehmen, der Fußboden vibrierte. Christel war sichtlich erschrocken.

„Bomben"! bemerkte einer. „So ein Mist aber auch. Kaum sind wird in Nähe der Heimat und schon mitten im Bombenhagel", schimpfte Mutter. „Christel, du brauchst keine Angst zu haben, hier passiert uns nichts", beruhigte Mutter, Liesel auf dem Arm haltend. Bald kam die ersehnte Entwarnung. Alle gingen aus den Katakomben des Bahnhofs zurück auf den Bahnsteig. Der Bahnhof war nicht getroffen worden, so dass wir unsere Reise nach Recklinghausen unbehelligt beenden konnten. Die Aufregung legte sich etwas. „Gut, dass der Bahnhof nicht getroffen wurde, sonst säßen wir immer noch in Essen", stellten wir fest.

Mit der Straßenbahn ging es nach Erkenschwick zur Wohnung in der Yorckstraße. Die Heimat hatte uns wieder, eine Heimat mit ihren Fliegeralarmen, die wir vergessen oder verdrängt hatten

Auch in der Schule spürten wir die Veränderung. Gehörten wir in Bayern zu den Besten, so waren wir plötzlich die Deppen. Volle Konzentration war nötig, Versäumtes nachzuholen. Auch bei Fliegeralarm im Kellergang zum Luftschutzkeller stehend unter der Lampe wurde auswendig gelernt.

Lehrer Nolte hatte mich in der Klasse freundlich begrüßt mit den Worten: „Na, wieder zurück, du Reisender, wie war's denn dieses Mal in Bayern?" „Sehr schön." Ich berichtete stolz, alle hörten genau hin und staunten nicht schlecht, dass ich in München gewesen war und in der Isar schwimmen gelernt hatte.

Meine Mitschüler hatten auch ihre Erlebnisse mit Fliegeralarmen, Flaksplittersammeln usw. zu erzählen.

Christel berichtete mir Ähnliches aus ihrer Klasse. Auch sie hatte Mühe, den Lehrstoff wieder aufzuholen.

Schnell haben wir uns wieder eingelebt; es blieb uns auch nichts anderes übrig.

Luftmine am Badetag

Jeden Samstag war Badetag, geplant jeweils vor dem Zubettgehen. Im großen Einmachkessel, der mit den zwei Henkeln an den Seiten, wurde das Badewasser erhitzt.

Dazu musste richtig gestocht werden. Alle Ringe der Herdplatte wurden dazu entfernt, das sparte Kohlen. Trotzdem mussten viele Schüppen Kohle zusätzlich verheizt und anschließend von mir ersetzt werden, bevor das Wasser heiß genug war für ein Bad.

Die große Zinkbadewanne wurde aus dem Keller geholt und in die Mitte der Wohnküche platziert.

Vorsichtig, damit sich keiner verbrühte, musste das sehr heiße Wasser in die Badewanne geschüttet werden. Dazu brauchte man Kraft und Geschick. Für Vater kein Problem, aber der war abwesend. Nach Meinung meiner Mutter war das immer der Fall, wenn man ihn dringend brauchte. Da musste ich schon aushelfen, so gut ich konnte. Dann kam noch etwa die doppelte Menge kaltes Wasser dazu und die richtige Temperatur war erreicht.

Unsere kleine Schwester Liesel kam immer zuerst dran. Sie wurde tüchtig eingeseift, einschließlich der Haare, und abgewaschen. Zuletzt kam die Dusche in Form von mehreren Schüsseln Badewassers von oben. Dabei kam nicht selten etwas Seifenwasser in ihre Augen, und sie schrie jämmerlich. Wurde sie dann in einem großen Badehandtuch eingewickelt und abfrottiert, strahlten ihre geröteten Augen. Sie bekam ihren Schlafanzug angezogen und war bettfertig.

Dann kam Christel an die Reihe, als die Alarmsirene ertönte.

Was bisher für unsere nicht ganze Familie mehr oder weniger ein Vergnügen war, schlug um in Hektik und Eile und war trotzdem irgendwie vertraut. Schließlich gab es fast jeden Tag Alarm.

„Christel, beeile dich bitte, wir müssen sicher bald in den Keller", mahnte Mutter. Liesel wurde derweil kellerfertig angezogen.

Das Badewasser hatte sie zum Teil ausgeschöpft und durch frisches warmes Wasser wieder aufgefüllt. Christel half kräftig mit und war bald auch fertig mit dem Haarewaschen. Sie stieg aus der Badewanne, wurde abgetrocknet und zog sich komplett an.

Jetzt war ich dran. Mutter hatte schon einen Teil des Wassers durch warmes Wasser ausgetauscht, ich hatte mich schon ausgezogen.

Die Sirene heulte. An Stelle der erwarteten Entwarnung ertönte das Signal für akuten Alarm. Das bedeutete, dass die Feindflugzeuge schon ganz in der Nähe waren.

„Komm, komm, komm, mach schnell, zieh dich an, wir müssen in den Keller". Mutter trieb zur Eile, schnappte sich Liesel und ihre Tasche und begab sich mit Christel zu Tür.

„Wir gehen jetzt, beeil dich, hörst du? " „Ja." „Du kannst auch noch später baden". „Nee, ich bade mich jetzt, es wird schon nichts passieren." Mutter schimpfte, aber rannte nur mit meinen Schwestern in den Luftschutzkeller. Die Flak schoss ununterbrochen.

Ich war allein, stieg in die Badewanne und das warme Wasser behagte mir sehr. Ich begann, mich mit dem großen Schwamm langsam und mit Genuss einzuseifen und abzuwaschen.

Was sollte das schon sein, Alarm, ich hatte mich daran gewöhnt. Bis jetzt war ja auch wirklich alles gut gegangen.

Dann war da plötzlich ein Rauschen in der Luft, so was gab es bisher nicht, das war ganz neu und unheimlich.

Das Rauschen kam näher, ich hatte das Gefühl, als wenn sich das Haus in Richtung zum Hausflur bewegt. Ich duckte mich instinktiv bis unter den Rand der Badewanne.

Und dann erfolgte eine Explosion, ein höllischer Krach nie gekannten Ausmaßes.

Die Wohnungseingangstür brach ins Zimmer, ein immenser Luftdruck fegte durch den Raum, alles, was nicht niet- und nagelfest war, flog durch die Luft. Es klirrten die Fensterscheiben, die Verdunkelung wehte aus dem Fenster, Glasscherben folgten. Dann wehte Wind plötzlich von der anderen Seite Richtung Türloch. Der Luftdruck kam zurück.

Ich sprang aus der Wanne, ergriff das Badehandtuch und lief so schnell ich konnte hinunter bis ins Kellergeschoss und stand nass, keuchend, nackt, das Badetuch in der Hand, im Luftschutzkeller.

Mein Anblick muss wohl, bei allem Schreck, erheiternd gewirkt haben. Es gab ein befreiendes Gelächter.

Alle Hausbewohner waren da, nur ich hatte gefehlt. Mutter war froh, dass mir nichts passiert war. „Leg dir das Badetuch um, du erkältest dich sonst." Das Lachen wich einem ängstlichen fragenden Blick nach oben.

Was war eigentlich los? Das Haus war offensichtlich nicht getroffen worden. Das Licht brannte noch, also konnte nicht viel zerstört worden sein.

Unsere älteren drei Damen, die immer bei Alarm im Kellergang saßen, kamen auch herein, suchten Schutz bei den anderen Hausbewohnern und waren verstört. Mein Anblick konnte sie nicht erheitern.

Die Flak hörte auf zu schießen. Nach wenigen Minuten gab es Entwarnung, die Sirenen heulten diesen ersehnten langen Ton.

Das haben wir Gott sei Dank mal wieder gut überstanden, sagte man sich gegenseitig. Und bis demnächst.

Mutter machte sich ans Aufräumen. Die Tür musste repariert, die Fensterscheiben ersetzt werden. „Was soll bloß aus uns werden, wenn das so weiter geht", seufzte sie.

„Gut, dass dir nichts zugestoßen ist, sei bitte in Zukunft nicht wieder so leichtsinnig", ermahnte sie mich.

Ich versprach, in Zukunft vorsichtiger zu sein.

Alle fragten sich, wo die Bombe wohl eingeschlagen sein könnte. In der näheren Nachbarschaft waren kein Bombentrichter und auch keine Beschädigungen zu sehen. Da der Luftdruck enorm war, musste die Bombe in unserer Nähe heruntergekommen sein, evtl. auf dem Feld hinter unseren Ställen. Das hätte auch zu der Richtung gepasst, aus der der Luftdruck kam. Aber da war nichts, was uns weiter brachte.

Ein erfahrener Bergmann aus der Nachbarschaft meinte, dass das nur eine Luftmine gewesen sein konnte.

Das war's also, jetzt war alles klar, ich musste weiter Richtung Klärens Busch suchen, bei meinen Brombeersträuchern.

Axel, Fritz und ich machten uns auf den Weg. Die Ecke kannten wir genau, hier hatte ich vor einiger Zeit zwei Otter gesehen. In Nähe des Westerbachs, der hier kanalisiert und zu einem Abwasserkanal umfunktioniert war, fanden wir einen großen Krater. Er war erstaunlich flach, hatte aber einen Durchmesser von acht oder zehn Metern. Rundherum waren Gras, Sträucher und kleine Bäume wie weggeblasen.

Da musste sie explodiert sein, diese sogenannte Luftmine, dieses runde Fass, voll mit Sprengstoff gefüllt, mit einem Gewicht von rund 4.000 englischen Pfund, wie wir später erfuhren, das sind 1,7 Tonnen, eine beachtliche Menge.

Es war uns klar, dass wir bei einer solchen Sprengkraft keine Splitter finden würden. Bombensplitter waren sowieso nicht so schön wie Flaksplitter.

Das Haus von Bauer Klären sah so aus wie immer, völlig unbeschädigt. Wir meinten, der Grund dafür war das kleine Wäldchen neben dem Haus, das den gewaltigen Luftdruck abgemildert haben könnte. „Außerdem stand es mit dem Giebel zum Trichter, das spielt auch eine große Rolle", bemerkte Fritz sachverständig dazu.

Mit einem Blick auf künftige mögliche Brombeerenernten trotteten wir wieder nach Hause.

Pimpf im Jungvolk

Im Mai 1943 wurde ich 10 Jahre alt und zwangsläufig zum Jungvolk herangezogen. Meine Dienstbezeichnung hieß „Pimpf".

Das war in gewisser Weise gar nicht so schlecht, bekam ich doch dort neue Klamotten von sehr guter strapazierfähiger Qualität, Uniform genannt. Darüber hinaus war es spannend und wieder mal was Neues. Außerdem kam man kostenlos ins Kino.

Andererseits war es sehr unbequem und lästig, besonders wenn ich mal wieder einen Karl May ergattert hatte. Dann blieb ich lieber zu Haus und habe gelesen. Karl May war schließlich mein Lieblingsautor und nicht verboten.

Der Jungvolkführung fehlte aber dafür jegliches Verständnis und Mutter bekam prompt eine blaue Karte, nicht Brief, zugesandt, mit Fragen und Antwortmöglichkeiten für mein Fernbleiben in dieser wichtigen Organisation.

Die beste Entschuldigung schien Krankheit zu sein. Ach ja, beinahe hätte ich es vergessen, ich hatte mir am Abend vorher den Magen verdorben und längere Zeit gebrochen. Anschließend war mir noch lange schlecht.

„Junge, es hat keinen Zweck, sich dagegen zu wehren, geh dahin, ich bekomme sonst richtig Ärger", meinte Mutter und ergänzte: „Das ist leider Pflicht für jeden Jungen in deinem Alter in Deutschland". „Großdeutschland", immer noch „Großdeutschland", berichtigte ich sie. Aber sie hatte wie immer Recht.

Da Mutter drei Kinder zu versorgen hatte und Vater seit 1939 Soldat war, blieben weitere disziplinarische Zwänge aus.

Die Jungvolk-Organisation in Oer-Erkenschwick bestand aus vier Untergruppen, genannt Fähnlein. Wir gehörten in Rapen zum Fähnlein zwo (2). Unser Fähnleinführer hieß Konnetzki, später Kondorf.

Wenn man sich angepasst hatte, war es nicht mal so übel. Wir Pimpfe trafen uns einmal in der Woche auf dem Schulhof der Volksschule in Rapen. Der Dienst begann meistens zwanglos mit Fußballspielen, man ließ uns gewähren.

Die zur Verfügung stehenden Lederbälle waren oft platt oder zu weich und mussten aufgepumpt werden. Nicht selten war auch vorher der Gummi-Balg zu flicken. Aber das war nichts im Vergleich zu unserem Behelf auf den Straßen, mit Stoff- oder Tennisbällen.

Mit richtigen Lederbällen Fußball zu spielen war eine meiner großen Leidenschaften und immer ein ganz besonderes Vergnügen.

Dieses Vergnügen, das man nur hier bekam, hatte aber einen Nachteil. Wähnte man sich ganz entspannt auf einem Fußballplatz, ertönte plötzlich ein durchdringendes Signal einer Trillerpfeife, und der laute Befehl: „Fähnlein zwo, zwohundertzwoundfünfzig, Achtung!" Wir hielten sofort inne, egal was wir gerade machten. Weiter ging`s: „In einer Linie, der Größe nach, in Dreierreihen angetreten, marsch marsch!"

Man musste sich vor unserem jeweiligen Führer aufstellen. Der erste, vorne links, war ich, die anderen Pimpfe mussten sich hinter mir und neben mir anstellen und ausrichten. Ich war aufgrund meiner Körpergröße als linker Flügelmann eingestuft worden.

Während sich neben und hinter mir ein Geschubse und Gerangel einsetzte, stand ich kerzengerade still.

Zunächst wurde immer abgezählt. Ich fing mit „eins" laut und deutlich an, danach harrte ich lediglich der Dinge, die sich meistens als sehr schwierig herausstellten.

War die erreichte Anzahl zur Zufriedenheit unseres Vorgesetzten ausgefallen, wurde Marschieren im Gleichschritt geübt, gefühlte stundenlange Märsche, den Schulhof rauf und runter, rechts um und links um.

Die Begleitkommandos lauteten stets: „Links, zwo drei vier, links, zwo drei vier." Oder nur „links, links, links", die anderen Schritte musste man sich denken. Die Betonung lag immer auf links.

Ein Witzbold ergänzte zwischendurch leise: „Wenn der Hauptmann kommt, dann stinkt's", „links, links", und so fort. Großes Gelächter erfolgte dann und lockerte die Anspannung.

Bei „Rechtsschwenk marsch" und „Linksschwenk marsch" musste ich verdammt gut aufpassen. Auch der rechte Flügelmann hatte dabei sein Kratzen, die anderen liefen nur hinterher.

Klappte unser Marschieren nicht so richtig, und das kam anfangs öfter vor, dann hieß es: „Hinlegen – auf, marsch marsch", mehrfach natürlich. Da hörte dann der Spaß auf. Es gab untereinander Ärger, ein Sündenbock für die Strafrunden wurde gesucht und gefunden.

Mit der Zeit waren unsere Vorgesetzten mit unserer Leistung einigermaßen zufrieden, so dass wir während des Marschierens Lieder singen mussten.

Mit dem Kommando: „Ein Lied, stimmt an" musste einer von uns, ich auch, die ersten Takte eines Liedes anstimmen. Das alles immer bei „links".

„Wir sind durch Deutschland gefaharen", ein, zwei, drei Schritte, dann ging's los. Auch das musste mehrfach geübt werden, bis es klappte.

Auch in Fach Handgranatenwerfen (Attrappen aus Holz, oben mit einem Eisenring versehen) wurden wir ausgebildet, wohl für alle Fälle.

Im Liegen musste das Ziel fixiert werden. Nur nicht aufrichten, wurde uns eingeschärft, das wäre viel zu gefährlich. Die Attrappe sollte dann von der Hosennaht über den Kopf ins anvisierte Ziel geworfen werden.

Das war wenigstens nicht so anstrengend. Im Liegen hätte ich gern noch länger geübt.

Mutproben mussten auch bestanden werden. Eine bestand darin, sich in einem „Einmann-Loch" von einem Lkw überfahren zu lassen. Fiktiv muss man dazusagen, denn wir hatten gerade keinen Lkw zur Hand.

Das Loch war extra für uns hergestellt worden. Es hatte einen Durchmesser von ca. 80 cm und war 1,50 m tief. Man kam schlecht hinein und noch schlechter wieder heraus.

Manchmal gingen sie mir schon auf die Nerven, diese Treffen.

Es gab auch theoretischen Unterricht. Darin hatten wir den Endsieg schon in der Tasche, wegen unserer noch geheimen Wunderwaffen.

Aber es war nicht alles schlecht, denn sonntags um 10 Uhr ging unser Fähnlein mit uns ins Kino, geschlossen und in Uniform. Da habe ich selbstverständlich nicht gefehlt, auch wenn ich ein spannendes Buch hatte.

Wir trafen uns auf dem Schulhof in Rapen und marschierten im Gleichschritt und mit Gesang die Stimbergstraße hoch bis Böttcher. Vor dem Kino hieß es: „Abteilung halt!"

Dann ging, wieder auf Kommando, zuerst die vordere Reihe, daran anschließend die mittlere und die hintere Reihe im Gänsemarsch ins Kino auf die angewiesenen Plätze. Für die anderen drei Fähnlein galt das ebenso. Alles war durchorganisiert.

Erinnern kann ich mich an die Filme, „Der große König (Friedrich der Große)", „Kadetten", „Das Ferienkind" und „Quax der Bruchpilot".

Umsonst ins Kino zu kommen, war große Klasse, da nahm man gern einige Unbequemlichkeiten in Kauf. Taschengeld war knapp.

Mein Wunsch war, als Bläser beim Fanfarenzug mitmachen zu können. Ich wurde aber nicht genommen.

Meiner Bitte, wenigstens als Trommler eingesetzt zu werden, wurde auch nicht entsprochen. Eigentlich schade.

So sah meine Uniform aus: Braune Halbschuhe, graumelierte Kniestrümpfe, kurze schwarze Hose, blusiges braunes DJ-Hemd mit schwarzem Halstuch, dessen dreieckiger Zipfel auf dem Rücken sichtbar getragen wurde, geflochtener brauner Lederknoten, Koppel mit DJ-Schloss und Schulterriemen.

Das dazugehörige Fahrtenmesser und das schwarze Schiffchen als Kopfbedeckung habe ich nicht besessen. Ebenso auch nicht die Winterbekleidung, die aus der sogenannten dunkelblauen Jungvolkbluse und einer gleichfarbigen langen Hose bestand.

Interessant und damit erwähnenswert erscheint mir noch die Führungsstruktur im Jungvolk zu sein:

Führung	Anzahl Jungen	Führerschnüre
Jungenschaft-Führer	bis 10	Gedrehte rot-weiße Schnur
Jungzugführer	bis zu 40 (2-3 Jungenschaften)	Grün, geflochten
Fähnlein-Führer	bis zu 160 (3 Jungzüge)	grün-weiß
Stamm-Führer	bis 800 (4 Fähnlein)	weiß

Darüber gab es noch den Jungbann und wer weiß noch was.

Getragen wurden die Schnüre vom Knopf der linken Brusttasche horizontal zum Knopf der Verschlussreihe in der Mitte des Hemdes.[8]

---

[8] Vgl. Pimpf im Dienst, Potsdam 1938, S. 15 f. (Download abgerufen am 21.1.2015 unter: http://www.archive.org/details/Pimpf-im-Dienst-Ein-Handbuch-fuer-das-Deutsche-Jungvolk).

Im Luftschutzkeller

Die Zahl der Fliegeralarme stieg fühlbar an; nicht nur bei Nacht, sondern ab Herbst 1943 auch bei Tage, und das jeweils mehrfach. Damit einhergehend nahm auch das laute Geschützfeuer der Flak zu. Dem Vernehmen nach fielen immer wieder Bomben im Bereich Scheinzeche und damit auch auf Oer, Recklinghausen und die Buna-Werke im benachbarten Hüls. Rapen war aber noch nicht direkt betroffen. Die feindlichen Flieger zogen immer an uns vorbei.

Zwangsläufig traf man sich dadurch auch öfter im Luftschutzraum als früher. Man kann durchaus sagen, dass ein nicht unwesentlicher Teil des täglichen Lebens sich im Luftschutzraum abspielte, was ganz nebenbei das Zusammengehörigkeitsgefühl der Hausgemeinschaft steigerte. Man tauschte Neuigkeiten aus und erzählte seine Wehwehchen.

Die drei alten Damen, die immer im Kellergang saßen, maulten: „Wenn das so weitergeht, können wir uns auf was gefasst machen", oder: „Wenn die Tommys um uns herum alles platt gemacht haben, sind wir auch dran, darauf könnt ihr euch verlassen." Frau Lambertz haderte mit dem lieben Gott: „Dass unser Herrgott im Himmel so was zulässt!" und fügte hinzu: „Jeder bekommt seine gerechte Strafe, sagte der Herr."

Sah man dann bei Nacht in der Ferne diesen brandroten Widerschein am Himmel, dann besann man sich, dass man bisher ganz gut davon gekommen war, gemessen an den armen Großstädtern in Essen, Bochum oder Dortmund.

Meine Mutter machte auch im Luftschutzraum aus der Not eine Tugend und strickte viel. Für sich, für uns Kinder, aber auch auf Bestellung gegen Honorar oder Naturalien.

Sie konnte stricken, ohne hinzusehen. Wenn sie die Nadeln wechselte, warf sie einen kurzen prüfenden Blick auf das Ergebnis, und dann ging es weiter. Die Nadeln klapperten leise, sie konnte sich dabei unterhalten.

Strickte sie nach Muster, war meine Hilfe gefragt. In dieser Zeit strickte sie Norweger-Pullover, die waren „in" und der Winter stand vor der Kellertür. Die Grundfarbe war entweder weiß mit rotem Muster vor der Brust oder rot mit weißem Muster. Das Muster bestand aus drei bis vier weißen oder roten Hirschen mit Geweih. Dazu gab es eine Vorlage mit entsprechenden Kreuzen, die ich ansagen musste. Meine Mutter hatte vor sich eine Schüssel mit einem roten und einem weißen Wollknäuel vor sich stehen. Beide Fäden hatte sie auf der Nadel. „So, jetzt konzentriere dich, wir fangen mit weiß an" sagte sie. Ich stand unter der Lampe, hielt das Muster aus Papier in der Hand und diktierte die verdammten Kreuze: „Die erste Reihe durchgehend weiß. Die zweite Reihe weiß fünfmal, rot zweimal, weiß sechsmal, rot zweimal, weiß sechsmal". In der zweiten Reihe fing das Geweih von den Hirschen an. So ging es Zeile um Zeile. Die Nadeln klapperten. Plötzlich bekam ich einen Klaps von ihr. „ Kannst du nicht aufpassen?" Das Muster konnte nicht stimmen. Es passte nicht zusammen, was ich angesagt hatte. „Reiß dich zusammen!" sagt sie dann. Sie hatte immer Recht, sie konnte sich konzentrieren, ich dagegen hatte immer zwischendurch meine Schwierigkeiten.

Zerknirscht verglich ich dann das Muster mit dem Gestrickten. Ein Hirsch hatte nur ein Bein. Na und, kann doch sein? In Norwegen war auch Krieg. „Hör auf mit dem Blödsinn." Mutter war nicht zu Scherzen aufgelegt. Sie musste dann mehrere Reihen aufribbeln, bevor es weiterging. Da sie sehr flott war, bekamen wir das Muster bei einem Alarm fertig. Oder dauerte der Fliegeralarm so lange? Beides war wohl der Fall.

Mutter war wirklich hart im Nehmen, aber es war nicht zu verkennen, dass sie immer nervöser wurde. Dann musste das Stricken ausfallen, und ich konnte unter meiner Lampe stehend lesen, auswendig lernen oder versuchte, meine Hausaufgaben zu schreiben.

Tagsüber hatte ich wenig Zeit, denn am Himmel spielten sich interessante Dinge ab. Oft zogen große Bomberpulks brummend, lange Kondensstreifen hinter sich herziehend in großer Höhe an uns vorbei. Manchmal glitzerten sie in der Sonne. Waren sie in Reichweite, schoss die Flak Dauerfeuer. Beim Abfeuern entstanden sehr laute, helle Töne: Peng, Peng, Peng, Peng. Ein Nachhall erschallte. Das Haus erzitterte vom Explosionsdruck der Kartuschen. Nach etwa drei Sekunden detonierten die Granaten in der Höhe mit einem charakteristischen tieferen bop, bop, bop, bop. Das ging oft gefühlt stundenlang so.

Am Tag, bei klarem Wetter, konnte man manchmal die Explosionswolken erkennen, nachts das Aufblitzen der Granaten sehen, dazu die Scheinwerfer ringsum, ein aufregendes Spektakel.

Die Flakbatterie befand sich nicht weit von uns beim Bauern Janninghoff, kurz vor Horneburg, etwa zwei Kilometer entfernt. Sie bestand aus vier Kanonen, Kaliber 8,8 cm. Die Scheinwerferstellung war ganz nahe dabei. Wenn der Wind günstig stand, konnte man sogar Kommandos hören.

Die Ballerei hat wenig genützt, die Feindflugzeuge zogen trotz allem unaufhaltsam ihre Bahn. Uns raubte sie den notwendigen Schlaf. Abends fielen Christel und ich todmüde vor Erschöpfung ins Bett, so dass unsere Mutter uns bei Alarm nur sehr schwer wieder wach bekam. Hatten wir uns unter ihrem Druck noch im Halbschlaf befindlich angezogen, und sie kümmerte sich um Liesel, zogen wir uns bereits wieder aus und schliefen tief und fest.

Beim Suchen von Flaksplittern sind uns erstmalig silberfarbige Metallstreifen aufgefallen, die überall herumlagen. Zum Teil ganze Bündel, die sich in der Luft nicht geöffnet hatten. Ohne Zweifel sind sie von Feindflugzeugen abgeworfen worden. Auf Nachfrage wurde uns Jungen erklärt, dass sie in der Lage seien, unsere gesamte radargesteuerte Luftverteidigung für eine kurze Zeit zu stören bzw. lahmzulegen.

Zum Ende des Jahres 1943 gab es mehrere Tage und Nächte keinen Alarm. War das eine Wohltat!

Das Jahr 1943 ging zu Ende und es gab keinen Grund, ihm nachzutrauern. Mit 447 ertragenen Fliegeralarmen wurde doppelt so oft Alarm gegeben wie im Jahr 1942.[9] Ein Grund mehr, über einen weiteren KLV-Transport, wohin auch immer, nachzudenken.

Als Pimpf im KLV-Lager

Im Januar und Februar des neuen Jahres wurden wir erstaunlicherweise von Fliegeralarmen weitgehend verschont. Mutter wurde wieder ruhiger. Es herrschte normaler Schulbetrieb. Von Vater keine Nachricht. Auch keine Siegesmeldungen mehr aus den vier Himmelsrichtungen, wie noch vor gar nicht langer Zeit.

Unter dem 4.3.1944 schreibt Karl Kollmann: „Überhaupt leben wir augenblicklich in einer herrlichen Gegenwart. Es gibt zwar Alarm, aber es wird kaum geschossen."[10]

Unsere Leistungen beim Marschieren wurden verbessert, so dass wir in der Lage waren, ohne große Schwierigkeiten geordnet und im Gleichschritt quer durch Erkenschwick zum Kino zu kommen. Immerhin.

Beim Treffen im Jungvolk hörte ich, dass ein Transport für Pimpfe in ein Lager an der holländischen Grenze, nach Bocholt, geplant war. Da wären noch Plätze frei. Ich habe mich spontan gemeldet.

---

[9] Kriegschronik Oer-Erkenschwick, S. 54.
[10] Kriegschronik Oer-Erkenschwick, S. 55.

Als Pimpf im KLV-Lager

„Kein Problem, du brauchst nur noch die Genehmigung deiner Eltern", wurde mir beschieden.

Mutter war natürlich einverstanden, so war wenigstens einer von uns aus der Gefahrenzone an der Zeche heraus, denn Christel konnte nicht mitfahren.

Es tat sich also was – endlich Aussicht für einige Monate, ca. von Juli bis Oktober 1944, aus unserer ungemütlichen Lage herauszukommen.

Das Beste dabei war, es würde kein Schulunterricht stattfinden. Ob das wohl stimmte?

In Uniform ging es mit einem NSV-Bus nach Bocholt in ein großes Waldgebiet, und bald tauchten vor uns Baracken auf, nicht unähnlich dem Gefangenenlager in Rapen. Das war also ein KLV-Lager. Ein komisches Gefühl beschlich mich. Das war ganz was anderes als unser Familienanschluss in Oberbayern. Hier herrschte Disziplin, zumindest wurde uns diese beigebracht.

Zuerst hieß es antreten. Unsere Leiterin in BDM-Uniform hielt eine kurze Einführungsrede, dabei ging es um Führer, Volk und Vaterland und unsere Erfolge im U-Boot-Krieg.

Dann ging es zum Essen in einen großen Speisesaal, und es wurden uns unsere Plätze zugewiesen. Wir saßen an Achter-Tischen: drei an jeder Seite, zwei vor Kopf. Mein Platz war vor Kopf mit dem Rücken zum Fenster. Dann bekam jeder seinen Spind, die Uniformen und sein Bett zugewiesen. Das musste erst gemacht werden – und zwar sofort! Wolldecken mussten in einen Bettbezug eingelegt werden, das Bettlaken – glatt und ohne Falten – auf die Matratze gelegt werden und die äußeren, überstehenden Enden nach innen eingeschlagen werden. Zwei Jungzugführer machten es vor, wir sollten es nachmachen. Alles auf Kommando. Das musste geübt werden – so lange, bis es einigermaßen aussah. Die ersten Tränen flossen.

Die Verlierer wurden zum Küchendienst eingeteilt. Sie durften Kartoffeln schälen oder Erbsen döppen. Was für ein Theater, da war es ja zu Hause besser als hier.

Der Tag war durchgeplant, das war klar zu erkennen. Zu festen Zeiten wurde geweckt, anschließend waschen, Frühstück, Sport und Mittagessen. Nach dem Mittagessen war eine Stunde Bettruhe verordnet. Danach zum Beispiel marschieren oder: „Ohne Tritt, Marsch!" in die nähere Umgebung.

Sport bestand aus Laufen, Springen, Werfen, Völkerball oder Fußball (das war immer mein Lieblingssport). Danach Waschen, Umziehen, soweit nötig, Abendessen, danach Spiele wie Dame, Mühle oder Mensch-ärgere-dich-nicht. Dann Nachtruhe.

Der erste Tag war geschafft. Ohne Knallerei, ohne Alarm, das war gar nicht so übel, wenn man es richtig bedachte.

Für mich war die Eingewöhnung kein großes Problem. Bald hatte ich den Bogen raus, wie so ein Lagerleben funktionierte:

Man musste parieren, nicht diskutieren, dann wurde man in Ruhe gelassen.

Untereinander durfte man sich nichts gefallen lassen, sonst wurde man untergebuttert.

Man musste sportlich sein, Sperenzchen waren möglichst zu unterlassen, beziehungsweise man durfte sich nicht erwischen lassen.

In unserer Erziehung als Pimpf hatten wir bereits gute Voraussetzungen hierzu mitgebracht.

Viele von uns hatten es aber nicht leicht, besonders wenn sie körperlich unterlegen waren. Das ging schon morgens beim Waschen los. Wir Größeren drängten sie beiseite, sie waren immer die Letzten. Lagen alle im Bett, wurden sie heimlich gehänselt oder ihnen die Bettdecke weggezogen. Protestierten sie laut, gab es Ärger für alle und Rache für sie.

Das Essen war eher eintönig, viel Suppen. Was ich überhaupt nicht ertragen konnte, war Brotsuppe. Die gab es öfter, das alte Brot musste an den Pimpf gebracht werden. Obwohl ich ständig Hunger hatte, bekam ich die nicht runter. Da war guter Rat teuer, denn wer seinen Teller nicht leer aß, wurde zum Küchendienst gezwungen.

Da war es sehr praktisch, dass ich mit dem Rücken zum offenen Fenster saß. Einen vollen Löffel nach dem anderen führte ich erst zum Schein zum Mund und dann schleuderte ich kurzerhand den Inhalt nach hinten über meine Schulter in die Natur. Die Vögel haben sich bestimmt gefreut. Mein Ansehen am Tisch stieg an.

Nach dem Essen war eine Stunde Bettruhe. Man musste sich brav auf den Rücken legen, die Bettdecke korrekt über die Brust gefaltet, und ruhig sein. War das zur Zufriedenheit erfüllt, wurde vorgelesen, zum Beispiel von Karl May „Der Schatz im Silbersee". Das machte unsere Leiterin sehr gut. Man war mit seinen Gedanken plötzlich im Wilden Westen.

Das Buch hatte ich noch nicht gelesen und war jeden Mittag gespannt, wie es weiterging. Da man viel in der frischen Luft war, nickten einige auch ein. Ich nicht, dafür war es zu spannend.

Nachmittags ging es wieder in die Natur, einmal bis an die holländische Grenze. Sie war kaum auszumachen – verlief zwischen zwei unscheinbaren Grenzpfosten.

Wir sprangen schnell ein paar Schritte hinüber und wieder zurück nach Deutschland. Am Abend haben wir den Pimpfen, die nicht mitkonnten oder durften, stolz erzählt, dass wir in Holland waren.

In der Nähe unseres KLV-Lager floss die Bocholter Aa, ein Bach, unter oft tief hängenden Zweigen träge dahin, und wir planschten öfter darin, wenn wir durften. An manchen Stellen war das Ufer sehr flach und sandig. Einmal entstand eine große Aufregung. Was war los? Eine schwarze Schlange war am Ufer zu sehen. Wir bildeten einen Kreis im Wasser und kreisten den schlangenartigen Aal ein. Abwechselnd ging einer der Jungen in den Kreis und versuchte den Aal mit den Händen zu greifen. Ohne Erfolg. Der Aal schlüpfte jedes Mal aalglatt durch beide Hände hindurch. So ging es also nicht. Als er parallel zum Ufer schwamm, habe ich ihn mit beiden Händen aus dem Wasser geworfen. Der Sand klebte an ihm. So konnten wir ihn fassen und töten. Als Trophäe haben wir ihn mit ins Lager genommen und in der Küche abgegeben, wo er gebraten wurde.

In der Pfanne soll er noch gezuckt haben, wie uns berichtet wurde. Er wurde dann in fünf Stücke geteilt und an die verteilt, die maßgeblich am Erfolg des Fischfangs beteiligt waren, darunter auch ich. Wir fünf waren für lange Zeit die Könige im Lager.

Einmal hat unsere Truppe sich verlaufen und wir kamen zu spät ins Lager zurück. Es half alles nichts, trotz unserer Meriten wurden wir in der Küche dringend gebraucht. Ich musste dicke Bohnen döppen, langweilig, aber auch das ging vorüber. Wir machten in der Küche so viel Unruhe und Spaß, dass die Köchin froh war, uns wieder los zu sein.

Das Leben ohne Schule war schön. Nachts konnten wir ohne Fliegeralarm durchschlafen, wenn da nicht der Heilige Geist gekommen wäre, mit Schuhcreme, die ins Gesicht geschmiert wurde und Wasser, das ins Bett gegossen wurde. Natürlich nur bei den Unterlegenen, die immer benachteiligt und gehänselt wurden; trotz Aufsicht und sträflichem Küchendienst.

Einmal war des Nachts die Hölle los. Das Abendessen war wohl nicht ganz bekömmlich gewesen. In Schlangen standen wir vor den besetzten Klos. Abflüsse waren verstopft, Tränen flossen. Ein übler Geruch zog durch unseren Schlafsaal. Aber auch das ging vorüber.

In dem ungewohnten, aber spannenden Umfeld hatten wir den Krieg völlig vergessen, bis eines Tages eine Nachricht vom Radio in der Küche zu uns durchsickerte: die deutschen Truppen kämpften vor Warschau.

Warschau? Wir zuckten zusammen, das konnte einfach nicht sein. „Warschau liegt in Polen", sagte mein Kumpel Erich. „Das weiß ich auch, aber wieso kämpfen sie dort?" Partisanen? Kann doch nicht sein. Wir waren so stolz auf unsere Soldaten, und jetzt das? Die letzte Nachricht von meinem Vater nach zuhause kam von der Krim, also Russland.

Wo ist er jetzt, ist er gefallen? Wir waren für längere Zeit beunruhigt. Unsere Lagerleiterin beruhigte uns mit den Worten, der Führer wird es schon richten, der weiß was er tut.

Das Radio war anschließend kaputt, eine Reparatur würde noch längere Zeit in Anspruch nehmen. Auf diese Weise erfuhren wir auch nicht, dass die Alliierten inzwischen in der Normandie gelandet waren.

Wir beruhigten uns ein wenig, und Karl Mays „Schatz im Silbersee" lenkte uns ab. Auch Marschieren, Sport, Wandern und insbesondere die geplante Schnitzeljagd in die Wälder um unser Lager herum beschäftigte unsere Phantasie. Die Schnitzeljagd sollte fast den ganzen Tag dauern.

Der Auftrag bestand darin, eine Gruppe, bestehend aus der Lagerleiterin, zwei etwa 16 Jahre alten Jungzugführern und vier bis sechs Pimpfen, zu finden, die sich in einem Umkreis von mehreren Kilometern versteckt hielten. Sie mussten die Richtung, in der sie sich verstecken wollten, mit Richtungsangaben auf dem Waldboden mittels Sägespänen angeben. Und wir sollten sie finden.

Unser Gruppe von etwa 20 Jungen waren die Jäger. Wir gingen eine halbe Stunde nach der ersten Gruppe los. Bereits nach der ersten Abzweigung sahen wir zwei Pfeile in verschiedene Richtungen. Kamen wir an eine Wegkreuzung, waren drei Pfeile auf dem Boden zu sehen. Es war schnell klar, dass jeder Spur nachgegangen werden musste mittels jeweils einer Gruppe von drei bis vier Pimpfen, die sich am Ausgangspunkt wieder trafen, wenn die Spur nicht weiterlief. Gingen die Spuren weiter, wurde durch Boten, Zurufe („„hierher", schallte es dann laut durch den Wald) die Spur immer weiter verfolgt. Das dauerte Stunden.

Dann plötzlich gab es nur noch eine Richtungsangabe, und ein Zettel an einem Baum teilte uns mit, dass die Gesuchten sich in einem Umkreis von 50 Meter befänden.

Wir hatten es also fast geschafft und waren stolz auf unseren Spürsinn. Jetzt wurde leise beratschlagt, wie wir sie fangen, festhalten und wie wir ihnen ihren Lebensfaden an einem Finger der rechten Hand abnehmen konnten - ohne unseren eigenen zu verlieren. Wir waren in der Übermacht, das war klar. Die Lagerleiterin und die beiden Jungscharleiter waren das größere Problem. Jeweils vier kräftigere Pimpfe auf jeden wurden für sie bestimmt. Wenn wir sie durch Wegnahme des Lebensfadens getötet hatten, war uns der Sieg sicher.

Wir schlichen uns leise an eine größere Gruppe von Farnen heran. Hier mussten sie sein. Mit Gebrüll sprangen wir alle gleichzeitig dort hinein. Als sich jeweils vier Jungen gleichzeitig an die Jungzugführer und an unsere Leiterin klammerten und ein anderer ihnen den Lebensfaden abnahm, war die Sache entschieden. Wir hatten durch unsere Übermacht gesiegt. Das war bezeichnenderweise wie im wirklichen Leben.

Durch die kräftige Gegenwehr hatten viele von uns Kratzer und Beulen abbekommen, die erst versorgt werden mussten. Dann ging es auf gradem Weg zurück ins Lager. Müde und zerschlagen kamen wir dort an. Das kalte Wasser beim nachfolgenden Duschen und eine saubere Uniform machten uns halbwegs wieder fit. Nach dem Abendessen gingen wir aber früh zu Bett und bald war Ruhe im Schlafsaal.

Scherze blieben aus. Die Zeit verging. Der Schatz im Silbersee war noch nicht gefunden worden. Der Colonel ließ aber nicht locker.

Sehr vorteilhaft war, dass wir stets neue Uniformen bekamen, wenn die bisherige zerrissen oder verdreckt war. Man brauchte sich nicht vorsehen, alles wurde ersetzt.

Bis auf die Schuhe, die waren Mangelware. Meine Füße wuchsen unaufhörlich, deshalb brauchte ich ständig Neue. Es war mal wieder so weit, meine Zehen schmerzten. Bei dem vielen Wandern und Marschieren in der Umgebung kein Wunder. Neue Schuhe mussten her – egal wie. Offiziell waren keine zu bekommen. Bei der Suche in Werkstätten und Kammern, in denen wir nichts zu suchen hatten, habe ich zwar ein zu großes, aber brauchbares Paar Arbeitsschuhe gefunden und konfisziert. Mein Problem war wohl kein Einzelfall, denn kaum hatte ich mich an sie gewöhnt, wurden sie mir geklaut.

Der Sache habe ich längere Zeit nachgetrauert und deshalb bis heute nicht vergessen. Die Schuhe waren stabil und hätten das Zeug gehabt, mir noch lange zur Verfügung zu stehen.

Einige Paare Schuhe meiner Mutter hatte ich schon verschlissen. Zu Hause waren Schuhe nur schwer zu bekommen. Schließlich habe ich noch ein Paar braune Turnschuhe aufgetrieben. Die waren brauchbar, allerdings nicht bei Regen.

In den folgenden Tagen passierte nichts Nennenswertes.

Meine besten Kameraden waren krank oder wollten wieder nach Hause. Mehrere Pimpfe verließen unser Lager wegen schlechter Nachrichten von den Eltern. Es herrschte eine schlechte Stimmung. Unsere Zeit war um. Nach uns kam wohl keine Belegung mehr. Es ging wieder nach Hause.

Zu Hause angekommen war meine erste Frage an Mutter: „Mama, hast du was von Papa gehört, unsere siegreiche Armee steht vor Warschau, haben wir im Lager gehört. Papa war doch in der Ukraine, das liegt viel weiter östlich?"

„Papa geht es gut, er ist jetzt in Frankreich", antwortete sie. „Er hat jetzt wieder mit Pferden zu tun, die brauchen keinen Sprit, weißt du?"

„Ja, ich weiß Bescheid."

Gott sei Dank, Vater lebt, ich hatte mir schon Sorgen gemacht.

Brombeerwein

Der Herbst bescherte uns besonders viele Brombeeren. Ich kannte am Klärensbusch eine Stelle mit vielen Brombeersträuchern. Diese Stelle konnte man vom Weg zu Bauer Klären nicht einsehen, andere unansehnliche Sträucher standen davor. Dahinter fiel das Gelände bis zum Köttelbach weiter ab, war auch sumpfig und nur von unten zugänglich, die Stelle habe ich keinem verraten. Da gab es jedes Jahr Brombeeren, aber in diesem Jahr eine Menge wie noch nie.

Keine Rose ohne Dornen, keine Brombeeren ohne die lästigen stacheligen Brombeersträucher.

Es war recht mühsam, mit der einen Hand die stacheligen Büsche mit einem Krückstock auseinander zu halten und mit der anderen Hand die reifen Beeren abzupflücken. Man musste aufpassen nicht einzusinken, und für die Schuhe war das auch richtig schädlich. Die stacheligen Ranken rissen an der Kleidung, da man viel in kurzen Hosen unterwegs war, waren die Beine ziemlich verkratzt. Aber es lohnte sich dort. Ein Wassereimer voll mit schwarzen reifen Beeren war der Lohn der Mühe.

Meine Mutter machte eine köstliche Marmelade daraus, indem sie die Beeren mit Mondamin verkochte. Das ergab eine dicke, süße dunkelrote, fast schwarze Paste, die unsere ganze Familie dick aufs Brot geschmiert und mit Vergnügen verputzte. Köstlich!

Wir konnten zunächst nicht genug davon kriegen. Ich schleppte weitere Beeren heran. Bald konnten wir das Zeug nicht mehr sehen, es hing uns sozusagen aus dem Hals heraus, was tun?

Die Beeren mussten verwertet werden, sonst würden sie verderben.

Brombeerwein

Meine Mutter beschloss, Brombeerwein herzustellen. Eine Kruke hatten wir im Keller, der dazugehörige Verschluss aus Gummi, der die Gärungsgase heraus, die Luft aber nicht hineinließ, war auch noch da. Dazu Hefe, die alkoholische Gärung konnte beginnen.

Der entstehende Duft, der glucksend entwich, breitete sich aus dem Schlafzimmer, wo die Kruke auf einem Stuhl stand, im Haus aus. Die Wohnungsnachbarn und damit das ganze Haus wussten Bescheid.

„Wann ist euer Wein denn fertig?"

„Bald, den Federweißen können wir demnächst probieren", meinte Mutter.

Es war klar, die Hausgemeinschaft würde in jedem Fall was abbekommen.

Der Krieg hat allerdings seine eigene Logik.

Wir bekamen etwas ab, nämlich Bomben. Sie explodierten ganz in unserer Nähe. Der Luftdruck war so stark, dass bei uns Fensterscheiben zersplitterten, der Putz von den Wänden und Decken fiel und – das war das unangenehmste – der Stuhl mit der Kruke stürzte um, die Kruke zerbrach, der rote Federweißer ergoss sich ins Schlafzimmer. Im Boden und in Scherben der Kruke waren noch Reste verblieben, die wurden von den Männern der Reparaturkolonne ausgetrunken. Als Dank wurde schnell repariert und gesäubert.

„Das sieht ja doch wieder ganz manierlich aus", stellte ich fest, zur Mutter gewandt.

„Ja, bis zum nächsten Mal."

Luftschutz im Stollen

Kein Zweifel, die Einschläge kamen näher. Das führte bei unserer Hausgemeinschaft zu der berechtigten Frage, ob unser aus dem 19. Jahrhundert stammendes Haus mit seinem Holzbalkendecken einen richtigen Bombentreffer überstehen konnte, das heißt, ob wir diesen Fall im Keller überstehen, respektive überleben könnten.

Da war man sich keineswegs sicher. Sicherer wäre ein richtiger Bunker aus Beton, wie der, allerdings zu weit entfernt liegende, an der Knappenstraße. Den gab es in Rapen aber nicht. Leider.

Es gab aber Luftschutz-Stollen in der Waldstraße und der Holtgarde. Der in der Holtgarde hatte zwei Eingänge, die ca. 50 m auseinander lagen und miteinander verbunden waren. Sie hatten einen bombensicheren Eingangsbereich aus Beton, danach ging es schräg immer tiefer nach unten. Es gab nur Gänge, rechts und links mit Bänken versehen. Der Stollenausbau war bergmännisch vorgenommen worden, das heißt, rechts und links sowie an der Decke befanden sich Rundhölzer aus Fichte oder Tanne. Die Bänke aus dem gleichen Material, grob gehobelte Bretter, sehr stabil.

Man sah es gleich, hier waren fachlich versierte Bergmänner am Werk gewesen, davon gab es in Erkenschwick viele, seit mehreren Generationen.

Hier war man sicher, zweifellos. Die Entfernung zu uns betrug ungefähr einen Kilometer Luftlinie. Das war nicht wenig bei mehreren Alarmen am Tag.

Wir haben den Stollen aber trotzdem mehrfach aufgesucht, Mutter bestand darauf. Der Stollen war regelmäßig überfüllt, die besten Plätze im vorderen Bereich waren bereits vergeben, wenn wir angehastet kamen. Weiter unten war es feuchter, die Luft war schlechter, auf dem Boden sammelte sich etwas Wasser an. Christel erinnerte sich, dass einmal in Nähe des Stollens zwei Bomben explodierten, als sie sich im Stollen befand. Die Erde bebte, das Licht ging aus. Durch die Menge der Menschen ging ein ängstliches Ahhh und Ohhh und ein prüfender Blick nach oben zu den Deckenhölzern.

Nach einer Entwarnung vorsorglich im Stollen zu bleiben, wie viele es taten, nach dem Motto: der nächste Alarm kommt bestimmt, kam für Mutter nicht in Frage, sie hatte immer viel zu tun. Eine ihrer Varianten war, Christel und mich im Bunker zwischenzulagern, Liesel mitzunehmen und uns später wieder abzuholen. Dann gingen Christel und ich gleich alleine dahin, aber nicht mit Begeisterung.

Mutter gefiel das auch nicht so richtig, sie hatte uns lieber in ihrer Nähe.

Stollenkrätze

Die Entscheidung, in den Stollen oder in unseren Luftschutzkeller im Haus zu gehen, wurde uns bald abgenommen.

Ich bekam einen lästigen Hautausschlag mit roten Stellen am ganzen Körper. Christel auch, aber nicht so ausgeprägt wie ich.

Meine Mutter ging mit uns sofort zum Arzt, der diagnostizierte: „Krätze, eindeutig, das grassiert zur Zeit hier, machen Sie sich keine Sorgen, das wird wieder". In der Apotheke erhielten wir eine Flasche, etwa einen halben Liter mit einer grüngelben Flüssigkeit, mit der ich am ganzen Körper nackt in der Badewanne stehend eingerieben wurde. Krätze war ansteckend!

Im Volksmund nannte man diesen Ausschlag Stollenkrätze, weil er wohl durch die besondere Nähe der Schutzsuchenden in einem Luftschutzstollen und der trotz Lüftung herrschenden Feuchtigkeit besonders gut übertragen wurde.

Dass auch andere Kinder die gleiche Last zu tragen hatten, tröstete mich wenig, war ich doch nun an beiden Händen mit weißen Binden versehen kein richtiger Sportskamerad mehr.

Baldowerten wir etwas aus, taugte ich nur noch für das Schmiere stehen. Dazu war ich trotz meiner Behinderung an den Händen ziemlich gut geeignet. Ich hatte mir nämlich in tagelanger Übung beigebracht, ohne die Finger zu Hilfe zu nehmen, laut und eindringlich pfeifen zu können.

Wie der Arzt prognostizierte, war der Schorf in einer Woche verschwunden.

Bei Christel war die Beeinträchtigung wesentlich geringer. Der Stollen schied als Luftschutz danach aus. Bei uns im Luftschutzkeller war es auch wesentlich gemütlicher, jedenfalls im Vergleich mit einem feuchten Stollen.

Die Versammlungen der Hausgemeinschaft wegen Fliegeralarms fanden in den letzten Monaten des Jahres zunehmend bei Tage statt, oft mehrfach. Da war an Schule nicht mehr zu denken. Aus Sicherheitsgründen fand bei Alarm kein Unterricht statt, und die Schüler, die in Nähe der Schule wohnten, konnten oder mussten nach Hause gehen.

Ab dem 4. Dezember 1944 war der Schulunterricht kriegsbedingt ausgesetzt worden. Nach der Chronik eines unbekannten Autors über die Schule in Rapen[11] war die Schule sogar ab Herbst 1944 von Soldaten belegt und damit komplett geschlossen. Daran kann ich mich nicht erinnern, obwohl ich das eigentlich hätte

---

[11] Befindlich im Archiv der Stadt Oer-Erkenschwick.

mitbekommen müssen. Ich will es aber nicht ausschließen, dazu ist damals viel zu viel passiert.

Oberflächlich betrachtet brachte das einige Vorteile mit sich. Ich hatte jetzt mehr Zeit zu lesen. Die Zahl der Fliegeralarme war insgesamt aber keineswegs zurückgegangen – im Gegenteil.

Auch wir Kinder wussten, dass am Tage die Amis flogen und fürchterliches Unheil anrichteten durch ihre schon rein zahlenmäßige Überlegenheit an Bombern und ebenso vielen Begleitjägern.

Wir konnten diese Mengen an Flugzeugen, die nun bei Tage in großer Höhe über uns hinweg zogen, mit ihren Kondensstreifen, die sie hinter sich herzogen, mit bloßen Augen erkennen. Wir fragten uns dann, warum unsere Flak die nicht abschoss. Sie flogen wohl in unerreichbarer Höhe.

Wir hatten uns wie schon öfter den Erwachsenen angeschlossen, die zur Prüfung der Lage am Himmel aus dem Luftschutzkeller nach oben gingen. Das wurde stillschweigend geduldet. So haben wir einmal fasziniert einen Abschuss eines viermotorigen Bombers gesehen, der von der Flak getroffen seine letzte Bahn zog und immer niedriger flog. Es gab keine Rauchfahne. Das erwartete Krachen des Aufschlags haben wir nicht gehört. Der muss wohl weit hinten in der Haard oder in Sinsen herunter gekommen sein, war die Überlegung. Das war seinerzeit sehr aufregend und lange Gesprächsstoff unter uns Kindern.

Bereits am 10.4.1942 ist in Nähe der Bruchstraße ein abgeschossenes viermotoriges Flugzeug heruntergekommen. Sechs Engländer kamen dabei ums Leben.[12]

Von älteren Kindern haben wir erfahren, dass Erwachsene von Leichtmetallschrauben eines abgeschossenen Flugzeuges Fingerringe angefertigt haben wollten. Ich habe trotz grundsätzlichem Interesse kein Flugzeugwrack gesehen und auch keinen Fingerring aus amerikanischem Leichtmetall.

Unter uns Kindern im Haus war man sich einig, wenn schon Fliegeralarm, dann lieber am Tage. Da brauchte man nicht lange drauf zu warten.

Wir durften noch draußen bleiben. Die Flak schoss diesmal heftig. Da die Flakgranaten nicht direkt über uns, sondern mehr in Richtung Henrichenburg explodierten, konnten wir uns aus dem Schutz der Überdachung des Hauseingangs herauswagen.

Fritz sah es zuerst: „Sieh mal da", sagte er, in südöstliche Richtung zeigend, „diese vielen Bomber".

---

[12] Festschrift 25 Jahre Oer-Erkenschwick, S. 37.

Ein langgestreckter Bomberstrom zog in der Ferne, aber verhältnismäßig gut zu sehen seine Bahn. Die Bomber flogen nicht sehr hoch, bis zu dem Punkt, der das Ziel war. Es war entweder Castrop oder Ickern. Hier luden sie ihre todbringende Last ab, stiegen dabei höher und höher und drehten nach Norden in entgegengesetzter Richtung ab. Da sie, von der Bombenlast befreit, leichter waren als die nachfolgenden Flugzeuge, stießen sie nicht zusammen. Man sah die Flugzeuge sozusagen in zwei Etagen hin und herfliegen, immer in gleicher Geschwindigkeit, ruhig, nicht aufzuhalten. Es war auffallend, dass das Brummen der tief fliegenden Maschinen eine andere Tonart hatte als die der hoch fliegenden Maschinen. Diese klangen metallischer, wir konnten uns aber nicht erklären, warum das so war.

Das Schauspiel dauerte viele Minuten. Dumpf, wie Donnergrollen, klang das Explosionsgeräusch der Bomber zu uns herüber. Wir waren ergriffen und gleichzeitig fasziniert. Der Strom der Bomber riss nicht ab. Bald kam Rauch auf, die Sicht verschlechterte sich. Die Flugzeuge verschwanden im Dunst. Das Grummeln der Bomben und das Brummen der Flugzeuge wurde leiser und verstummte. „Das müssen mehr als hundert Flugzeuge gewesen sein", zog einer Bilanz.

Wir hatten bei dem Erlebten wenig gesprochen, wohl ahnend, was sich vor uns soeben abgespielt hatte. Jetzt löste sich die Spannung.

„Au weia, da ist bestimmt kein Stein auf dem anderen geblieben", meinte Fritz, und ergänzte: „Das muss Ickern gewesen sein". Dort befand sich eine Chemiefabrik auf der Zechenanlage. Manchmal, wenn der Wind in unsere Richtung blies, konnten man sie riechen. Gab es dort eine Anlage zur Erzeugung von Stickstoff? Wenn ja, wir hatten auch auf der Zeche Ewald-Fortsetzung – die sich in unmittelbarer Nachbarschaft von uns befand – eine Stickstoff-Fabrik.

„Wenn sich das bei den Amis rumgesprochen hat, sind wir die Nächsten, die es treffen könnte", meinte ein Erwachsener.

„Hoffentlich nicht", ein anderer.

Unterwegs mit dem Holz-Gas-LKW

Da wir Kinder viel unterwegs waren, war uns schon öfter ein Militärlastwagen aufgefallen, der hinter dem Führerhaus auf der Fahrerseite einen Kessel hatte. Darin brannte es. Der Kessel hatte etwa einen Durchmesser von etwa 50 bis 60 cm und war so hoch wie das Führerhaus. Der verhältnismäßig dünne Auspuff führte nach oben, wo sich eine Drosselklappe befand. Der LKW hielt einmal direkt in unserer Nähe und die Soldaten in Monteuranzügen stiegen aus und machten sich an dem Kessel zu schaffen. Sie waren wohl mit der Funktionstüchtigkeit des Kessels unzufrieden.

Interessiert näherten wir uns und bekamen eine Diskussion über die letzte Fahrt mit, die entweder zu kurz, zu schnell oder zu langsam von statten gegangen war. Die Fahrweise der nächsten Runde wurde festgelegt.

Die nächste Runde? Heinz Matebel traute sich zu fragen:

„Wir haben sie schon mal hier vorbeifahren sehen. Machen sie das öfter?"

„Ja, natürlich, wir müssen den Holzgasantrieb des LKWs einfahren. Dazu fahren wir von Datteln-Hachhausen bis Rapen. Hier wenden wir und fahren dann wieder zurück. Manchmal mehrmals am Tag."

„Dürfen wir mal mitfahren, bitte?"

„Das lässt sich machen, wenn ihr brav seid und uns nicht bei der Arbeit stört."

„Das versprechen wir hoch und heilig", beeilten wir uns zu sagen.

„Also, wir kommen in etwa einer dreiviertel Stunde hier wieder vorbei. Wenn ihr da seid, nehmen wir euch auf unserer Fahrt mit und bringen euch auch wieder zurück."

Das war eine Einladung, die bekam man nicht alle Tage. Pünktlich standen wir an Ort und Stelle.

Gespannt warteten wir auf die Soldaten mit ihrem Lkw. Waren wir zu früh?

„Sie werden schon noch kommen", sagte ich, „wartet ab". Und richtig, in langsamer Fahrt kam ein Opel Blitz angefahren. Einer mit Plane, hinten offen. Man half uns aufzusteigen.

Der Kessel wurde eingestellt und los ging es. Wir fuhren eine Schleife über die Rapener Straße und Bickefeld und dann ging es nach Datteln. Mann, war das schön! Wir drei waren noch nie mit einem Lkw gefahren.

Die Gegend kannten wir genau, es ging immer die Straßenbahnschienen entlang. Dann zur Molkerei in Hachhausen, in der Nähe waren die Kaserne und der Fuhrpark. Da wurde angehalten, Holzstückchen nachgefüllt. Alles war zur Zufriedenheit abgelaufen. Eine kurze Besprechung fand statt und dann ging es zurück nach

Rapen. Wo wir eingestiegen waren, gegenüber von Hübner, da stiegen wir auch wieder aus.

„Ihr habt euch großartig verhalten. Wenn ihr wollt, nehmen wir euch noch mal mit. Wir kommen fast täglich in nächster Zeit, wenn alles klappt, um die gleiche Uhrzeit, hier wieder vorbei."

„Danke, danke, das war sehr freundlich von euch."

„Wiedersehen, Wiedersehen."

Wir eilten nach Hause, um zu erzählen, was wir erlebt hatten. Mutter hörte aufmerksam zu.

„Die nehmen uns noch mal mit, wir müssen an derselben Stelle stehen und winken", sagte ich.

„Pass aber auf dich auf und achtet auf die Sirenensignale."

„Ja, klar."

Die Katastrophe am 15. Januar 1945

Nach der Schule und dem Mittagessen trafen Heinz Matebel, Karl-Heinz Schmülling und ich uns vor unserem Haus. Wir gingen zügig Richtung Hübner, um den Holzgas-Lkw abzupassen, der etwa um diese Zeit dort vorbei kommen musste.

„Meint ihr, die fahren heute und nehmen uns wieder mit?", fragte Heinz.

„Ich denke schon", meinte Karl-Heinz, „das Wetter ist gut, nicht kalt, wenig Schnee, kein Wind, die werden ihre Runde drehen."

Ich stimmte ihm zu: „Die Soldaten werden die Gelegenheit nutzen, bei diesem milden Wetter ihre Holzgas-Autos zu testen, und wir werden uns nicht den Hintern abfrieren, wenn wir mitfahren dürfen."

Der Lkw kam und war schon von weitem zu sehen. Wir drei winkten heftig mit beiden Armen, sie hielten an.

„Na, wollt ihr wieder mitfahren"?

„Ja, das wäre klasse", riefen wir.

„Dann steigt man auf, aber hinsetzen, sonst fallt ihr noch um, wenn wir unverhofft bremsen oder schnell anfahren sollten".

„Kommt ihr auch wieder zurück?"

„Na, klar, keine Sorge, aber eventuell mit einem anderen Wagen."

Nach kurzer Prüfung der Regelung am Kessel ging es los, die Rapener Straße hinein. Dann rechts, danach wieder links in Richtung Datteln, alles wie beim ersten Mal.

Es machte riesigen Spaß, entsprechend gut war unser Laune. An der Kaserne hatten wir wieder einen kurzen Halt gemacht. Dieses Mal mussten wir allerdings auf einen anderen Lkw umsteigen, und es ging wieder zurück nach Rapen. Wir saßen auf Säcken mit Holzstückchen, und die Landschaft zog an uns vorüber. Die Stimmung konnte nicht besser sein.

Wir hatten „Im Winkel" passiert, dann die Schachtstraße, nun ging es etwas bergan. Der Holz-Gas-Motor schaffte auch die Steigung.

Wir machten uns gegenseitig darauf aufmerksam, dass wir gleich aussteigen müssen, da hielt der Wagen kurz vor der Einbiegung „Auf dem Kolven" abrupt an.

„Sofort runter vom Wagen!", rief der Fahrzeugführer, „schnell!"

Ein Brummen von Flugzeugen war zu hören.

„Was ist los?" „Fahrt ihr nicht weiter?"

„Seht ihr, da vorn geht ein Christbaum runter, da wird gleich bombardiert, beeilt euch!"

Wir sprangen vom Wagen auf die Straße.

„Schnell, in den Straßengraben, hört ihr? Los! Los! Hinlegen! Mit der Nase nach unten!"

Ich sah noch schnell nach vorn. Die Luft war diesig, ein heller Lichtschein war jedoch deutlich zu erkennen. Das Brummen in der Luft wurde stärker.

„Die Bomber sind genau über uns", schrie der zweite Soldat und warf sich mit einem Hechtsprung in den Straßengraben zu uns.

Dann rauschten die Bomben, genau vor uns. Ein unbeschreibliches Getöse begann, es hörte nicht auf. Die Erde bebte, Bombensplitter surrten über unsere Köpfe. Der Luftdruck der Bomben war deutlich zu spüren. Die Soldaten drückten unsere Köpfe in das Gras des Grabens.

Dann plötzlich Ruhe. Wir hoben unsere Köpfe.

„Liegen bleiben!", befahl unser Fahrzeugführer, „das war nur die erste Welle!"

Dann ging es wieder los, schlimmer als vorher, wie es schien. Der Krach war kaum auszuhalten.

Uns verließ der Mut. Meine Kumpels fingen an zu wimmern und zu heulen, ich biss die Zähne zusammen, Tränen flossen. Bei dem Luftdruck konnte man nicht richtig atmen und ich geriet in Panik.

Plötzlich Stille.

„Das war die zweite Welle, ihr bleibt liegen, rührt euch nicht von der Stelle", schrie unser Fahrer. Ich hätte sowieso, starr vor Schreck, nicht laufen können. Das Brummen der Flugzeuge hörte nicht auf, wurde sogar stärker. Die Flak schoss unaufhörlich. Splitter sausten und pfiffen um uns herum.

Dann kam die dritte Welle. Explosionen von nie gekannter Intensität, Luftdruck und Lautstärke ließen uns nicht zu Atem kommen. Wir schrien laut.

„Hört das denn niemals auf?" Die Soldaten beruhigten uns und drückten unsere Köpfe wieder runter. Ich war froh, dass sie bei uns waren.

„Es wird weniger", rief einer der Soldaten, das Krachen entfernte sich etwas. Das Brummen der Flugzeuge verringerte sich. „Wir haben es wohl überstanden", sagte der andere.

Wir blickten auf. Vor uns ein Lichtschein.

„Da brennt es." Es roch nach Feuer. Wir schluchzten und zitterten.

„Hört mal zu", der Fahrzeugführer wandte sich zu uns.

„Alles ist gut gegangen, beruhigt euch."

„Ihr lauft jetzt nach Hause zu euren Eltern, ihr wart sehr tapfer."

Er war sichtlich erleichtert, dass wir alles leidlich gut überstanden hatten.

Auch wir überwanden unseren Schrecken und rannten jeder für sich so schnell, wie wir konnten, nach Hause.

Auf der Straße herrschte Chaos, die Elektroleitung der Straßenbahn lag auf den Schienen, alles mit Steinen und Dachziegeln übersät, Bombentrichter überall, Häuserruinen rechts und links. An tote Pferde kann ich mich erinnern. Das Haus unseres Bäckers Kettler war getroffen und brannte. Ich sprang über alles hinweg, was sich mir in den Weg stellte.

Ich hatte plötzlich nur den einen Gedanken: Wenn unser Haus auch getroffen worden ist, muss ich meine Mutter und meine Geschwister aus den Trümmern befreien!

Ich lief schneller. Spätestens bei der Einbiegung in die Yorckstraße würde ich unser Haus sehen können, dann weiß ich mehr, dachte ich. Unser Haus war das erste Haus links.

Der Anblick unseres Hauses war niederschmetternd. Die vordere Hälfte hatte einen Volltreffer erhalten und war weggesprengt worden. Das Dach war abgedeckt, durch die Dachsparren konnte man hindurch sehen. Die hintere Haushälfte, wo sich unsere Wohnung befand, stand noch, war aber stark beschädigt. Man konnte die einzelnen Etagen ausmachen. Auch das Innere unserer Wohnung konnte man von weitem erkennen. Die Möbel waren in der Wohnung verstreut. Ich verdoppelte meine Anstrengungen, sprang über Blindgänger und Bombentrichter, über Steine und Holzbalken, lief durch die Gasse ums Haus und stand vor dem Hauseingang. Der war von einem Berg von Steinen fast zugeschüttet. Nur ein Spalt von etwa 50 cm Höhe war noch vorhanden. Ich wollte gerade hinein kriechen, als unser Blockwart um die Hausecke kam und mir zurief:

„Alle Bewohner haben überlebt und sind durch diese Öffnung herausgekrochen."

Ich war erleichtert.

„Aber wo sind sie denn?", fragte ich.

„Sie müssen noch in der Nähe sein, oder sie sind schon nach Hübner gegangen, da ist der Treffpunkt für die Bombengeschädigten."

Ich lief, nur wenig beruhigt die Yorckstraße wieder zurück.

Wo sind Mama, Christel und Liesel, dachte ich, ich muss sie finden. Hat der Mann mich vielleicht belogen? Da sah ich sie. Ich rief: „Hier bin ich". Die Erleichterung auf beiden Seiten war deutlich zu spüren. Meine Mutter war schwarz im Gesicht, hatte Liesel auf dem Arm, die sich an sie klammerte, und Christel an der Hand. Liesel hatte nur einen Strumpf an.

Meine Mutter war wie versteinert, emotionslos, starr in die Ferne blickend. Wir gingen zusammen nach Hübner, fast mechanisch, apathisch.

Das ganze Ausmaß der Zerstörungen wurde auf dem Wege deutlich. Kein Haus war unbeschädigt. Die Bäckerei Kettler brannte inzwischen lichterloh. Frau Kettler konnte von Umstehenden nur mit Mühe davon abgehalten werden, sich ins Haus zu stürzen, um ihre Tochter und ihre Nichte aus den Flammen zu retten, die sich wohl noch im brennenden Haus befanden. Es wäre aussichtslos gewesen. Sie schrie herzzerreißend. In ihrem unansehnlichen, angeschmutzten Wintermantel bot sie ein Bild der Verlorenheit.

Die Feuerwehr konnte, wenn überhaupt, nur die nebenstehenden Häuser schützen und Schlimmeres verhüten. Der Brandherd wurde abgesperrt, wir standen auf der anderen Straßenseite. Ein schaurig faszinierender Blick bot sich uns. Das Feuer im Haus hatte bereits den Rest des Dachstuhls erfasst, die Flammen schlugen mehrere Meter in den Himmel. Die Hitze strahlte zu uns hinüber. Es wird mir immer in Erinnerung bleiben, wie die wenigen Fensterscheiben, die noch ganz waren, zuerst schwarz vor Rauch wurden, dann rot und später gelb glühten. Danach floss das Glas langsam aus den Fensterhöhlen nach unten.

Nach meiner Erinnerung war es das einzige Haus, das nach diesem Angriff brannte. Wie wir später erfahren haben, hat sich Frau Kettler zeitlebens nie wieder von diesem schrecklichen Erleben erholt, sie wurde psychisch krank.

Niedergeschlagen erreichten wir unser Ziel.

Bei Hübner gab es vom Roten Kreuz und von der NSV etwas zu essen und zu trinken. Man konnte sich herrichten, sich die Kleidung säubern, so gut es ging.

Meine Mutter wusch sich und uns allen das Gesicht. Routine half ihr, das Erlebte zu verarbeiten oder zu verdrängen. Wir waren immerhin alle noch am Leben, das war schon mal positiv. Da waren einige schlechter dran, die Angehörige verloren hatten.

„Wo warst du eigentlich, als die Bomben fielen?", fragte sie mich. „Ich wäre fast vor Angst verrückt geworden um dich."

Ich berichtete kurz meine Erlebnisse und meine Angst um sie. Ich schloss mit den Worten: „Als ich um die Ecke in die Yorckstraße einbog und unser zerbombtes Haus sah, dachte ich, ihr seid tot oder ich müsste euch ausbuddeln."

„Aber wie ist es euch ergangen?" fragte ich. Mutter winkte ab, sie war nicht in der Lage, einen Rückblick auf diesen noch fürchterlichen Tag zu werfen. „Jetzt nicht", sagte sie.

Meine Schwester Christel berichtete später ausführlicher, was sich im Luftschutzkeller am 15. Januar 1945, 15.00 Uhr, zugetragen hatte:

„Es war so: Mama ging mit den Worten: ‚Ich bin mal kurz in der Waschküche und schaue nach, wie weit meine Wäsche ist. Es dauert nicht lange, geh zu Frau Maslowski (unserer Nachbarin), die passt auf dich auf.' Liesel nahm sie mit. Es hatte noch keinen Alarm gegeben.

Ich ging zu Frau Maslowski. Kurz danach heulten die Sirenen. Es gab sofort akuten Alarm, auch das Brummen von Flugzeugen war zu vernehmen.

‚Schnell in den Keller', sagte Frau Maslowski, ‚man hört schon Flugzeuge'. Sie nahm mich an der Hand und wir liefen die Treppe hinunter.

Im Hausflur trafen wir Mama mit Liesel, sie kam gerade vom Hof, wo die Waschküche lag. Wir hasteten in den Luftschutzkeller. Auch unsere drei älteren Damen, Frau Füsting, Frau Lambertz und Frau Kube, die sonst immer im Kellergang saßen, waren jetzt bereits im Luftschutzkeller.

Selbst Frau Nowacki war da, aus dem Wochenbett ihren vier Tage alten Sohn Klaus auf dem Schoß. Ahnten sie Schlimmes?

Nur Frauen waren im Schutzraum, der Koksofen brachte nötige Wärme. Das Brummen der Flugzeuge wurde lauter. Dann fielen die ersten Bomben, mit Rauschen, Heulen und Pfeifen kamen sie herunter. Die Erde bebte, das Haus erzitterte.

Alle schrien laut, weinten, beteten leise vor sich hin, oder laut wie Frau Lambertz. ‚Heilige Maria, Mutter Gottes, bete für uns Sünder jetzt und in der Stunde unseres Todes. Amen'.

‚Mund aufmachen, sonst platzt die Lunge!', schrie Frau Füsting. Krachen und Heulen um uns herum, der Putz fiel von den Wänden und der Decke.

Die Kinder, Fritz und Anita Maslowski, die beiden Flohrkinder und Liesel wimmerten vor sich hin, und klammerten sich an ihre Mütter. Unser Säugling krähte wie wild."

Christel hielt inne. Die Erinnerung war zu stark. Dann fuhr sie fort:

„Auch ich konnte mich nicht beherrschen und weinte laut.

Staub und Dreck rieselte auf uns herab. Mama konnte den Krach nicht mehr ertragen. Sie schrie: ‚Ich will hier raus!' Mit Müh und Not konnte man sie festhalten, sie wehrte sich verzweifelt. ‚Draußen ist es weitaus schlimmer, als hier drinnen, bleib hier. Im Keller ist es auf jeden Fall sicherer!', riefen die Frauen. Mama resignierte, sie setzte sich wieder, hielt sich die Ohren zu.

Eine kurze Pause trat ein, in der nur das Ballern der Flak und das Brummen der Flugzeuge zu hören war. Sollte es das gewesen sein? Nein, es fing alles wieder von vorne an, schlimmer als vorher. Es hörte und hörte nicht auf zu krachen und zu knallen.

Dann ein Getöse, das alles in den Schatten stelle, was wir bisher ertragen mussten. Eine schwere Bombe hatte die Westseite unseres Hauses getroffen.

Schutt und Steine kollerten in den Kellerzugang bis in den Gang zu unserem Luftschutzkeller.

Wir waren wie betäubt und starr vor Angst. Durch den enormen Luftdruck löste sich das Rauchabzugsrohr des Kohleofens. Ruß und Asche ergoss sich auf den Fußboden. Der Rauch zog nicht mehr ab. Wir konnten nichts mehr sehen. Entsetzen brach aus.

Alle husteten, röchelten, hielten sich Taschentücher vor Mund und Nase und drohten doch zu ersticken. Wir flüchteten in den Kellergang.

Einige warfen sich auf den Boden im Gang, da sollte man besser Luft bekommen. Die Kellertüren in der Nähe wurden geöffnet, damit sich der Rauch besser verteilen sollte. Bombe um Bombe fiel, das Grauen hielt an.

Die Frauen versuchten das Feuer des Ofens mittels Wasser und Sand, welches stets griffbereit im Keller sein musste, zu löschen. Der Rauch zog nicht ab. Das Feuer erlosch, qualmte aber weiter.

Dann erzitterte das Haus in seiner Substanz. Ein zweiter Volltreffer hatte uns erwischt. Fast an der gleichen Stelle. Wieder dieser fürchterliche Krach. Der Luftdruck war immens, ich dachte mein Trommelfell würde platzen. Alle schrien entsetzt auf in Todesangst.

Dann das Wunder, der enorme Luftdruck fegte mit seiner Kraft den ganzen Rauch aus dem Raum.

Wir bekamen wieder Luft zum Atmen.

Die Bombeneinschläge entfernten sich, waren nicht mehr so laut, das Haus zitterte nicht mehr so stark, das Brummen der Flugzeugmotoren wurde leiser, entfernte sich.
Dann wurde uns klar, wir hatten das Schlimmste überstanden. Jetzt nichts wie raus aus dem Keller.
‚Wir sind verschüttet', schrie Frau Maslowski. Sie war die erste im Gang.
‚Auch das noch.'
Der Kellereingang war fast bis oben unter der Decke mit Steinen zugeschüttet. Mit bloßen Händen schafften die Frauen einen Durchgang, indem sie die oberen Steine zurück in den Kellergang warfen.
Da krochen wir alle durch und ins Freie. Wir hatten es geschafft, am Leben zu bleiben."

Christel machte eine kurze Pause. Sie erzählte dann weiter:

„*Aber welch ein Anblick empfing uns. Bombentrichter an Bombentrichter, hinter dem Haus, vor dem Haus, in der Gasse zu Hollub. Viele Blindgänger lagen umher. Der Stall war wie wegrasiert, auch die Waschküche im Anbau wie weggeblasen. Mama starrte auf das Loch, wo die Waschküche stand und presste heraus: ‚Wäsche haben wir auch nicht mehr.'*
Ein Blick nach oben bestätigte die schlimmste Befürchtung.
Der Westflügel des Hauses war in sich zusammen gestürzt und nur noch ein Schutthaufen. Die Bewohner dieser Seite, Maslowski, Henning und Flohr, hatten alles verloren."
„Unsere Seite ist einigermaßen glimpflich davon gekommen, wie du weißt".
Ich nickte. Ich war enorm beeindruckt. „Ein Wunder, dass ihr mit dem Leben davon gekommen und unversehrt geblieben seid", sagte ich.
„Das kann man wohl sagen, aber du hast auch riesiges Glück gehabt."
Christel berichtete weiter:

„*Dann kam ein Mann zu uns, ich glaube, das war unser Luftschutzwart.*
‚Sind hier Menschenleben zu beklagen?', fragte er.
‚Gott sei Dank nicht', sagte Mama.
‚Dann ist es ja gut gegangen.'
‚Nichts ist gut gegangen, sehen Sie ja, Sie haben wohl nicht alle Tassen im Schrank!', regte sich Mama auf.

‚Ja, beruhigen Sie sich, gehen Sie erst mal nach Hübner, da werden Sie fürs Erste versorgt, dann sehen wir weiter.'

Wir machten uns auf den Weg. Mutter war sehr unruhig, sagte Christel. „Hoffentlich ist Helmut nichts passiert!", sagte sie."

„Dann haben wir dich ja getroffen und sind gemeinsam nach Hübner gegangen, wie du weißt."

Es kam mir in den Sinn: Was wäre gewesen, wenn der zweite Volltreffer nicht gekommen wäre?

„Dann wären wir alle erstickt, glaube ich."

„Meinst du das im Ernst?"

„Ja, das ist mein voller Ernst."

Gibt es eine gute Bombe, fragte ich mich, oder noch genauer, gibt es einen guten Volltreffer?

Zur Gaststätte Hübner

Obwohl erst vor wenigen Stunden gerade so eben mit dem Leben davon gekommen, musste Mutter sich schon wieder große Sorgen machen, wie es mit uns weitergehen sollte. Wir hatten alles verloren und wussten nicht wohin.

Wir saßen erschöpft und müde mit Frau Nowacki, Mutters Freundin, zusammen am Tisch. Sie hatte das Baby an der Brust. Mutter hatte Liesel auf dem Schoß. Um uns herum Unruhe und Geraune, ein Kommen und Gehen, Gegrüße, Weinen, Verabschieden, Berichte, Trauer.

„Gott sei Dank kein Alarm", bemerkte einer am Nebentisch.

„Das hätte gerade noch gefehlt!", ein anderer.

„Die kommen so schnell nicht wieder, die wissen genau, was sie kaputt gebombt haben", jemand anderes.

Wohin?

„Was machen wir jetzt nur, ich weiß nicht, wo wir heute die Nacht verbringen sollen", sagte Mutter zu ihrer Freundin.

„Ich versuche, bei meinem Bruder unterzukommen", meinte diese, „der wohnt ganz in der Nähe."

Plötzlich stand der Bruder vor ihr.

„Gut, dass ich euch gefunden habe. Wie geht es euch? Ist euch was passiert?"

„Wir sind total ausgebombt."

„Bei mir ist es genauso."

„Gerade habe ich noch gedacht, heute Nacht bei dir unter zukommen."

„Unmöglich, bei mir ist alles zerdeppert, ich versuche, bei einem Kumpel schlafen zu können."

Jetzt war guter Rat teuer. Offensichtlich war für unsere Notlage keine Organisation, wie zum Beispiel das Rote Kreuz, die NSV oder der SHD (Sicherheitshilfsdienst) zuständig. Auch von der NSDAP ließ sich keiner blicken, die, die sonst immer das große Wort vom Endsieg führten.

Frau Nowacki wusste Rat. „Wir versuchen für einige Nächte bei meiner Schwägerin in der Bergstraße unterzukommen."

Das war nicht sehr weit von uns. In der Nähe war auch der Luftschutzstollen. Wir machten uns auf den Weg. Wir sahen viele Tote in einer Reihe liegend und zugedeckt. Es wurde gemunkelt, dass es Russen waren, aus dem Gefangenenlager, das ebenfalls schwer getroffen worden war. Sie lagen zum Abtransport da.

Familie Ratajcak nahm uns auf. Sie hatten eine Dreizimmerwohnung und selbst zwei Kinder.

Jetzt kamen wir vier und Frau Nowacki mit ihrem Baby noch dazu. Wir waren dankbar, aber herzlich willkommen waren wir verständlicherweise nicht. Wir brauchten Hilfe und haben sie bekommen. Das zählte.

Mutter sagte plötzlich zu mir: „Wir müssen versuchen, aus unserer zerstörten Wohnung Decken und Oberbetten zu holen. Es muss nicht alles kaputt sein, da oben. Außerdem hat es nicht geregnet, komm, wir gehen dahin".

Und an Christel gerichtet: „Du musst solange auf Liesel aufpassen. Wir beeilen uns, hörst du?" „Ja."

Wir gingen los zur Yorckstraße.

Obwohl wir wussten, was uns erwartete, waren wir doch vom Anblick unseres Hauses geschockt.

Eine Hälfte des Hauses war wie mit einer riesigen Axt weggeschlagen worden und nur noch ein Trümmerhaufen. Beeindruckend und beunruhigend waren die vielen Blindgänger vor und hinter dem Haus. Bomben, die nicht explodiert waren. Auch die vielen Bombentrichter, von Bomben, die explodiert waren. Es war wie ein Wunder, dass noch die Hälfte des Hauses, wenn auch lädiert, stehen geblieben war. Das Treppenhaus in der Mitte schien noch intakt zu sein.

„Versuch mal nach oben in unsere Wohnung zu kommen", meinte Mutter, „aber sei vorsichtig."

Ich kroch durch das Loch zwischen Schuttberg und Türbogen des Eingangs und erreichte das Treppenhaus.

Die Steintreppen waren voller Schutt. Das Treppengeländer war noch teilweise vorhanden, alles sah doch noch recht stabil aus. Aber würde die Treppe mein Gewicht halten? Da vor mir noch keiner hochgegangen war, das sah man, lief ich so schnell ich konnte die Treppenstufen hoch. Alles ging gut, die Stufen hielten. Ich stand oben im Freien, über mir Dachsparren und freier Himmel.

Unsere Wohnung war nicht wieder zu erkennen. Ein einziges Chaos. Der Herd, voller Schutt, schien unversehrt. Sämtliche Schränke waren auseinandergebrochen. Ich beugte mich aus der Fensterhöhle und rief nach unten zu Mutter.

„Mama, ich bin oben. Es ist alles kaputt. Wo sind die Decken?"

„Die waren im Schlafzimmerschrank. Wirf sie runter, auch die Oberbetten, wenn es geht und sie noch unversehrt sind. Alle Decken und Oberbetten waren zwar schmutzig, voll Staub und Mörtel, aber noch ganz, wie mir schien.

Ich warf so viel herunter, wie wir nur tragen konnten.

„Jetzt ist es genug", hörte ich von unten, „nur noch eure Schulsachen." Ich rannte so schnell es ging mit den Tornistern wieder nach unten.

Ein Mann stand bei Mutter.

„War das ihre Wohnung?", fragte er. „Ja!"

„Ihr Name, Haus Nr. 19, Mann Soldat, Kinder Drei." Er notierte.

„Ich gebe ihnen eine Bescheinigung, dass sie total bombengeschädigt sind", sagte er und „Gut aufbewahren, Sie werden entschädigt, nach dem Krieg."

Als er weg war, sagte Mutter: „Wenn das stimmt, fress ich 'nen Besen". Aber sie steckte den Schein sorgfältig ein.

„Man kann nie wissen", und: „Lange dauert es sowieso nicht mehr".

Voll bepackt machten wir uns auf den Rückweg und kamen an dem kleinen Rapener Sportplatz an der Wittekindstraße vorbei, auf dem erst vor wenigen Monaten eine Anlage von ca. sechs Holzhäusern errichtet worden war, zu welchem Zweck auch immer.

Die Bomben hatten auch hier gewütet. Kein Holzhaus ist stehen geblieben, sie waren regelrecht zerborsten. Es muss wohl eine Luftmine dabei gewesen sein. Im ersten Haus vorn neben dem Eingang der Anlage befand sich eine Bücherei. Sie war völlig zertrümmert. Holzteile und die Bücher – es handelte sich im Wesentlichen um Kriegsbücher bzw. -hefte – lagen weit verstreut auf unserem Weg.

Hoch erfreut ließ ich meine Bündel fallen und stürzte mich auf die Bücher und versuchte, die wenigen unversehrten Exemplare einzusammeln. Meine Mutter schrie auf, bekam einen Weinkrampf und brach zusammen. Es war einfach zu viel für sie, dass ich mich trotz unseres Elends ausgerechnet für Kriegsbücher interessierte. Bestürzt ließ ich meine Beute fallen und half ihr auf die Beine. „Hast du immer noch nicht die Nase voll von dieser Schundliteratur?", fauchte sie mich an. Ich atmete tief durch: „Das sind doch nur Bücher, die gehen im Regen kaputt", versuchte ich zu argumentieren. „Du kapierst es einfach nicht, du bist doch sonst nicht so schwer von Begriff", resignierte sie. „Komm, wir müssen weiter." Wir gingen zu Ratajczaks zurück.

Irgendwie haben wir die erste Nacht nach der Katastrophe überstanden. Frau Nowacki fand durch die Bemühungen ihres Bruders eine andere Unterkunft. Das gab etwas Luft.

Es war uns aber klar, hier konnten und wollten wir auch nicht bleiben. Es war für alle Beteiligten unzumutbar.

Im Bunker an der Knappenstraße

Mutter suchte eine andere Bleibe für uns und fand sie im Luftschutzbunker Knappenstraße, Ecke Stimbergstraße.

Da kein Fliegeralarm war, fanden wir recht schnell eine Nische mit Bänken, auf denen wir uns niederlassen konnten. Der erste Gedanke war, hier sind wir sicher und dann sehen wir weiter.

Der Bunker hatte mehrere Etagen mit Gängen und Nischen, alle mit Bänken versehen, die so breit waren, dass man auch darauf schlafen konnte. Die Geschosshöhe war verhältnismäßig niedrig, maximal etwa 2,10 m. Wände, Treppen, Decken, Fußböden, alle aus grauem nacktem Beton. An die sanitären Einrichtungen kann ich mich nicht mehr erinnern.

Mutter und ich gingen noch mal zu Yorckstraße. Mutter brauchte noch Wäsche. Am Haus trafen wir den Untermieter von Füsting. Er begrüßte uns herzlich. „Wisst ihr eigentlich, dass ich bei dem Bombenangriff draußen im Garten hinter dem Haus gelegen habe?" Er zeigte uns eine Stelle zwischen den Bombentrichtern. „Hier hab ich zuletzt gelegen, mit dem Gesicht an die Erde gepresst!"

Dann erzählte er uns, wie es dazu kommen konnte.

Füstings wohnten Parterre links, in dem Flügel, der nicht total zerstört wurde. Er hatte Nachtschicht gehabt auf der Zeche und war noch müde, lag noch im Bett, als der Alarm kam. Das Sirenengeheul hatte er zwar mitbekommen, aber nicht ernst genug genommen. Schließlich war bisher immer alles gut gegangen. Das Brummen der Flugzeuge und das Schießen der Flak trieben ihn dann allerdings aus dem Bett und er begann sich anzuziehen. Unmittelbar danach fielen die ersten Bomben, die vor und hinter dem Haus einschlugen. Der Luftdruck drückte die Fensterscheiben nach innen, der Putz fiel von Decke und Wänden, die Türen sprangen aus den Rahmen. Die erste Bombe traf das Haus.

„Alles ging so schnell", sagte er.

Aus Vorsicht kroch er unter das Bett und dann auf die Seite des Zimmers, wo sich der Kamin befand. Da ist man sicherer, wusste er. Standen in den Häuserruinen nicht oft nur noch die Kamine?

„Ich dachte, das Haus bricht über mir zusammen", fuhr er fort. „Und ich muss hier raus und in den Keller."

Jetzt kam er aber nicht mehr in den Keller, denn durch die erste Bombe war der Eingang in den Keller zugeschüttet.

Er geriet in Panik. In der eintretenden ersten Pause der Bombardierung kroch er in Todesangst über den Schuttberg am Hauseingang und lief in den Garten.

Nach wenigen Schritten fielen wieder die Bomben. Er warf sich in den nächstliegenden Bombentrichter und dachte, sein Ende sei gekommen. Eine Bombe schüttete ihn fast zu. Er bekam keine Luft mehr, die nächste Bombe fegte ihn wieder frei. Er atmete durch. Was mache ich in dieser Situation, dachte er. Jedenfalls lebe ich noch, stellte er fest.

Er sprang auf, wollte weiter weg vom Haus, dann kam wohl die dritte Welle. Er warf sich wieder hin.

Wieder wurde er von aufgeworfener Erde fast zu gedeckt und auch wieder frei gedeckt.

Dann hatte er es überstanden.

„Das war ein Gefühl, sage ich euch! Das möchte ich nicht noch mal erleben."

„Ich hatte Todesangst und habe gezittert und gebebt. Jedenfalls gehe ich jetzt bei Alarm sofort in den nächsten Luftschutzkeller."

Dann fügte er noch hinzu: „Im Pütt ist es jedenfalls viel sicherer als hier oben."

„Sie können sich vorstellen, was wir mitgemacht haben", sagte Mutter.

„Ich habe von Füstings gehört, was sich bei euch zugetragen hat."

„Alles Gute, jedenfalls."

„Auch für Sie."

Ich kletterte wieder nach oben. Viel Wäsche war nicht da. Ich warf alles, was mir brauchbar schien, nach unten.

Dann ging es zurück zum Bunker. Der füllte sich so nach und nach mit Menschen, die hier regelmäßig übernachteten, auch wenn kein Fliegeralarm war. Wir mussten lernen, dass sie ihre Stammplätze hatten und diese mit aller Kraft verteidigten. Bei Fliegeralarm war der Bunker proppenvoll.

Unsere Mutter hatte daher alle Mühe, uns mit Plätzen zu versorgen, das ging nicht ohne Ärger mit den unmittelbaren Nachbarn ab. Jeder war sich selbst der Nächste!

Trotz Lärm und Unruhe um uns herum schliefen wir vor Erschöpfung im Sitzen ein, im Hinterkopf die Gewissheit, hier sind wir vor Bomben sicher. Die Knallerei der Flak war kaum zu hören.

Am nächsten Morgen, nachdem wir in der Gaststätte Huntrup gegenüber dem Bunker etwas gegessen hatten, erklärte uns Mutter:

„So geht das nicht weiter hier. Das ist nicht auszuhalten. Tagsüber geht es ja, aber nachts ist das hier eine Katastrophe. Auch wenn wir im Bunker sicher sind, wir können nicht jede Nacht im Sitzen schlafen." Und zu mir gerichtet: „Helmut, du und Christel, ihr fahrt jetzt mit der Straßenbahn nach Datteln zu Opa und Oma. Da bleibt ihr, bis ich euch wieder abhole. Das kann zwei bis drei Tage dauern, dann hoffe ich, eine Lösung für uns gefunden zu haben. Habt ihr das verstanden?"

„Ja."

Das war nicht schwer zu verstehen. Aber fährt die Straßenbahn denn wieder? Sie fuhr. An der Zeche stiegen wir ein.

Bei Oma und Opa in Datteln

Oma hat uns freundlich aufgenommen. Opa war bereits von seiner schweren Krankheit gezeichnet und unzufrieden mit sich und der Welt. Er hatte viel bessere Zeiten erlebt als jetzt in seinem kleinen Dreizimmer-Bungalow im Nonnenrott.

„Habt ihr auch Lebensmittelkarten mitgebracht?" war das erste, was wir von ihm hörten.

Meine Großeltern Anna Maria und August Schulze-Meinhövel (1944)

Unsere Großeltern lebten zurückgezogen und waren vom Bombenkrieg bisher verschont geblieben. Sie konnten sich wohl nicht vorstellen, was wir durchgemacht hatten, wie uns schien. Nur so ist zu erklären, dass sie sich vornehmlich um unsere Erziehung gekümmert haben. Dabei hatten wir andere Sorgen, besaßen wir doch nur das, was wir am Leib trugen.

Zum Niesen oder Naseputzen mussten wir aus dem Zimmer gehen. Bei Tisch sollten wir kerzengrade sitzen, reden durften wir nur, wenn wir gefragt wurden. Vor dem Essen wurde gebetet: „Komm, lieber Herr Jesus, sei unser Gast, und segne was du uns in deiner großen Güte bescheret hast. "

„Gerade sitzen! Mit Messer und Gabel essen! Kinder, wo kommt ihr bloß her, aus der Kolonie?"

Tante Toni war auch da. Sie war unverheiratet, Typ höhere Tochter. Da sie selbst keine Erfahrung in der Erziehung von Kindern besaß, war sie besonders eifrig, uns gutes Benehmen im Schnellkurs beizubringen.

Wir waren trotz allem froh, ein Dach über dem Kopf zu haben. Die Aussicht, im Liegen ausgiebig schlafen zu können, ließ uns alles leichter ertragen.

Tante Toni erzählte uns, dass Opa – ihr Vater – vor dem Ersten Weltkrieg als Soldat in einem Elite- beziehungsweise Traditionsregiment gedient hatte, in dem nur ausgesuchte junge Männer aus angesehenen Familien aufgenommen wurden, den „Bückeburger Jägern".[13] Tante Toni war sehr stolz darauf, gehörte sie damit auch einer angesehenen Familie an.

Opa gehörte mit einem gewissen Recht dazu, das leuchtete mir ein. Seine Eltern hatten einen großen Bauernhof (Schulzenhof) in Lüdinghausen, der seit Jahrhunderten in Familienbesitz war. Seinen Papieren zufolge hieß er mit Nachnamen Schulze-Meinhövel. Wieso hieß mein Vater dann nicht auch so? Oma hat mir später erzählt, dass sie die Wahl hatten, den Namen Schulze oder Meinhövel zu führen, da sie den Doppelnamen nicht hätten beibehalten können. Und sich für Meinhövel entschieden. Der Name Schulze-Meinhövel ist an den Hof gebunden, bei den Hoferben geblieben und existiert heute noch. Ich habe noch eine Todesanzeige von Opas Mutter, meiner Urgroßmutter. Sie war eine geborene Schulze-Auf'm Hofe. Alles Schulzes und angesehen.

Christel und ich waren todmüde. Das war alles sehr interessant, aber uns fielen die Augen zu. Unsere Erziehungsberechtigten hatten ein Einsehen, und wir konnten eine ganze Nacht durchschlafen. Das war uns schon lange nicht mehr beschieden.

Das Bett war wunderbar, daran kann ich mich noch gut erinnern. Erinnern kann ich mich auch noch an die vielen Äpfel, die unter dem Bett gelagert waren. Wir waren zu müde, um davon zu naschen. Angeboten hat man uns aber keine. Vielleicht waren sie noch nicht reif.

---

[13] Ich hatte davon noch nie etwas gehört, habe das aber später geprüft (siehe Anhang, S. 219).

Am anderen Morgen ging es mit der Erziehung weiter. „Hallo Kinder, aufstehen, waschen, Zähneputzen, kämmt euch die Haare, macht voran!"
Oma kam bereits aus der Kirche, Tante Toni hatte das Frühstück hergerichtet.
Oma ging täglich, manchmal mehrfach in die „Kerke". Sie war morgens die erste am Kirchenportal, oft noch bevor die Kirche geöffnet wurde.
Christel ging die Hektik im Haus und der absolut nicht notwendige Druck gewaltig auf die Nerven.
Sie wurde stiller und stiller.
Mir machte das hingegen nicht viel aus, schließlich war ich durch Jungvolk und KLV-Lagerleben an Kommandos gewöhnt. Ich sah mich in der Garage von Opa um. Da stand sein Tempo. Aus der Nähe hatte ich diesen Autotyp noch nicht bestaunen können. Es war ein Dreirad-Kastenwagen. Vorne ein Rad, hinten zwei. Einsteigen durfte ich nicht.
Opa war zuletzt selbstständiger Kaltbäcker, wie wir die Verkäufer für Brot, Brötchen oder Kuchen nannten, die selbst keine Bäckerei hatten. Sie fuhren durch die Straßen mit festem Fahrplan und versorgten ihre Kunden mit dem täglichen Brot. Aus gesundheitlichen Gründen konnte er das nicht mehr. Jetzt musste er kleine Brötchen backen. Aber früher muss das wohl mal sehr einträglich gewesen sein. Wenige hatten einen solchen Wagen oder überhaupt ein Auto in Datteln.
Opas jüngster Sohn Egon war als Nachfolger vorgesehen. Der war aber bereits mit 18 Jahren zum Arbeitsdienst und anschließend zum Militär eingezogen worden und 1942 in Russland gefallen. Einen anderen Nachfolger gab es nicht.
Jetzt war Opa alt und an dieser verdammten tückischen unheilbaren Krankheit erkrankt. Sein Revier seit längerem verwaist. Wie mag man sich fühlen in solch einer Situation?

Er hatte aber sein doppelläufiges Jagdgewehr, die Erinnerung an bessere Tage, bis in diese Zeit hinübergerettet. Bevor die Engländer einzogen, hat er die Flinte „nicht ins Korn geworfen", sondern vor dem Eingang seines Bungalows im Nonnenrott vergraben, sorgsam eingepackt in ölgetränkten Lappen.

Der Bungalow ist später eingeebnet worden. Nicht durch Kriegshandlungen, nein, das Grundstück wurde für die Ansiedlung eines bekannten Lebensmitteldiscounters gebraucht. Ob bei dem Bau das Jagdgewehr gefunden wurde, ist mir nicht bekannt. Vielleicht liegt es noch in der Erde und wartet auf einen Finder. Ich habe mal versucht, seinen Standort und den des Bungalows zu lokalisieren, es war zwecklos. Sei's drum.

Der Vollständigkeit halber ist zu berichten, dass Opa 1946 unter großen Schmerzen im St. Vincenz-Krankenhaus in Datteln verstorben ist. Er hat nicht mehr erlebt, dass sein Sohn Egon plötzlich aus Russland geschrieben hat, dass er gesund ist und Anfang 1947 aus der Kriegsgefangenschaft entlassen wird. Oma war sich immer sicher, dass er zurück kommt. Ihre Gebete wurden erhört, und sie konnte ihren jüngsten Sohn glücklich in die Arme schließen.

Zurück zu Christel.

Oma war der Kummer von Christel nicht entgangen. Sie beruhigte sie und bemühte sich um sie. Allerdings nur mit mäßigem Erfolg. Etwas Abwechslung gab es, als Oma mit ihrem Kaffeeröster „Muckefuck" herstellte. Das Rösten hatten wir noch nicht gesehen, obwohl wir schon weit herumgekommen waren.

Sie füllte den eisernen Röster halb voll mit Roggenkörnern und stellte ihn auf die Herdplatte. Der Röster hatte oben eine Rührkurbel, mit der man den Roggen im Röster in Bewegung halten konnte, damit er nicht anbrannte. Ab und zu schob sie den Deckel an die Seite und schaute hinein, ob die Körner schon braun waren. Ein Geruch von Geröstetem verbreitete sich im Zimmer. Der Muckefuck war fertig. Man hätte auch „Malzkaffee" kaufen können, er hieß damals „Kathreiner". Das war wohl zu teuer. Den frisch gerösteten „Kaffee" bekamen wir mit viel Milch vermischt zu trinken.

Dazu gab es Knabbel zu knabbern – wieder etwas, was wir noch nicht kannten.

„Was ist das denn?" fragte ich Oma, als sie Weißbrotstücke röstete.

„Das ist Knabbel, kennt ihr das nicht?"

„Nein, nie davon gehört."

Christel konnte sich daran erinnern. Oma hatte es bei einem ihrer seltenen Besuche mal mitgebracht.

„Das wird im Münsterland vielerorts traditionell zum Kaffee gereicht. Knabbel kann man auch beim Bäcker kaufen. Ich mach mir mein Knabbel aber lieber selbst", erklärte sie und fügte hinzu: „Probiert doch mal."

„Das ist aber hart", bemerkte ich schüchtern.

„Ihr müsst das einstippen, das wird in heiße Milch oder Kaffee kurz eingetaucht und dann gegessen." Es schmeckte interessant, das heißt, es war nicht süß, wie zunächst von mir vermutet. Da wir immer hungrig waren, haben wir uns rangehalten und alles verputzt.

Christels Laune verbesserte sich nur kurzzeitig, sie war immer noch unversöhnlich. Sie fühlte sich in Gegenwart von Opa einfach nicht wohl. In einer unbeobachteten Minute raunte sie mir zu:

„Hier bleib ich nicht länger, ich will zu Mama!"

Ich versuchte, sie zu beschwichtigen.

„Wie behandeln die uns! Wie Fremde! Bei Oma würde ich ja bleiben, aber nicht bei Opa."

Mir ging es ähnlich, aber wie sollten wir hier wegkommen? Wir berieten leise, was wir machen sollten.

„Wir hauen einfach ab", sagte Christel.

„Ich hab aber kein Geld für die Straßenbahn, Mama hat uns nur Geld für die Hinfahrt gegeben."

Christel energisch: „Brauchen wir nicht, wir gehen zu Fuß!"

Gesagt, getan, nichts hielt uns, wir rannten los, Richtung Hohe Straße, Neumarkt.

Wir kannten uns aus. Sämtliche Geschwister meines Vaters, bis auf Tante Lotte, wohnten in Datteln, die wir ab und zu mit den Eltern besucht hatten.

Die Friedrich-Ebert-Straße zu finden, war kein Problem, von da an ging es nur geradeaus nach Hause.

Wir marschierten einfach weiter, immer weiter. Es dauerte Stunden, bis wir nach Rapen kamen. Wir sahen wieder die Zerstörungen und dann kam die Erkenntnis:

„Unser Haus ist ja kaputt. Mama ist da nicht. Wo mag sie sein?"

„Wir gehen erst einmal zum Bunker in die Knappenstraße", sagte ich, „da werden wir sie finden."

Schließlich schafften wir es bis dort. Wir waren etwa sieben Kilometer gelaufen und fix und fertig. Mit Mühe suchten wir nach unserer Mutter in den Gängen des Bunkers. Schließlich trafen wir sie. Sie war sichtlich erschrocken. Sie nahm uns in die Arme.

„Wo kommt ihr denn her? Ich denke, ihr seid bei Opa und Oma."

Wir berichteten müde, aber glücklich von unserem Abenteuer. Christel, immer noch sauer, flehte: „Mama, da geh ich nie mehr hin. Ich will bei dir bleiben."

„War es so schlimm?" Mutter sah sie an.

„Oma war in Ordnung, aber Opa war nicht zu genießen."

„Es ging so", sagte ich.

„So", sagte Mutter nicht unzufrieden, aber in Sorge um uns: „Jetzt seid ihr hier. Wir sind wieder zusammen. Jetzt müssen wir erst mal sehen, wo wir übernachten können."
Der abendliche Streit um die Schlafplätze, wenn die Nachbarn aus ihren Wohnungen vorsorglich in den Bunker kamen, war zermürbend.
Jetzt hausten wir schon zwei Tage und Nächte im Bunker ohne eine Aussicht auf eine Bleibe außerhalb dieser Enge. Da 30 Prozent der Einwohner ihre Wohnungen verloren hatten und ebenso viele Wohnungen ohne Fensterscheiben, Wasser und Licht waren, befanden sich viele Familien in der gleichen schwierigen Situation wie wir.[14] Hilfe, zum Beispiel von der NSV, war nicht zu erwarten.
Obwohl wir zunächst froh waren, mit dem Leben davon gekommen zu sein, kam jetzt die Erkenntnis, dass wir unsere Lage auf absehbare Zeit nicht verbessern konnten. Jedenfalls nicht hier.
Für Mutter gab es daher nur eine Entscheidung: Wir müssen nach Karlshöfen fahren zu ihren Eltern, wenn es auch schwierig wird. Sie versuchte, uns ihre Entscheidung zu vermitteln: „Was meint ihr, ist es nicht besser für uns, nach Karlshöfen zu fahren nach Opa und Oma, als hier zu bleiben?"
„Ja, auf jeden Fall" meinten Christel und ich.
„Hier ist es fast nicht mehr auszuhalten."
Die Aussicht auf das Abenteuer einer Bahnfahrt nach Norden, nach Karlshöfen, elektrisierte mich förmlich.

Fahrt nach Karlshöfen

Mutter gab ein Telegramm auf, dass wir ausgebombt sind, Hilfe brauchten und nach Karlshöfen kommen, weil wir nirgendwo sonst eine Wohnung finden können.
Sie fuhr nach Recklinghausen, um eine Zugverbindung herauszufinden. Vom nächsten Tag an ging alles ganz schnell. Wir rafften unsere übersichtlichen Siebensachen zusammen, sagten auf Nimmerwiedersehen und los ging es mit der Straßenbahn nach Recklinghausen. Wie unsere Mutter das alles organisiert hatte, ist mir bis heute ein Rätsel.
Der Zug war schon überfüllt als er in den Bahnhof einfuhr. Nur mit Mühe konnten wir einsteigen. Koffer, Kinder, Taschen wurden zum Teil von Soldaten durch die Abteilfenster hineingepresst, egal, ob Platz vorhanden war oder nicht.

---

[14] Festschrift 25 Jahre Oer-Erkenschwick, S. 38.

Dann ging es los, der Zug fuhr langsam in Richtung Norden. Wir versuchten, im Zug zusammen zu bleiben. Bei dem Gedränge der Eingestiegenen und dem Verstauen des Gepäcks war das nicht einfach.

Wir hatten nur das Nötigste dabei. Im Wesentlichen die geretteten Oberbetten, Schultornister, Taschen mit den nötigsten Kleidungssachen für uns Kinder und Mutter. Mutter hatte ihre Tasche mit den wichtigsten Papieren dabei, die sie nie aus den Augen verlor. Wie zum Beispiel Familienbuch, Sparkassenbuch, Fotografien von unserem Vater, Briefe, Adressen, Geld, Personalausweise. Besondere Wertsachen hatte sie nicht.

Mutter wurde ab und zu ein Sitzplatz angeboten. Sie hatte Liesel auf dem Schoß oder auch Christel, abwechselnd. Ich stand. In Haltern stiegen wieder Leute ein, allerdings durch das Fenster, die Türen waren verstopft mit Gepäck aller Art, Kartons, Menschen, in der Mehrzahl Frauen und Kinder, grau im Gesicht, müde. Ich konnte mittlerweile kaum stehen in den Gängen. Durch Aufrücken und Ausweichen hatte ich plötzlich zwischen meinen Beinen einen ziemlich schweren Koffer. Wollte ich nur versuchen, mich hinzusetzen, schrie mich der Besitzer, ein älterer Mann an:

„Untersteh dich, du Bengel, dich hinzusetzen auf meinen Koffer, dann kriegst du welche hinter die Löffel! Da sind zerbrechliche, wertvolle Sachen drin, ich hab die nicht bis hierher geschleppt, damit du sie jetzt kaputt machst, hast du mich verstanden?"

Er war ja nicht zu überhören.

Gegen den kam ich nicht an, ich musste mir auf Dauer etwas einfallen lassen. Lange würde ich die Steherei nicht durchhalten. Langsam arbeitete ich mich in Richtung Toilette durch, obwohl ich zunächst nicht musste. Hier war immer Gedränge und ein Kommen und Gehen. Ein etwa gleichaltriger Junge stand in meiner Nähe, und wir freundeten uns an. Gemeinsam schoben wir uns vorwärts. Als ich dran war, ließ ich mich fast auf den Toilettensitz fallen, nicht fähig, so bald wieder aufzustehen. Nicht nur die Beine und Füße schmerzten, der ganze Körper war verspannt. Jetzt konnte ich mich strecken und recken.

Der Zug hielt in einem Bahnhof. Wieder entstand großes Gedränge, und die Geräusche drangen auch in meine Kabine. Ich hatte zusätzliche Zeit gewonnen, denn auf dem Bahnhof durfte man die Toilette nicht benutzen. Mein neuer Kumpel kam zu mir rein. Wir unterhielten uns lange im Sitzen auf dem Toilettendeckel. Der Zug fuhr wieder an, wir mussten raus.

Fortan blieben wir neben der Toilette stehen und, wenn irgendwie möglich, gingen wir hinein, ruhten uns aus und lauschten amüsiert den Lauten aus der gegenüber liegenden Toilette. Die Fahrt wurde erträglicher und interessanter.
Langsam tuckerten wir Münster entgegen. Das Thema Tiefflieger bekamen wir nicht aus unseren Gedanken. Ein Zugestiegener erzählte seinem Nachbarn von einem Tieffliegerangriff auf den Zug, in dem er noch vor kurzem mitfuhr. Wir hörten atemlos zu, mehrere Tote hätte es gegeben. Ein Kind wär direkt neben ihm erschossen worden. Uns schauderte, der Krieg hatte uns wieder eingeholt

Der Zug machte rattata, rattata, rattata, das Geräusch war unüberhörbar. Fuhr der Zug schneller, war das Rattata auch schneller, zuerst laut, dann abnehmend leiser.

„Man könnte die Geschwindigkeit des Zuges ausrechnen, wenn man wüsste, wie lang die einzelnen Schienen sind", bemerkte mein neuer Freund.

Der Schlaumeier hatte recht. Wir überlegten, wie lang so eine Schiene war.

„Allzu lang dürften sie nicht sein, denn Schienen sind schwer und hart", sagte ich, „bis auf die Weichen".

Der Kalauer zeigte Wirkung, die Mienen um uns herum wurden freundlicher.

Die Fahrgäste passten sich mehr und mehr der Situation an, die Flucht aus der Gefahrenzone Ruhrgebiet schien zu klappen. Gespräche kamen auf, Schilderungen des Erlebten, Bösen. Die größte Sorge schien zu sein, dass wir von Tieffliegern angegriffen würden.

Wir hatten einfach Glück, es war trübes, dunstiges Wetter und wolkenverhangen. Feindliche Flugzeuge flogen deshalb nicht. Der Zug fuhr zwar langsam, rattata, aber immerhin.

Wir erreichten Münster. Das Gerücht kam auf, Münster wäre bombardiert worden. Gleise wären auch getroffen worden, es würde dunkel, bis wir weiterfahren könnten.

Immerhin wurden wir vom Roten Kreuz und NSV verpflegt, das heißt, es gab Butterbrote, meine jüngste Schwester bekam Milch, wir Wasser zu trinken. Kranke wurden versorgt.

Es waren wieder viele Soldaten und Sanitäter unterwegs. Geschäftigkeit überall. Es wurde dunkel. Jetzt wäre es besser weiterzufahren. Wer weiß, wie morgen das Wetter wird, kann der Zug nicht umgeleitet werden? Besser wäre es auf jeden Fall.

Alle waren todmüde. Mein Kumpel und ich machten es uns bequem in der Toilette. Wir wurden zwar immer wieder geweckt, aber immer wieder fielen uns die Augen zu. Morgen haben wir es geschafft, sagten wir uns, hoffentlich. Es sollte anders kommen.

Noch im Morgengrauen fuhr der Zug wieder an.

Mehrere Stunden fuhren wir dahin, langsam aber sicher. Es wurde hell.
Der zweite Tag unserer Zugreise brach an.
Gottseidank trübes Wetter.
Der Zug hielt in einem größeren Bahnhof. Alle stiegen aus. Der Zug endete hier. Mein Freund und ich mussten unser Not-Nachtlager für immer verlassen. Schade eigentlich, war ganz interessant.

Wir bekamen im Warteraum einen Platz zugewiesen, die Familie war wieder zusammen. Plötzlich fiel meine Mutter langsam, leise aber unaufhaltsam vom Stuhl. Zur Seite kippte sie, einfach so. Wir waren starr vor Schreck. Die Umstehenden schrien, hier ist jemand ohnmächtig geworden. Sanitäter kamen. Mutter wurde zurück auf ihren Stuhl gesetzt, hielt die Augen geschlossen, atmete ruhig – sie schlief immer noch tief und fest. Selbst der Sturz hatte sie nicht aufwecken können. Wir hielten sie gemeinsam fest. Die Aufregung legte sich. Nach etwa einer Viertelstunde erwachte Mutter wieder, schaute uns ungläubig der Reihe nach an – und war wieder die um uns besorgte Mutter.

Dieser Vorfall rief größeres Mitleid und Besorgnis beim Betreuungspersonal hervor, wir wurden umsorgt und fühlten uns so gut wie lange nicht mehr.
    Inzwischen wurde ein neuer Zug bereitgestellt. Die Wartenden schoben und pressten sich hinein, auch meine Mutter und Christel wurden durch die Tür ins Abteil geschoben. Liesel wurde von einem Soldat durch das Fenster hineingehoben.
    Die Tür wurde geschlossen, der Zug fuhr an, ich stand draußen.
    Bevor er Geschwindigkeit aufnahm, stand ich auf dem durchgehenden Trittbrett und fuhr mit. Meine Mutter wurde von den Mitreisenden, die alles mit angesehen hatten, beruhigt.
    Der Zug fuhr langsam, an den Stangen der Einstiegshilfen rechts und links der Türen konnte man sich gut festhalten. Wenn ich nicht mehr stehen konnte, setzte ich mich auf das schmale obere Trittbrett unter den Türen. Die Füße waren dann auf dem unteren, weiter außen befindlichen Trittbrett.
    Es war zwar etwas zugig auf dem Zug - klar, sagt schon das Wort - aber da es trocken und nicht kalt war und der Zug langsam fuhr, konnte man es aushalten und die vorbeiziehende Landschaft genießen. So spannend war es noch nie! Hielten wir an, ging ich spazieren. Auf einem Bahnhof war ich der erste, der um Verpflegung anstand.

Bald bekam ich Gesellschaft, und nach einigen Stunden und zusätzlichen Reisenden war der Zug auch außen auf den Trittbrettern pickepackevoll.

Hinter Osnabrück ging nichts mehr. Der Personenzug hielt auf einem Güterbahnhof an, aus welchen Gründen auch immer.

Wir mussten alle aussteigen, der Zug fuhr nicht mehr weiter. Da standen wir nun. Die meisten Reisenden gingen Richtung Bahnhofsgebäude den Gleisen entlang. Wir gingen etwas unschlüssig hinterher.

Dann sahen wir, dass die ersten Reisenden auf einem unter Dampf stehenden Güterzug kletterten. Wir erfuhren, dass der Güterzug nach Bremen fuhr und dass man mitfahren könne. Außen an den Waggons war über den Zug verteilt in großen Lettern in weißer Farbe der Spruch angebracht: „Räder müssen rollen für den Sieg". Dieser Spruch war öfter zu sehen. Aber hier hatte ein Witzbold am Schluss des Spruches ergänzt: „und Kinderwagen für den nächsten Krieg".

Besser schlecht gefahren als gut gelaufen, meinten wir, machten es den anderen nach und stiegen auch auf. Die angebrachten Sicherungsgriffe und die Stufenroste für das Rangierpersonal halfen dabei sehr. Auf einem schmalen Podest oberhalb der Puffer konnte man notdürftig sitzen. Eine eiserne Leiter an dem kastenförmigen Waggon führte nach oben. Ich stieg hinauf und stellte zu meiner Überraschung fest, dass unser Waggon bis zum Rand mit Rote Bete beladen war.

Bald hatten wir uns mehr schlecht als recht der schwierigen Situation angepasst. Christel und ich saßen oben auf der Roten Bete, Mutter und Liesel unter uns auf dem Podest. Unsere Situation war wirklich verfahren. Mangels Alternativen mussten wir aber durchhalten, so schwer es uns auch fiel.

Da es diesig war, hatten wir wegen Tieffliegern keine Bedenken. Der Güterzug rollte langsam, aber stetig gen Norden. Unterwegs, wenn wir kurz hielten oder wenn an den Bahnschranken Menschen standen, warfen Christel und ich ihnen Rüben hinunter. Dankbare Rufe spornten uns an, so viel wie möglich zu verteilen.

Das war mal wieder was für mich, eine sportliche Herausforderung, einen Rote Bete-Weitwurf-Wettkampf gab es nicht alle Tage. Nachdem wir einen Stopp wegen Fliegeralarms überstanden hatten, bei dem wir den Zug verlassen mussten, erreichten wir tatsächlich Bremen. Der Zug hielt auf einem Nebengleis und wir stiegen ab (nicht aus), stapften mit vielen anderen quer über die Gleise und durften uns in einem Warteraum aufwärmen. Wir konnten uns waschen, ausruhen, bekamen Butterbrote zu essen, zu trinken. Es war Abend, der Bahnhof blieb unbeleuchtet wegen der feindlichen Flieger, und wir fielen so, wie wir uns hingesetzt hatten, bald in einen Halbschlaf. Wieder hasteten Menschen an uns vorbei. Wir waren zu erschöpft, um das alles registrieren und einordnen zu können und waren doch Teil einer Nation auf der Flucht.

Ein neuer Tag brach an, der dritte Tag unserer Odyssee. Würden wir heute unser Ziel erreichen?

Mutter kam mit der guten Nachricht, dass recht bald ein Zug nach Bremerhaven führe. „Der fährt über Osterholz-Scharmbeck, Kinder. Da müssen wir umsteigen in die Kleinbahn und die hält in Karlshöfen. Kinder, wir haben es bald geschafft", sagte sie.

„Wir müssen uns beeilen". Beeilen mussten wir uns bisher immer. Wir Kinder saßen allein und zusammengekauert in einer Ecke des Bahnhofs. Wir durften auf keinen Fall auseinandergerissen werden.

Bald saßen wir inmitten von Matrosen, nicht wie vorher auf Roter Bete. Das war verhältnismäßig komfortabel. Die Matrosen machten ihre Scherze und Liesel bekam Süßigkeiten. In Osterholz stiegen wir mit Hallo aus und winkten zum Abschied. Dieser Teil unserer Reise hatte mal richtig Spaß gemacht.

Nach langem Warten konnten wir endlich unseren Zug nach Karlshöfen besteigen. Die Kleinbahn fuhr nur dreimal täglich von Osterholz nach Bremervörde über Karlshöfenerberg.

Jawohl, Karlshöfen, mein Geburtsort und der meiner Mutter, hatte einen eigenen Bahnhof, das kann nicht jeder Ort, nicht mal jede Stadt von sich behaupten. Wir hatten ausreichend Sitzplätze, saßen uns gegenüber. Die uns vertraute platte Landschaft mit ihren typischen Backstein-Häusern mit Reetdächern zog gemächlich an uns vorüber. Herrlich!

Dann hatten wir es geschafft. Nach fast drei Tagen Zugfahrt hatten wir unser ersehntes Ziel Karlshöfen (Bahnhof Karlshöfenerberg) erreicht und unsere Reise war beendet.

Karlshöfenerberg

Karlshöfen liegt geografisch in etwa in der Mitte eines Dreiecks zwischen Bremervörde und Zeven einerseits sowie zwischen Osterholz-Scharmbeck und Bremervörde andererseits. Gleichzeitig befindet es sich am Rande des Teufelsmoores, welches sich zwischen Osterholz-Scharmbeck und Bremervörde hinzieht.

Die Ortsbezeichnung Karlshöfenerberg weist darauf hin, dass sich hier ein Berg befindet. Etwas genauer gesagt, diese Erhebung erreichte mal eine Höhe von 20 m über NN, war aber bei meinem Eintreffen 1945 bereits zu einer Vertiefung, einer Kuhle geworden, etwa in der Größe eines halben Fußballfeldes.

Ein riesiger Sandkasten mit einem wunderbaren weißen, fast reinen Spielsand, der nur ab und zu mit einem Lehmstreifen durchzogen war. Ein idealer Spielplatz damals für uns Kinder.

Nun im Ernst: Der Berg wurde in vielen Jahrzehnten zum größten Teil abgetragen. Sein Sand war begehrt für den Straßenbau und damit zur Erschließung des Moores, z. B. für den Ortsteil Karlshöfenermoor. Gleichzeitig kam er gerade recht für den Bau der Trasse für die Eisenbahnverbindung zwischen Osterholz und Bremervörde. Aufgrund seiner Reinheit und Qualität war er darüber hinaus sehr gut für die Glasschmelze geeignet. In Verbindung mit dem Torfvorkommen bei Findorf als Heizmaterial wurde bereits 1857 die Glasfabrik zur Carlshütte bei Gnarrenburg am Karlshöfenerberg gegründet.[15]

---

[15] Karlshöfen, Aus vergangenen Tagen, S. 40. Dem interessierten Leser lege ich dieses interessante und ausführliche Buch ans Herz. Im Folgenden konzentriere ich mich im Wesentlichen auf persönliche bzw. familiäre Ereignisse im beschriebenen Zeitraum.

Wieso Karlshöfen?

Dort wohnten meine Großeltern mütterlicherseits, dort ist meine Mutter geboren und aufgewachsen. Dort bin ich geboren. Wie kam es dazu? Schließlich wohnten meine Großeltern väterlicherseits sowie mein Vater in Datteln.

Vater ist am 8.2.1906 in Halle an der Saale geboren. Aufgewachsen ist er auf dem Hof seiner Großeltern in Lüdinghausen und dort bis 1920 zur Schule gegangen. Es ist möglich, dass seine Großmutter (sein Großvater ist früh gestorben) ihn für den Fall, dass kein männlicher Nachfolger des Hofinhabers geboren wird, auf dem Hof gehalten hat. Dafür spricht, dass Vater, wie er mir erzählte, die Landwirtschaftsschule besucht hat, das heißt, dass er sich auf den Beruf als Landwirt vorbereitet hat. Als dann 1925 sein Cousin Gustav Heinrich geboren wurde, musste sich Vater (im Alter von 19 Jahren) beruflich neu orientieren.

Ob er bis zum Tod seiner Großmutter 1931 auf dem Hof gearbeitet hat, ist nicht sicher. Spätestens dann wird er den Hof verlassen haben, denn sein Onkel war sehr streng zu ihm, und seine Oma konnte ihn nun nicht mehr unterstützen. Der Zeitpunkt 1931 konnte schlechter nicht sein. Der Grund liegt in den Auswirkungen der Weltwirtschaftskrise auf Deutschland, die der sog. Schwarze Freitag vom 25. Oktober 1929 an der New Yorker Börse einleitete. Die Arbeitslosigkeit und das Elend der Bevölkerung im Ruhrgebiet erreichten im Frühjahr 1932 ihren Höhepunkt. Infolge verkürzter Unterstützungsdauer von Arbeitslosengeld und niedrigerer Erwerbslosenunterstützungen waren immer mehr Arbeitslose zu Wohlfahrtsempfängern der Gemeinden geworden.[16]

Vater wurde arbeitslos, Arbeit außerhalb der Landwirtschaft zu finden war unmöglich. Er war dann bald nahezu mittellos und ging wie viele Männer in seiner Situation auf sog. Tippelei (Wanderschaft) nach Norden. Das heißt, man ging zu Fuß auf Arbeitssuche, übernachtete in Herbergen, die für Wanderarbeiter vorgesehen waren. Die Übernachtungsdauer war auf maximal drei Tage begrenzt. Spätestens dann musste man weiterziehen. Die Gemeinden konnten sich die Erwerbslosen nicht länger leisten. Oft schlief er auf einem

---

[16] Chronik des Ruhrgebietes, S. 395.

Tisch, um sich keine Flöhe, Läuse oder Wanzen einzufangen, sagte er.

In Quakenbrück bekam er eine befristete Arbeit bei einem Bauern. Bald musste er weiterziehen. Er ist dabei bis an die Küste vorgedrungen, zu Fuß! Kurz vor seinem Tod (1994) erzählte er mir, dass er in einem Seehafen auf einem Schiff anheuern wollte. Der Kapitän wäre nicht abgeneigt gewesen. Es fuhr jedoch nach Schweden, also ins Ausland. Aus diesem Grund hat es wohl nicht geklappt, er hatte wohl die richtigen Personalpapiere nicht dabei.

Vater erhielt aber dann eine Anstellung auf Dauer bei der Norddeutschen Hütte in Bremen, wahrscheinlich im Stahlwerk oder Gießerei, denn die Arbeit wäre heiß und staubig gewesen, erzählte er. Das Unternehmen hätte ihn gerne behalten, aber für einen geborenen Bauern, der viel an der frischen Luft (gewesen) war, war das auf Dauer nicht das Richtige. Immerhin blieb er dort lange genug, um meine Mutter kennen und lieben zu lernen.

Ein Arbeitskollege nahm ihn auf seinem Motorrad mit nach Karlshöfenerberg, wo er wohnte. Der Kollege war verheiratet mit der ältesten Schwester meiner Mutter, Tante Sine (Gesine). Sie wurden Schwäger und er mein Onkel Albert.

So kann es gehen.

Vater und Mutter haben dann im weiteren Umkreis von Karlshöfen, u.a. in Heeslingen, bei Bauern gearbeitet. Nach meiner Geburt sind sie nach Oer-Erkenschwick gezogen. In der Horneburger Straße haben sie ihre erste Wohnung beziehen können. Dort ist auch meine Schwester Christel 1935 zur Welt gekommen.

Geborgen

Als wir Onkel Klaus sahen, der uns mit seiner Schubkarre am Bahnhof erwartete, waren wir überglücklich.

Wir stiegen aus und ich atmete tief durch. „Eine ganz andere Luft ist das hier, viel besser als bei uns, und dieser Duft nach Gras und verbranntem Torf ...prima", stellte ich fest.

Mutter und Onkel Klaus, ihr Bruder, umarmten sich norddeutsch kurz, wir Kinder wurde ebenfalls kurz betätschelt, und dann gingen wir mit unseren wenigen Habseligkeiten, verstaut auf der Schubkarre, zum Bauernhaus Karlshöfenerberg 59.

Oma und Opa begrüßten uns herzlich: „Kinder, was seid ihr groß geworden, und dat is die Lütte, bis du aber 'ne seute Deern".

Ein lange vermisstes tiefes Gefühl der Geborgenheit umfing uns. „Setzt euch erst mal hin", sagte Oma, „ihr müsst müde und hungrig sein".

Meine Großeltern Gesche und Johann Böttjer (1953)

Wir setzten uns alle an den großen Tisch in der zentralen Küche mit dem großen Herd, der auch die Küche heizte, und der Torfkiste daneben, die gleichzeitig Sitzgelegenheit war. Wir erzählten alle durcheinander, wie es uns ergangen ist, von den Fliegeralarmen, und dass wir gerade so eben mit dem Leben davon gekommen waren. Währenddessen half Mutter Oma bei der Zubereitung des Essens.

Oma hatte Gicht, ihre Hände machten nicht mehr so richtig mit.

Dann gab es tüchtig was zu essen. Grünkohl mit Mettwurst aus eigener Herstellung, danach eingemachte Zwetschgen als Nachtisch, natürlich von eigenen Bäumen. Zu trinken gab es Milch und Wasser aus der Pumpe, die ca. zehn Meter vor dem Haus stand, das herrlich schmeckte.

Meine Großeltern und Onkel Klaus verfielen beim Erzählen immer wieder ins Plattdeutsche. Sprachen sie hochdeutsch, klang das immer ein wenig ungeübt und deshalb besonders gewählt. Mutter konnte beim Plattdeutsch gut mithalten und wenn nötig übersetzte sie.

„Seid ihr denn alle satt geworden?" fragte Oma uns Kinder. „Ja, so gut hat es uns noch nie geschmeckt". Wir fühlten uns wohl wie lange nicht mehr. Alles war weitaus besser als alles, was wir in den letzten Monaten erleben mussten. Dann kam Mutter auf den Punkt: „Ich bin so froh, dass ihr uns aufgenommen habt, ich hätte nicht gewusst, wohin mit den Kindern, nochmals herzlichen Dank".

„Da nicht für", sagte Oma, „bleibt so lange ihr wollt, aber wie hast du dir das so gedacht, wie es weitergehen soll?".

„Ick heb mi dat so dacht", Mutter verfiel wieder ins Plattdeutsche, damit konnte man die Dinge schneller auf den Punkt bringen. Ihre Überlegung war, Christel und mich bei Oma und Opa erst mal unterzubringen. Sie selbst wollte mit Liesel nach kurzer Verschnaufpause in Karlshöfen wieder zurückfahren, eine Wohnung suchen und sich um die noch brauchbaren Utensilien der alten zerstörten Wohnung kümmern, um sie eventuell zwischenzulagern. Dann wollte sie wieder zurückkommen und das absehbare Kriegsende in Karlshöfen auf dem Lande verbringen und mit Christel und Liesel wieder nach Erkenschwick zurückfahren.

Ich sollte so lange wie möglich in Karlshöfen bleiben, auch hier zur Schule gehen, zur Konfirmation aber wieder nach Erkenschwick kommen.

„De Jung is so groot un so dünn, de mutt wat inne Rippen kreigen", sagte Onkel Klaus dazu. „Un en beten helpen kann hei ok, fix is hei jo", meinte Oma.

„So mokt wi dat", schloss Opa die Besprechung. Mutter musste Rücksicht nehmen, ihre Eltern und ihr Bruder waren keineswegs auf Rosen gebettet, wie man so zu sagen pflegt. Geld war knapp im Haus, Bareinkünfte waren nur das Milchgeld von der Molkerei und falls Eier, oder ein Huhn, oder ein Lamm, eventuell ein Bullenkalb im Jahr, verkauft werden konnten. Damit wurde alles bestritten, was nicht selbst hergestellt werden konnte.

Es wurde eisern gespart, es konnte ja mal was kaputt gehen, das Dach zum Beispiel. Zu essen hatte man genug, die Ansprüche waren aber nicht hoch.

Es war ein Segen, hier sein zu können. In diesen Kriegstagen war ein Bauernhof selbst dieser einfachen Struktur ein Garant dafür, nicht zu verhungern. Da das „Platte Land" hier im Teufelsmoor bestimmt kein lohnendes Ziel für Bombardierungen größeren Ausmaßes war, war man hier auch relativ sicher. Dass der Krieg uns hier völlig aus den Augen verlieren würde, war aber auch nicht zu erwarten.

Nach dem Essen sorgte sich Mutter um unsere Schlafplätze, ich sah mich im Haus um.

Zuerst ging ich in die Diele, die den Mittelpunkt des bäuerlichen Betriebs bildete. Links vorn stand ein alter Backofen aus Eisenblech, dahinter der Pferdestall mit Platz für zwei Pferde. Danach der Kuhstall. Opa hatte drei schwarzbunte Milchkühe, die Schwatte, die Witte und die Bunte. Benannt nach dem überwiegenden Anteil ihres Aussehens. Über den Viehställen, noch unter dem Heuboden, befand sich eine praktische, 60 cm hohe Ablagefläche, der Hillen. Darin waren z. B. Heugabeln, Harken, Spaten, Geräte zum Torfstechen, Schaufeln usw. griffbereit verstaut. Auf der gegenüberliegenden Seite war eine Abstellkammer, vollgestopft mit allen möglichen Gerätschaften und Werkzeugen, die nicht jeden Tag benötigt wurden. Dann der Schweinestall mit drei Schweinen, ein kleiner Stall für zwei Mutterschafe und das Plumpsklo ganz hinten rechts.

Neben der Tür zur Abstellkammer führte eine große Leiter auf den Heuboden, daneben eine Holzkiste mit Kleie oder Roggenschrot fürs Vieh. Draußen war ein Holzschuppen für den Leiterwagen und je ein Teil für Weißtorf zum Streuen und Schwarztorf zum Heizen und Kochen sowie Ackergeräte. Hinter dem Schuppen war der Misthaufen. Dahinter die Weiden. Neben dem Schuppen der Hühnerstall mit eingezäuntem Auslauf, daneben eine Miete aus Torfsoden.

Der Vollständigkeit halber seien noch zwei Katzen erwähnt, eine schwarz-weiß, die andere grau getigert. Die Wasserversorgung für Mensch und Tier erfolgte über eine handbetriebene Pumpe, ca. zehn Meter vom Hauseingang entfernt. Neben dem Haus lag ein relativ großer Hausgarten. Jetzt im Winter stand nur noch Grünkohl einsam da. Beerensträucher gab es auch. Zwischen Haus und Garten stand eine stattliche Eiche mit einem dicken Ast, der fast über das Haus reichte. Daneben zwei Zwetschgenbäume. Das Haus war mit Reet gedeckt und sah richtig gut aus. Das war jetzt für längere Zeit mein Zuhause? Sehr schön!

Das Haus meiner Großeltern
(nach einem Foto gemalt von Dieter H'loch)

Die Verwandtschaft kam zu Besuch, uns zu bestaunen und wir sie, Tante Sine und Onkel Albert mit ihren Kindern.

Drei Cousins, nämlich Johann, Heinz und Hermann, waren bereits ausgeflogen. Walter war in meinem Alter und so groß wie ich. Dazu Gertrud, älter als ich sowie Erika, die so alt wie Christel war. Irmgard war so alt wie Liesel. So hatte jeder von uns Kindern auf Anhieb die passenden Spielkameraden.

Nach wenigen Tagen hatten wir uns gut eingelebt.

Es war herrlich, friedlich, kein Fliegeralarm, nachts konnte man durchschlafen. Alles fühlte sich an wie Ferien auf dem Bauernhof. Leider meldete Mutter uns recht bald zur Schule in Karlshöfen an. Sie war der Meinung, dass es höchste Zeit für uns wäre, wieder ein geregeltes Leben zu führen. Dazu später mehr.

Es war nicht zu übersehen, auf dem Hof gab es immer viel zu tun. Den Rhythmus gab das Vieh vor, es musste getränkt, gefüttert und von erzeugtem Mist befreit werden. Die Kühe mussten zudem morgens gemolken werden.

Für alles, was sich um Stall, Land und Vieh drehte, waren Opa und Onkel Klaus zuständig. Opa stand als Erster morgens um ca. 6:00 Uhr auf, machte das Feuer im Herd an und sich ein Heißgetränk aus Milch und Honig, fütterte das Vieh, weckte Oma und Onkel Klaus. Der melkte die Kühe.

Onkel Klaus schnitt auch immer das Brot. Wenn ich um ca. 6:45 Uhr geweckt wurde, um pünktlich zur ca. drei Kilometer entfernten Schule in Karlshöfen zu kommen, die um 8:00 Uhr begann, stand das Frühstück noch auf dem Tisch und ich zögerte nicht, mich nach Herzenslust zu bedienen. Es gab kräftiges, selbst gebackenes Roggenbrot und Wurst aus dem Einweck-Glas sowie Milch und auch selbst gemachte Marmelade. Jeden Morgen ein Festessen für mich.

Da Onkel Klaus noch ledig war, musste Oma den Haushalt führen.

Zum Mittagessen gab es regelmäßig gekochte Kartoffeln mit eingemachtem Gemüse, quer durch den Garten, wie z. B. Weißkohl (daraus Sauerkraut), Rotkohl, Grünkohl, Buschbohnen, Stangenbohnen (für den Winter geschnitzelt und in Salz eingelegt) sowie Hülsenfrüchte. Dazu Geräuchertes oder Schaffleisch aus dem Einmach-Glas.

Fleisch und Gemüse wurden zusammen gegart. Die Kartoffeln immer getrennt gekocht. Zum Nachtisch, meistens sonntags, standen eingemachte Zwetschgen, Kürbis oder Rote Grütze aus eigenem Beerensaft mit Milch auf dem Tisch.

Die Kartoffeln schälte Opa am Abend vorher, Oma war dazu nicht mehr in der Lage wegen ihrer Gicht. Er schälte immer so viel, dass es auch zum Abendessen reichte.

Jeden Abend gab es nämlich ausnahmslos Bratkartoffeln. Die wurden hergestellt und serviert in einer sehr großen geschmiedeten uralten Eisenbratpfanne und mitten auf den Tisch gestellt. Man konnte sich zwanglos bedienen, was mir sehr entgegen kam. Dazu gab es gewürfelten Schinken, Klümp, Knipp oder Mettwurst.[17]

Oma konnte gut und schmackhaft kochen. Aber an ihre allabendliche Milchsuppe mit Roggenmehleinlage, mit etwas Salz abgeschmeckt, musste ich mich erst gewöhnen.

Solange Mutter da war, konnte sie Oma bei ihrer täglichen Arbeit helfen. Mutter fuhr jedoch noch mal kurzfristig nach Erkenschwick, um sich um eine Wohnung zu kümmern und unsere nach dem Bombenangriff eventuell noch brauchbar gebliebenen Habseligkeiten zu retten, die sie in unserem Keller einlagern wollte. Liesel blieb bei Tante Sine. Auch Christel war die erste Zeit dort.

---

[17] Unsere Schweinemast ist ab S. 164 nachzulesen.

Berta

Als Berta zu uns kam, war sie sehr willkommen. Berta war eine sogenannte Arbeitsmaid, das weibliche Pendant zum Arbeitsdienst der Männer ab 18 Jahren. Sie wusch die Wäsche, bügelte, putzte, bezog die Betten und half beim Kochen und Abspülen usw. Sie war aber nicht für den Stall vorgesehen.

Die Arbeitsmaiden wurden, wie die jungen Männer auch, mit 18 Jahren zum Arbeitsdienst regelrecht eingezogen, zum Dienst überwiegend in der Landwirtschaft, zur Unterstützung der Landfrauen mit vielen Kindern oder wegen Krankheit. Diese Erfindung der NS-Zeit erwies sich für Oma als segensreich.

Denn Oma war, wie bereits berichtet, behindert wegen ihrer Gicht, sie konnte z. B. keine Faust machen. Außerdem war sie sehr schlecht zu Fuß.

Oma hatte sechs Kinder großgezogen, dafür hatte sie vom Staat ein silbernes Mutterkreuz verliehen bekommen. Ich habe es zufällig in einer Schublade der Kommode entdeckt. Oma machte kein Aufhebens davon. Das war wohl auch ein Grund, ihr eine Arbeitsmaid zur Verfügung zu stellen.

In Karlshöfen am Hanstedter Weg gab es ein Lager für die Arbeitsmaiden der Gegend. Es bestand aus zwei Holzbaracken, die extra für sie eingerichtet worden waren.

Berta kam aus Ostpreußen und war kräftig zupackend und geschickt. Belastbar würde man heute sagen. Zudem war sie unkompliziert. Sie war ausgebildete Hauswirtschaftsgehilfin.

Abends, nach getaner Arbeit, fuhr sie mit dem Fahrrad ins Lager zurück. Morgens war sie wieder da.

Ihre Arbeitszeit betrug sieben Stunden am Tag.[18] Das reichte, um unseren bäuerlichen Haushalt aufrecht zu erhalten.

---

[18] Karlshöfen, Aus vergangenen Tagen, S. 141.

Meine Großeltern

Oma war die Seele des Hofes, der Mittelpunkt. Für mich immer die erste Hilfe in allen persönlichen Lebenslagen. Sie hat mich in der Zeit meines Aufenthaltes bemuttert, also mir die Mutter ersetzt, mich erzogen und ernährt.

Oma verrichte den Haushalt, kochte und kümmerte sich um die Hühner und deren Eierproduktion und den umfangreichen Garten, in dem sie ihr Gemüse und ihre Hülsenfrüchte zog. Der Grünkohl stand bis weit in den Winter draußen. Beerensträucher hatte sie auch, wie schwarze und rote Johannisbeeren sowie Stachelbeeren. Alles musste gepflückt, geputzt und für den Winter eingekocht, zu Saft verarbeitet oder getrocknet werden. Weißkohl wurde in Sauerkraut verwandelt und vieles mehr.

Aus abgezweigter Milch hat sie heimlich Butter hergestellt. Sie hatte hierzu eine mit vielen Löchern versehene runde Holzscheibe, an der in der Mitte ein Besenstiel befestigt war. Die Scheibe passte gerade so eben durch die Öffnung einer Milchkanne. Durch häufiges kurzes Rauf- und Herunterdippen entstand aus frischer Milch die begehrte Butter. Sie schwamm dann auf der Milch. Das war eigentlich verboten, deswegen achtete sie dabei immer darauf, ob sie jemand besuchte. Das glucksende Geräusch beim Buttern war typisch und unverwechselbar.

Obwohl ihre Gicht sie behinderte, hat sie ihre Aufgaben klaglos gemeistert und mich beim Auswendiglernen aus dem Gedächtnis abgehört.

Als ich 1945 nach Karlshöfen kam, war Oma 67 Jahre alt, Opa bereits 71. Über sich selbst sprach sie nie. Leider habe ich auch wenig gefragt, irgendwie schickte sich das nicht. Ich wollte auch nicht neugierig wirken, was ich im Nachhinein sehr bedauere. Sie konnte englisch! Ich war erstaunt, als sie mir erklärte, dass der Cowboy übersetzt ein Kuhjunge war, einer, der Kühe hütete. Ich war enttäuscht, ich hatte in diese Figur wesentlich Wichtigeres hineingedacht, schließlich hatte jeder Cowboy ein Pferd, ein Lasso und einen Colt.

So gesehen war ich auch zeitweise ein Cowboy, allerdings für nur drei Kühe und ohne Pferd und Revolver. Meinen manchmal übertriebenen jugendlichen Optimismus konnte Oma wohl erzieherisch nicht so ohne Weiteres durchgehen lassen. Das war wohl der Grund, dass sie mich öfter schnell auf den Boden der Tatsachen zurückgeholt hat, indem sie sagte: „De Vogel de am Morgen fleit (flötet) de holt am Dag de Katt!" Machte ich Pläne, was man alles noch bewerkstelligen könnte, sagte sie lakonisch dazu: „Wat vörher utgereken (ausgerechnet) het noher de Hund bescheten!"

Oma war aber immer um mein Wohl besorgt. Oft rief sie mich zu sich. Und wenn ich dann kam, sagte sie „Mund auf!" und schob mir einen Teelöffel Zucker direkt in den Mund.

Ihre Fürsorge war wohl angebracht, denn ich wuchs und wuchs und war mit elf Jahren so groß wie Onkel Klaus, aber wesentlich schmaler als er.

Sie befürchtete, dass ich krumm würde, so musste ich mich öfter an die Leiter hängen, die schräg zum Heuboden führte (vielleicht war das kontraproduktiv). Auch musste ich öfter einen Stock in den Armbeugen tragen, quer über den Rücken, damit ich gezwungen wurde gerade zu gehen.

War Oma aufgeregt, flimmerten ihre Augenlider in einem unglaublichen Tempo. Meist war sie aber gelassen und schlagfertig. Fragte ich, wenn ich hungrig aus der Schule kam, „Oma, was gibt's zu essen heute?", sagte sie: „Wat op den Disch kömmt", und ergänzte gleichzeitig: „Un wat gifft et dorbi?" – „Messer und Gabel".

Wenn ich anmerkte, weil ich mir fast die Zunge verbrannt hatte: „Das ist aber heiß", dann sagte sie, „dat hew ick nich am Heunerloch kokt."

Oma trug ihre Haare als Knoten am Hinterkopf. Für diese Haartracht hatte sie Hilfe nötig.

Meine Cousine Gertrud kam jeden Morgen zum Frisieren. Oma saß dann auf dem Stuhl und Gertrud stand hinter ihr. Sie löste den Knoten und den Zopf auf und Omas Haare fielen bis auf den Fußboden hinab. Dann wurden die Haare gebürstet und gekämmt, dann zu einem Zopf geflochten und wieder zu einem Knoten gedreht und mit mehreren Haarnadeln zusammengesteckt.

Oma wurde am 8.8.1877 in Ostereistedt, Kreis Zeven, geboren. Die Eltern von Oma sollen relativ früh verstorben sein. War das der Grund, warum Oma für mehrere Jahre in Amerika war? Sie soll dort bei Verwandten im Haushalt tätig gewesen sein. Es gehen die Meinungen auseinander, ob für sechs oder acht Jahre.

Bei der Antwort auf diese Frage half die Datenbank der Stiftung zum Erhalt der Freiheitsstatue und Ellis Island.[19] In der Passagierliste des Auswandererschiffes „Spree" für die Überfahrt von (vermutlich Bremerhaven über) Southampton nach New York, Ankunft am 30.8.1894, findet sich auch eine 17 Jahre alte ledige Frau namens Gesche Vagts. Als nächster Eintrag findet sich Anna Vagt(s), 16 Jahre alt, vielleicht ihre Schwester.

Rein rechnerisch könnte Oma acht Jahre in Amerika gewesen und 1902 wieder zurückgekommen sein. Mit dem Heiratsjahr 1903 käme das hin.

---

[19] Internetseite: http://www.libertyellisfoundation.org/passenger (Stand 21.1.2015).

Zu erwähnen ist in diesem Zusammenhang noch, dass 1897 wieder zwei junge Mädchen aus Ostereistedt, nämlich Meta Vagts (17 Jahre alt) und Maria Vagts (14 Jahre alt) mit der „Bremen" nach New York gefahren und damit ausgewandert sind. Der Grund für die Auswanderung fast einer ganzen Familie kann durchaus der frühe Tod der Eltern gewesen sein, muss aber einer späteren Erforschung vorbehalten bleiben.

Wie Oma und Opa zueinander fanden, ist nicht überliefert. Opa stammte aus Augustendorf und ist dort am 2.9.1873 geboren, also nicht weit entfernt von Ostereistedt aufgewachsen. Über seine Jugend ist mir nichts bekannt geworden.

Als junger Mann soll er zunächst als Schäfer tätig gewesen sein. Später war er viele Jahre Großknecht bei einem Bauern (wahrscheinlich Verwandtschaft) im Raum Augustendorf / Glinstedt, der zwei Höfe hatte. Einen davon sollte er mal erben oder als Lohn erhalten. Ein Notartermin hierzu wurde nie als wichtig oder eilig erachtet.

Es wird erzählt, dass der Veräußerer ihn noch wenige Tage vor seinem Tod ansprach über einen Termin beim Notar, um alles perfekt zu machen. Aber dabei ist es geblieben. Der Bauer ist dann unglücklicherweise vom Pferd abgeworfen worden und verstorben. Seine Witwe hat den Hof dann an jemand anderen verkauft. Opa soll aber abgefunden worden sein. Wann das war, ist nicht mehr festzustellen.

Opa und Oma haben am 16.4.1903 in Rhade standesamtlich geheiratet. Laut Eintrag im Kirchenbuch fand die kirchliche Trauung am 17.4.1903 „auf Wunsch der Braut im Hause ihres Bruders (Peter Vagts?) in Glinstedt statt". Zu Oma war vermerkt: „Gesche Vagts, ledig, aus Ostereistedt, Arbeiters Tochter".

Gesichert ist, dass Opa und Oma um 1904 nach Karlshöfen gezogen sind, da ihre älteste Tochter Gesine 1904 in Karlshöfen geboren ist. Sicher ist auch, dass sie 1925 das Anwesen Nr. 57 in Karlshöfenerberg besessen haben.[20] Nach der Neuordnung der Straßenbezeichnungen und der Hausnummern hat das Haus heute die Adresse Hintern Berg 1. Wenn ich gewusst hätte, dass ich in 1933 in diesem Haus geboren wurde, hätte ich mich mehr für das Innere des Hauses interessiert.

Das Haus stand mit dem Giebel zur Straße. Die Toreinfahrt zur Diele befand sich auf der Längsseite in der Mitte des Hauses und trennte so den Wohnteil von Scheune und Stall. Direkt vor dem Haus befand sich eine kleine Wiese, darin in der Mitte ein mehrere Meter tiefer Brunnen mit Kurbel, Kette und Eimer, zum Teil überdacht. Ob Opa ihn gebaut hatte? Da das Haus auf Sandboden stand, war das Wasser hell und klar.

---

[20] Karlshöfen, Aus vergangenen Tagen, S. 298.

Den Hof könnte man als bäuerlichen Nebenbetrieb bezeichnen. Hier haben Opa und Oma immerhin sechs Kinder großgezogen. Das war bestimmt nicht leicht zu bewerkstelligen. Das jüngste Kind, Tante Anna ist 1916 geboren.

Opa war Soldat im 1. Weltkrieg. Wie hat Oma in dieser Zeit ihre Familie durchgebracht? Mutter ist wohl auch deshalb einige Jahre bei Verwandten in Glinstedt aufgewachsen. Sie war verhältnismäßig klein und zart für ihr Alter, hat sie mal erzählt.

Opa war Fuhrmann. Er transportierte zumindest bis 1909 Glaswaren von der Carlshütte zum Bahnhof Oldenbüttel[21], von wo die Waren direkt mit der Bahn nach Bremen oder Wesermünde (Bremerhaven) verschickt werden konnten. Die vollspurige Kleinbahn Bremervörde-Gnarrenburg wurde erst 1909 in Betrieb genommen[22]. Er hatte den Spitznamen Jan Oldenbüttel, denn es gab mehrere Jan Böttjer in der Gegend.

Später, nach 1933, haben meine Großeltern dann das daneben stehende größere Grundstück Nr. 59 von Jan („Dick") Borstelmann erworben[23] (heute Hintern Berg 3). Das Haus Nr. 57 hat Opa an Hinrich Kück (Tochter Gisela) verkauft. Die Kücks waren freundliche Nachbarn.

Der neue bäuerliche Betrieb meiner Großeltern war größer und für damalige Verhältnisse ein Vollerwerbsbetrieb. Er umfasste einschließlich Zupacht maximal 14 Morgen Land, davon ca. sieben Morgen Ackerland, überwiegend Sandboden. Der Rest bestand aus Wiesen und Weiden (Hintern Berg in Nähe der Flugwache, in Barkhausen und am Haus), überwiegend Moorboden.

Die Ackerflächen waren verstreut, aber nicht weit vom Hof gelegen. Die größten zusammenhängenden Flächen Eigenland lagen an der Hofstelle, ca. 1 Hektar, mit der Ausdehnung von der Straße Hintern Berg bis nach Barkhausen. Ebenfalls ein Hektar Wiese und abbaufähiges Weißtorf-Moorland befand sich im Berghöpener Moor (Barkhausen).

An Vieh waren vorhanden: drei Kühe (die Schwatte, die Witte und die Bunte), ein Pferd (für die Landwirtschaft zwingend notwendig), ein Mutterschaf und drei Schweine.

Es ist anzunehmen, dass diese Struktur im Wesentlichen bereits seit vielen Jahren oder bereits ab Umzug nach Haus Nr. 59 (ca. 1934) bestand.

Meine Großeltern hatten früher in diesem Haus einen Dorfladen. Verschiedene Utensilien, wie z. B. eine Waage, typische Bonbon-Gläser mit einem Glasver-

---

[21] Karlshöfen, Aus vergangenen Tagen, S. 126.
[22] Karlshöfen, Aus vergangenen Tagen, S. 133.
[23] Karlshöfen, Aus vergangenen Tagen, S. 301.

schluss, in den man schräg von oben nach unten hineinlangen konnte, sowie ein Kastenschrank, wie er damals in kleineren Läden üblich war, befanden sich noch in der Kammer auf der Diele. Der Laden befand sich in der jetzigen Stube. Ein Schaufenster gab es nicht. Interessant ist, wie Cousine Meta berichtete, dass Opa und Oma im Ort nunmehr den Spitznamen „Botter-Böttjer" bekamen, um die „Böttschers" (sechs an der Zahl) auseinanderhalten zu können.

Spitznamen

Es gab im Ort und im Umkreis nicht nur viele Böttjers, die man durch Spitznamen auseinanderhielt. Folgende Namen waren noch öfter vorhanden, wie z. B. Renken 11 mal, Meyer 12 mal, Prigge und Teetz siebenmal. Ganz besonders häufig ist der Name Kück anzutrefffen, nämlich 33 mal. Das ist die absolute Spitze. Was das Problem vergrößerte, sind die gleichlautenden Vornamen. Hier z. B. sechsmal Herrmann Kück, viermal Hinrich und dreimal Johann Kück. Der Landstrich ist insofern geradezu beispielhaft für diese häufigen Familiennamen und spricht für eine große Bodenständigkeit der hier Lebenden.[24]

Da muss man sich durch Unterscheidungsmerkmale zu helfen wissen. Der Beruf oder die ausgeübte Tätigkeit ist dabei besonders praktikabel, siehe Opa (oben). Der Spitzname für Claus Kück, der eine Fahrradwerkstatt betrieb, und deshalb die Bezeichnung Claus Motor erhielt, ist eine besonders griffige Wahl und bereits dokumentiert.[25] *Nachstehend noch einige Beispiele, zunächst mit dem Familiennamen Kück:*

Hermann Klarnett, Musiker, spielte Klarinette
Hermann Tischer, Tischler, baute natürlich auch Tische
Jan (Johann) Nummerein, wohnte in Findort, Hausnummer 1
Familienname Meyer:
Marx Meyer, Maas- Vorstehr, Gemeindevorsteher[26]
Johann Meyer, Hanni Meyer (war auch Bürgermeister).

---

[24] Karlshöfen, Aus vergangenen Tagen, S. 301 ff.
[25] Karlshöfen, Aus vergangenen Tagen, S. 99.
[26] Karlshöfen, Aus vergangenen Tagen, S. 80.

Weitere Unterscheidungsnamen sind noch Hof- bzw. „Hus"-Namen, die bestehen bleiben, obwohl die Bewohner bereits anders heißen, z. B. bei Einheirat, im Erbfall oder bei Verkauf. Spitznamen und Hofnamen (Hus-) bleiben über Generationen bestehen.[27]

Opa achtete auf Pünktlichkeit. Das Mittagessen musste pünktlich um 12:00 Uhr auf dem Tisch stehen. War das ausnahmsweise einmal nicht der Fall, wurde er brummig.

Er hatte sein eigenes Besteck, diese Sorte Messer, Gabel und Löffel, die einen Griff aus Holz hatten, verziert und befestigt mit Nagelköpfen aus Messing, ein Design (würde man heute sagen), wie es früher sehr oft in Norddeutschland verwendet wurde. Oma achtete darauf, dass er stets sein Besteck erhielt, er bestand darauf, jeden Tag. Ich konnte es gut erkennen, da die Zinken seiner Gabel gemessen an den Zinken der anderen Gabeln des gleichen Bestecks, besonders kurz waren, eigentlich zu kurz.

Bis zum Mittagessen hatte er im Haus und Hof alle Hände voll zu tun, nach dem Mittagessen spannte er sein Pferd an und es ging aufs Feld, wenn die Natur es gestattete.

Beim Mittagessen wurde wenig oder gar nicht gesprochen. Wenn ich was erzählen wollte, was heraus musste, traf mich ein strafender Blick von ihm, wobei Oma stets schmunzelte.

Klar, die Zeiten waren nicht zum Lachen geeignet.

Opa war Soldat im 1. Weltkrieg. Ich habe seine militärische Auszeichnung im Nagelkasten gefunden und ihn darauf angesprochen. „Lass' es da liegen, es ist nicht wichtig", sagte er nur dazu.

Heiligabend ging Opa von Tier zu Tier und gab ihnen Brot, er nahm sich Zeit dafür. Dann kraulte er sie und gab ihnen einen Klaps. Das war irgendwie feierlich, ich empfand es jedenfalls so.

Opa war sehr vielseitig und geschickt. Er stellte z. B. für sich Wein her, aus Roggen, Wasser und Hefe. Der Gärprozess hierfür fand in einer speziellen großen Glaskruke statt, mit einem Gummiverschluss. Durch darin befindliches gebogenes und mit etwas Wasser gefülltes Glasröhrchen konnte das Gärungsgas entweichen, aber nichts anderes hineingelangen. Den Wein trank er aus einem Schnapsglas.

---

[27] Karlshöfen, Aus vergangenen Tagen, S. 85.

Er hat auch früher Holzschuhe gemacht, ein vollständiger Satz Löffelbohrer in der Abstellkammer spricht jedenfalls dafür. Hat er sie auch an Kunden verkauft oder repariert?

Er konnte Stricke aus Hanf herstellen (durch gegenläufiges Drehen bzw. Zwirbeln). Er reparierte das Pferdegeschirr selbst, wobei er den Faden mit dem alten Wachs stabilisierte, das noch von Onkel Klaus' Imkerei herrührte.

Alles, was man selbst machen konnte, brauchte man nicht zu kaufen. Und er konnte viel, z. B. auch stricken und Besen aus Birkenreiser binden. Er warf keinen rostigen Nagel fort, das muss er mir wohl vererbt haben.

Eines wollte ich von ihm wissen. „Opa, Oma hat erzählt, dass du in deiner Jugend Krammetsvögel[28] gegessen hast, stimmt das?" „Jau, dat wör allgemen so, domols". Es hätte damals riesige Schwärme, insbesondere von Staren, gegeben, die in wenigen Minuten einen Kirschbaum leergefressen hätten. „Und wie haben die geschmeckt?" „Gaud!".

Er hat mir gezeigt, wie man eine Krammetsfalle baut. Ich könnte sie noch heute aus dem Stand herstellen. Man braucht dazu eine ca. 60 cm lange Weidengerte, Rosshaare vom Pferdeschwanz, die besonders dick sind, und einen Köder. Die Weidengerte wird zu einem (ovalen) Kreis zusammengebunden. An beiden Längsseiten werden Rosshaarschlingen angebracht. Dazu unten in der Mitte ein Köder, je nach Jahreszeit z. B. Vogelbeeren oder Kirschen. In der Theorie setzt sich der Vogel unten auf den Köder. Wenn er nach vorn wegfliegt, verfängt er sich in einer der beiden Schlingen und erhängt sich.

Ich hab's ausprobiert, alles sah gut aus. Gefangen habe ich aber nichts, trotz gut ausgereifter Vogelbeeren. Ein entsprechender Vogelschwarm war wohl gerade nicht in der Nähe. Was hätte ich bloß mit einem erhängten Vogel angefangen? Ich hätte ihn auf keinen Fall gegessen.

Wir waren auch keinesfalls so schlecht gestellt, dass wir auf Krammetsvögel hätten zurückgreifen müssen. Wir konnten keine großen Sprünge machen, aber mit dem nötigen Fleiß und Einsatz war der Hof in der Lage, unser Essen und Trinken in ausreichender Menge und guter Qualität hervorzubringen. Insofern waren wir auf diesem Gebiet in hohem Maße Selbstversorger.

---

[28] Gemeint waren damit Amseln, Drosseln und Stare.

Onkel Klaus

Oma hätte sich bestimmt gern eine Schwiegertochter gewünscht. Aber ihr ältester Sohn, Onkel Klaus, geboren 1905, war noch unverheiratet. Er war der Hoferbe und verrichtete die Schwerstarbeiten. Das war für die Aufrechterhaltung des bäuerlichen Betriebes enorm wichtig. Onkel Klaus ist auf der Hansahütte als Glasmacher angelernt oder ausgebildet worden, zumindest hat er dort bis zu deren Stilllegung (1926 wegen Auftragsmangels[29]) gearbeitet. Ob er anderweitig noch tätig war, ist anzunehmen, entzieht sich jedoch meiner Kenntnis.

Von einem Besuch vor einigen Jahren weiß ich noch, dass er ca. 20 Bienenvölker besaß, die er in speziellen Körben aus geflochtenem Stroh hielt. Einige moderne Bienenkästen aus Holz hatte er damals aber auch schon besessen.

Die Knallerbsen-Hecke am Grundstücksanfang hatte er für seine Bienen angepflanzt. Ich erinnere mich noch an den wunderbaren Honig, aber auch an einen Bienenstich in meine Oberlippe, der mich ziemlich entstellte. Außerdem an einen Bienenschwarm, der an einem Apfelbaum vorm Haus hing und den er mit Wasser, gespritzt aus der Fahrrad-Luftpumpe, zusammen hielt und ihn schließlich, auf der Leiter stehend, vorsichtig mit einem „Flung"[30] in einen Bienenkorb fegte. Ein Bienenkorb lag noch als Andenken auf dem Hillen (Ablage über dem Kuhstall). Der Schuppen für die Bienenvölker war zum Hühnerstall avanciert, die Bienenpfeife (Raucherzeuger) sowie die Schutzhaube für den Kopf mit dem Loch vorn hingen noch in der Abstellkammer.

Onkel Klaus rauchte Pfeife und zwar „auf Lunge". Er paffte nicht, sondern sog den Rauch förmlich in sich hinein, ohne zu husten. Und es war schwerer Tobak, soweit ich das beurteilen kann. Während ich Opas Kautabak fix und fertig im Laden für ihn gekauft habe, hat Onkel Klaus seinen „Ta-bäck" – die Betonung lag im Plattdeutschen auf der zweiten Silbe – selbst angebaut. Im Hausgarten war immer genug Platz dafür. allerdings musste man die Tabakpflanzen auch kaufen. Durch unseren verrotteten Kuhmist angetrieben wuchsen sie zu einer stattlichen Größe heran. So etwa 1,80 m konnten sie erreichen. Waren die unteren größeren Blätter gelb-braun bis braun gefärbt, habe ich sie abgebrochen und auf Fäden durch die Stengel aufgezogen und in die Scheune gehängt. Wenn sie trocken und dunkelbraun waren, durfte ich die Blätter vorsichtig von den Stengeln und Rispen befreien und fest aufgerollt zu einer Zigarre in feine Streifen mit einem scharfen Messer schneiden. Meistens war Onkel Klaus mit meinem „Grobschnitt" nicht so richtig

---

[29] Karlshöfen, Aus vergangenen Tagen, S. 141.
[30] Flügelende von der Gans oder Ente.

zufrieden. Er hat deshalb eine Schneidemaschine angeschafft. Immerhin konnte man damit eine viel umfangreichere Zigarre schneiden. Das war aber gleichzeitig gefährlicher. Mit der linken Hand musste man die Zigarre in einer dafür vorgesehenen Rille festhalten. Hob man das fest installierte Messer an, schob sich die Zigarre ca. einen Millimeter zum Messer hin nach rechts. Durch einen kräftigen Druck nach unten schnitt das Messer die gewünschte Schnittgröße ab. Krüllschnitt war das Ergebnis. Einmal habe ich nicht aufgepasst und mir fast die Kuppe des linken Daumens abgeschnitten, mitten durch den Daumennagel. Das war sehr schmerzhaft. Die entstandene Rille habe ich noch Jahrzehnte im Daumennagel besessen.

Onkel Klaus hatte einen trockenen Humor, zwei seiner Sprüche habe ich noch im Gedächtnis: „Wer sich nicht sattessen kann, sich auch nicht sattlecken", und „Spare in der Not, dann hast du Zeit dazu".

Säen und Ernten

Grundlage unserer Ernährung waren die Früchte, die der Boden uns bescherte. Wir bauten überwiegend Kartoffeln und Roggen für den eigenen Bedarf an, abgesehen von dem großen Hausgarten. Aber auch in geringeren Mengen Hafer, manchmal auch Buchweizen, der auch auf kargem Moorboden wuchs. Dazu fürs Vieh Steckrüben, Runkeln sowie Wasserrüben als Nachsaat der Roggenernte.

Den Pflug und die Egge zog unser braves Pferd, das schon etwas älter war und deshalb auch auf schwankendem Moorboden nicht die Nerven verlor. Auch mit seinen Holzschuhen kam es gut zurecht.[31]

Maschinen hatten wir nicht, dazu war der Hof zu klein. Der Roggen wurde mit der Hand gesät, indem Opa gleichmäßigen Schrittes aus der umgehängten Säschüssel aus Zinkblech vor dem Bauch mit der Hand stets gleiche Mengen in einem Streifen von ca. zwei Metern auf die Erde streute. Anschließend wurde geeggt.

Im Herbst, wenn der Roggen reif war, wurde er mit der Sense geschnitten, mit der Hand zu Garben gebunden und zunächst zu Hucken zusammengestellt. Später wurden die Garben mit der Mistgabel vorsichtig, mit den Ähren nach innen auf den Wagen geladen, zum Hof transportiert und auf dem Heuboden zwischengelagert. Wenn die Ernte vollständig eingebracht war, wurde das Korn gedroschen. Dafür kam eine Dreschmaschine zu uns auf den Hof.

---

[31] Siehe hierzu im Anhang S. 222.

Die Kartoffeln wurden von Hand in Furchen gelegt, die mit dem Pflug aufgeworfen und auch wieder zugedeckt wurden.

Der für einen ordentlichen Ertrag notwendige Dünger bestand – auch für den Roggen – aus Stallmist, der allerdings nicht ausreichte. Ergänzt wurde er durch Kunstdünger, den Opa ebenfalls aus seiner Säschüssel von Hand ausstreute.

War das Kartoffellaub im Herbst gelb und trocken, konnte die Ernte beginnen. Die Kartoffeln wurden aus der Erde heraus gepflügt und mussten anschließend auf Knien mit den Händen ausgebuddelt werden. Das war sehr arbeitsintensiv. Da war jede Hand gefragt, auch ich wurde dabei eingesetzt. Selbst die Obrigkeit zeigte für Kinderarbeit Verständnis, in dem sie die Kartoffelferien einführte.

War das Wetter gut (Regen bringt Segen), war die Ernte gut. Dann war auch für das Vieh gesorgt. Gedieh' das Vieh, ging's uns gut.

Schwein gehabt

Ein wichtiger Pfeiler der Selbstversorgung war die Schweinemast. Wir fütterten durchgehend zwei Schweine im Jahr.

Das Futter vor der Mast bestand hauptsächlich aus Küchenabfällen, vermengt mit der anfallenden Magermilch, die in einem speziellen Bottich gesammelt wurde. Gras, Rüben, Fallobst, Gemüseabfälle, die Allesfresser verschmähten nichts. Selbst Zwetschgenkerne knackten sie mit Lust.

In der Mast kamen gekochte Kartoffeln, die angeschlagen oder zu klein waren hinzu, vermengt mit Kleie oder Roggenschrot.

Die Schweine wurden immer zur gleichen Zeit gefüttert. Die Vorbereitungen dazu gingen nicht ohne Geräusche ab. Das führte zu einem fürchterlichen Gequieke und Geheule der ungeduldigen Viecher, so dass Oma sich schon deshalb sehr beeilte, damit der Krach aufhörte.

Vorn am Schweinestall war der Futtertrog, darüber eine praktische Klappe, die man zum Füllen des Trogs an dessen Innenrand stellen konnte. War das Futter eingefüllt, wurde der Riegel nach außen gestellt.

Die Schweine stürzten sich dann auf das Futter, als hätten sie 14 Tage geschmachtet. Das gab dann ein Schmatzen und Schlürfen, ein Grunzen und Gebalge, um so viel wie möglich vom Ganzen mitzubekommen.

Über die Klappe konnte man gut in den Schweinekoben hineinsehen und sie beobachten. Besonders eindrucksvoll für mich war das Krachen beim Zermalmen von Zwetschgenkernen in der Erntezeit. Ob faule, mit Maden befallene oder unreife, aussortierte Früchte, alles wurde verfüttert und gerne angenommen. Nichts verkam.

Geschlachtet wurde im Spätherbst beziehungsweise im Winter. Gelernt habe ich, dass man in den Monaten, in denen ein „R" vorkam, schlachten sollte, also frühestens im September.

Das Schwein war dann etwa zwei Jahre alt und gut 100 kg schwer. Eine ordentliche Speckschicht musste schon vorhanden sein. Mein Vater war der Ansicht, dass Schinken ohne Speck nicht schmeckt.

Der Schlachter kam ins Haus, ebenso der Trichinenbeschauer.

Die Schinken wurden am Stück ca. vier Wochen in Salz eingelegt, dann auf der Diele über dem gemauerten Lehm-Backofen an der Decke zum Trocknen und Räuchern aufgehängt.

Desgleichen wurde mit den Speckseiten verfahren. Das meiste Fleisch, sowie die Blutwurst, Leberwurst, Schweinskopf, Sülze und auch Mettwurst wurde in Gläser eingekocht.

Das hielt sich über Jahre. Mettwurst wurde auch in den Rauch gehängt, sowohl im Naturdarm als auch die dickeren Würste in speziellen Stoff oder Papierhüllen .Aus der Wurstbrühe wurde Knipp hergestellt, eine Grützwurst aus Hafergrütze.

Eine Spezialität war Klümp, ähnlich einer Blutwurst, die aber mit viel Roggenschrot angedickt wurde. In einer speziellen Stoffhülle gefüllt, ca. 10 cm dick und ca. 50 cm lang, war er fast trocken. In dicken Scheiben geschnitten wurde er gebraten und zu Bratkartoffeln gegessen. Ein einfaches, aber schmackhaftes Gericht.

Pinkel, eine Grützwurst, die im Raum Bremen sehr geschätzt wird, haben wir nicht hergestellt.

Für die Hausschlachtung war eine Genehmigung erforderlich. Bei unserem Personenstand war ein Schwein als Eigenverbrauch gestattet. Ein Schwein pro Jahr musste meines Wissens an den Staat abgeliefert werden (spätestens bis 1945).

Das war dann fort und wir hatten es mal gehabt.

Der Begriff „Schwein gehabt" kommt also daher. Es bedeutet aber eigentlich Glück. Mit unserem abgelieferten Bio-Schwein hatte die allgemeine Volkswirtschaft wirklich Glück.

Das Fleisch war ökologisch einwandfrei. Das Schwein nicht zu alt, keine unerlaubten Futterzusätze, der Bauchspeck gut durchwachsen. Es stammte nicht aus der Massentierhaltung, daher keine Impfungen, auch nicht mit Hormonpräparaten.

Alles was über die genannte Genehmigung geschlachtet wurde, galt als Schwarzschlachtung und war streng verboten. Es sei denn, es war eine Notschlachtung.

Das kann schließlich mal vorkommen – aber höchstens einmal im Jahr.

Ob meine Großeltern für das jährlich abgelieferte Schwein entschädigt wurden, ist mir nicht bekannt, ist aber anzunehmen beziehungsweise wäre mehr als gerechtfertigt gewesen.

Für die Schlachtung eines Schafsbocks im Jahr war meines Erachtens keine Genehmigung erforderlich. Das Fleisch wurde in Gläser eingekocht und zu Kohlsorten gegessen, Weißkohl schmeckte mit unserem „Hammelfleisch" besonders gut, mmh!

Unser täglich Brot

Wenn der bisherige Brotvorrat zur Neige ging, wenn der Knapp des letzten Brotlaibes mittlerweile so hart geworden war, dass die Kruste nur durch das Umwickeln eines feuchten Tuches etwas gefügiger wurde und wenn nur Onkel Klaus noch in der Lage war, erträgliche Schnitten in etwa gleicher Stärke mit dem großen Brotmesser zu schneiden, dann wurde es Zeit, Brot zu backen.

Gutes Roggenbrot konnte man durchaus beim Bäcker Deppe kaufen, aber dazu brauchte man Geld und das war knapp.

Unser täglich Brot bestand zu 100 % aus Roggenmehl und Roggen baute Opa an. Für den Anbau von Weizen war der Boden in der Gegend nicht geeignet. Die Roggenkörner brachte Opa zur Mühle, die sich an der Straße nach Glinstedt auf der rechten Seite befand. Wenn ich konnte, fuhr ich natürlich mit. Die Mühle wurde elektrisch betrieben, leider. Eine Windmühle hätte meiner Meinung nach auch an diese Stelle gepasst. Rundum waren große freie landwirtschaftlich genutzte Flächen. Den Mahlvorgang konnte man leider nicht sehen, die Körner wurden getauscht gegen Roggenmehl. Wir tauschten auch in Weizenmehl, für die Herstellung von Stuten und Butterkuchen. Den anfallenden Kleie-Anteil bekamen wir mit, der wurde zur Fütterung der Tiere benötigt. Nichts ging verloren.

Unser alter Backofen aus Eisenblech war seit längerem verrostet, an einigen Stellen bereits durchgerostet und daher nicht mehr funktionstüchtig. Onkel Klaus hatte daher mit einem Ofenbauer an seine Stelle auf der Diele einen größeren, aus Ziegeln und Lehm, gebaut. Dabei habe ich selbstverständlich zugesehen. Das Ergebnis war ein Kubus von 1,50 m Kantenlänge und ca. zwei Meter Höhe. er war ca. viermal so groß wie der alte Eisenofen. Die Backfläche war nunmehr ca. 80 x 80 cm3 groß.

Das Prinzip war, den Ofen so aufzuheizen, dass die gespeicherte Hitze nach dem Herausnehmen der Glut für das Backen von großen Brotlaiben aus Roggenmehl sowie für Stuten und evtl. noch für Plattenkuchen reichte. Im Herbst wurden danach noch Früchte, wie Zwetschgen, Apfel- oder Birnenscheiben, getrocknet.

Beheizt wurde mit Holz, nicht mit Torf. Trockenes Reisig, Zweige und Äste wurden dazu gesammelt. Das Anheizen dauerte mindestens eine Stunde.

Über mehrere Züge im Ofen zog der Rauch schließlich über den Abzug nach oben ab, stieg hoch bis zu der mit einem Zementputz verputzten Decke, wo die Schinken und Mettwürste hingen. Er zog dann durch die Heuluke bis zum Giebel hoch und durch das Giebelfenster hinaus.

Interessiert beobachtete ich die Vorbereitungen am Backtag. Tante Sine half mit. Am Abend vorher wurde der Brotteig nur mit Roggenmehl, etwas Salz, Wasser und Sauerteig vom letzten Backtag angesetzt und in dem Backtrog, mit einem Tuch zugedeckt, in der Küche an den warmen Ofen gestellt, zum Aufgehen. Am nächsten Tag wurde auch der Stutenteig aus Weizenmehl, Wasser und der Hefe, die ich bei Blendermann holen musste, hergestellt und ebenfalls zugedeckt an den warmen Ofen gestellt.

Der Hefeteig brauchte nur ca. zwei Stunden bis er backfertig war. Der Brotteig musste kräftig geknetet werden. Er wurde teils in Blechformen gegeben oder zu Laiben geformt. Auch der Stutenteig wurde geknetet und in Formen gelegt.

War der Backofen ausreichend aufgeheizt, wurde die Glut und die Asche aus dem Ofenloch mit einem Besen aus Birkenreisig entfernt und die Formen und Brotlaibe hineingegeben.

Der Stuten wurde zuerst herausgenommen, Oma wusste genau, wann der Stuten fertig gebacken war. Die Roggenbrote brauchten viel länger um gar zu werden. Die Formen und Laibe waren größer. Bei besonderen Anlässen kamen die Platten mit z.B. Butterkuchen, Zwetschgenkuchen oder Topfkuchen hinein, die Hitze musste ausgenutzt werden.

Das Brot duftete herrlich, der Stuten, mit Butter bestrichen, war ein Gedicht. Der Butterkuchen, ein für alle besonderen Gelegenheiten passendes Hefegebäck, wurde vor dem Backen mit Butter bestrichen und mit Zucker bestreut.

Das Verhältnis von Butter und Zucker war`s wohl, was den Unterschied im Geschmack ausmachte. Gleichzeitig durfte der Boden weder zu dick noch zu dünn sein.

Oma Hünken, so nannte man sie, die Großmutter von Erich Duls, war unbestritten die beste Butterkuchen-Herstellerin weit und breit. Sie wurde oft bei Familienfeiern engagiert, wenn`s besonders gut werden sollte.

Erstaunt war ich, dass Oma dem Mehl für den Topfkuchen noch zusätzlich Kartoffelmehl beimischte. Dadurch wurde er lockerer, aber auch trockener. Opa aß den Kuchen auf Roggenbrot mit Messer und seiner Gabel.

Das Kartoffelmehl haben wir selbstverständlich selbst hergestellt. Aus geriebenen rohen Kartoffeln wurde die Kartoffelstärke mit viel Wasser herausgewaschen. Sie setzt sich dann am Boden ab. Aus dem Extrakt einer Badewanne voll Kartoffelbrei war unser jährlicher Bedarf an Kartoffelstärke gedeckt.

Die Schule in Karlshöfen

Ich hätte mich lieber mehr auf dem Hof engagiert, musste aber zur Schule. Mutter hatte Christel und mich viel zu früh dort angemeldet. Damit war „Schluss mit Lustig".

Das war eine Umstellung größeren Umfangs, da wir seit Dezember 1944 nicht mehr zur Schule gehen konnten, weil unsere Schule zerbombt oder von Soldaten belegt war. War aber nicht zu ändern.

Diese Volksschule war, kritisch betrachtet, ein Unikum.

Die Schule in Karlshöfen (erbaut 1911, vor dem Umbau 1963)[32]

---

[32] Karlshöfen, Aus vergangenen Tagen, S. 177.

Sie bestand im Wesentlichen aus zwei großen Klassenräumen. Ein Raum für die ersten vier Schuljahre, dort wurde Christel unterrichtet. Ihre Lehrerin hieß Heli Meyer, sie war die Mutter meines Schulkameraden Johann (Hanni) Meyer. Der zweite Raum war für die Schuljahre 5 – 8 vorgesehen, dort wurde ich ausgebildet. Für unser Dorf war die Schule wohl bisher ausreichend groß genug. Für mich war sie bisher die Kleinste, die ich erlebt habe.

Mein Klassenlehrer war eine Klasse für sich. Er hieß Puffarth und meisterte die Aufgabe, vier unterschiedliche Schuljahrgänge gleichzeitig zu unterrichten, bravourös. Er war dabei allerdings nicht zimperlich, ein Rohrstock war immer in der Nähe, er befand sich im einzigen Schrank des Klassenzimmers, neben dem Ofen, sozusagen immer griffbereit.

Zimperlich durfte er auch nicht sein, denn unsere Jahrgänge waren ein zusammengewürfelter Haufen unterschiedlicher landsmannschaftlicher Herkunft, quer durch Deutschland, mit den hieraus gewonnenen Lebenserfahrungen.

Vertrieben, wie die Gebrüder Schickschneidt, Fritz Schatull und Wilma Jesse. Oder ausgebombt, wie Hella und Hans Schrickel aus Hamburg oder ich. Probleme bei meiner Integration gab es nicht. Ich wurde sofort akzeptiert, nachdem ich den Hintergrund meines Hierseins geschildert hatte.

Puffarth kannte alle Tricks. Vor einer Klassenarbeit in Geschichte hat er mir mal ein Radiergummi überreicht und gesagt: „Jetzt radier mal sofort die Geschichtszahlen auf deinem Pult aus, so schlau wie du bin ich schon lange". Schade, ich hatte sie sorgfältig für alle Fälle mit Bleistift auf mein Pult geschrieben. Von der Seite konnte man sie lesen, während sie ansonsten kaum zu sehen waren. Den Trick kannte er. Die Klassenarbeit habe ich aber trotzdem gut hingekriegt.

Man erzählte sich, er wäre von einer Mittelschule aus Hamburg-Harburg nach Karlshöfen versetzt worden. Uns hätte rückblickend nichts Besseres passieren können. Wer wollte, konnte viel lernen, allerdings wurde wenig diskutiert, sondern konzentriert gelehrt und gepaukt. Das kam mir entgegen, denn auf dem Hof meiner Großeltern wurde ebenfalls mehr getan als geredet. Einen Spruch von ihm habe ich noch heute im Gedächtnis: „Dich darf man nicht loben, du hörst sofort auf, dich anzustrengen."

Im Klassenraum befand sich ein Ofen, der mit Torf beheizt wurde. Den Torf mussten Schüler aus dem Dorf mitbringen. Die unterschiedlichen Anforderungen im Klassenraum waren manchmal störend, öfter lästig, lenkten ab. Positiv denkend könnte man sagen, durch die Wiederholungen vertiefte sich aber auch das früher Gelernte. Der angebotene Lernstoff hat mich im Übrigen nicht überfordert.

Der Unterricht wurde später häufig von Fliegeralarm unterbrochen, dann mussten die Schüler, die nicht in der Nähe der Schule wohnten, sich im Dorf verteilen. Wir waren dabei öfter bei Johann Meyer auf dem Hof und in der Scheune, spielten Fangen oder Fußball. War der Alarm vorbei, gingen wir wieder zurück in die Schule.

Ein Fach war für mich völlig neu: „Gartenarbeit". Auf meinen diversen Schulen war das bisher noch nicht vorgekommen, die Arbeiten allerdings waren nicht neu und kein Problem. Wir hatten einen Schulgarten, erinnern kann ich mich nur an die Reparatur des Zaunes dafür.

Die Schule befand sich am Ende des Dorfes von uns aus gesehen. Der Weg dahin war weit, ich schätze drei Kilometer, das macht zusammen sechs Kilometer Schulweg jeden Tag „bei Wind und Wetter". Natürlich zu Fuß. Es fuhren weder Linien- noch Schulbusse.

Wir waren zu acht, die sich jeden Morgen trafen (auch samstags) und mehr oder weniger zusammen nach Karlshöfen trabten, nämlich: Herbert Kück (Schlohen), Walter Schröder und ich. Renken kam über unsere Weiden erst bei mir vorbei. Dann gingen wir zu Erich Duls, danach zu Hans-Heinrich Blanken, dann zu dessen Cousin Werner Kück. Dann kam Alfred Schlüter, Jordan, und kurz vor Karlshöfen noch Teschner dazu.

Die meisten von uns trugen Holzschuhe, ich auch. Wenn sie gut passten, waren sie nicht zu verachten, vor allem im Winter. Wir haben sogar Fußball mit ihnen gespielt. Man konnte mit der Innenseite sehr genau schießen. Schuhe waren Mangelware. Einmal habe ich Turnschuhe bekommen, das war eine Ausnahme. Die Sohlen waren aus Gummi, oben Stoff, braun, angeblich bekam man von ihnen Schweißfüße. Bei Holzschuhen war das ausgeschlossen.

In der Stube

Meine oft umfangreichen Hausaufgaben erledigte ich in der Stube. Zu Hause hätten wir Wohnzimmer dazu gesagt. Sie erreichte man ebenfalls von der Küche aus. Die Inneneinrichtung bestand aus einem Sofa, einem ovalen Tisch davor mit vier Stühlen und einem Wohnzimmerschrank (Kommode), auf dem das Radio stand.

Links von der Eingangstür stand unser ca. zwei Meter hoher gusseiserner verzierter Ofen, der über der Feuerstelle noch ein Fach hatte für z. B. Bratäpfel etc. mit einer kleinen Tür. Rechts neben dem Ofen stand der Ohrensessel von Opa, auf der anderen Seite des Ofens der Kasten mit dem Brenntorf.

Rechts neben Opas Ohrensessel befand sich die Tür zum Schlafzimmer meiner Großeltern. Das war relativ klein, ca. drei mal drei Meter groß, darin zwei getrennte Betten rechts und links. In der Mitte war der Gang, rechts war das Fenster. An der Wand gegenüber der Tür hing ein gerahmter Kasten mit verzierter Glasfront, darin lag fein drapiert der Schleier, den Oma zur Hochzeit getragen hat, nebst Myrtenkranz.

Es befanden sich noch zwei weitere Zimmer im Haus, ebenfalls ausgehend von der Küche, wohl vorgesehen für die Familie von Onkel Klaus. Man ging durch den ersten der hintereinanderliegenden Räume, der mit einem Vertiko, einem großen Kleiderschrank und einem runden Tisch mit mehreren Stühlen möbliert war in den zweiten Raum. Das war das Schlafzimmer von Onkel Klaus mit einem großen alten Doppelbett, für ihn und mangels einer Ehefrau auch für mich. Ein Vertiko und ein großer Schrank befanden sich auch noch darin. An die Matratzen kann ich mich noch gut erinnern, sie waren mit Stroh gefüllt, wie das damals in den Bauernhäusern wohl üblich war.

In der Stube hielten wir uns am meisten auf, bevor wir zu Bett gingen. Hier stand auch das Spinnrad, mit dem die Wolle versponnen wurde, die wir von unseren Schafen bezogen.

Schafe waren für uns sehr nützlich. Sie wurden einmal im Jahr im März oder April geschoren. Das geschah von Hand mit einer uralten Federschere. Eine elektrische Schere wird es bestimmt gegeben haben, aber nicht bei uns. Die Wolle wurde nach dem Scheren gewaschen und getrocknet. Vor dem Verspinnen im Wohnzimmer wurde sie von Onkel Klaus mit zwei dafür vorgesehenen Kratzern, in jeder Hand einen, zu einem luftig leichten Wollbausch aufgekratzt. Es war erstaunlich, wie dadurch aus einer Handvoll Wolle ein länglicher Bausch in ca. zwanzigfacher Größe entstand, den Oma mit ihrem Spinnrad zu Fäden versponn. Sie hatte eine große Fertigkeit darin aufgrund jahrzehntelanger Ausübung. Dadurch war ihr rechter Daumen breiter und flacher geworden als ihr linker.

Die fertige Wolle wurde anschließend mit einer Haspel aufgewickelt und damals oft schwarz gefärbt. Verarbeitet wurde nur Wolle von den eigenen Schafen. Opa, in seinem Sessel sitzend, strickte u.a. daraus Socken. Dabei unterhielt man sich, sprach über die Ereignisse des Tages oder erzählte Geschichten.

Natürlich habe ich versucht, mir diese Fertigkeiten auch anzueignen. Der wechselnde Erfolg trug zur Aufheiterung in schweren Zeiten bei. Aufkratzen ging ganz gut. Beim Socken stricken hatte ich große Schwierigkeiten mit der Hacke. Spinnen war nicht so mein Fall, ich weiß aber, wie es geht.

Oft ruhte man sich in der Stube abends lediglich von der Arbeit aus. Dann wurde auch mal das Licht ausgemacht, der Lichtschein des flackernden Ofens drang durch die Ritzen des Ofens in den Raum und erzeugte eine ganz besondere ruhige und besinnliche Stimmung. Dieses Bild habe ich heute noch vor Augen.

Wenn doch dieser verdammte Krieg nicht wäre. Die Nachrichten im Radio waren stets positiv gehalten, unsere U-Boote waren immer noch sehr erfolgreich, aber die Alliierten hatten Belgien genommen und standen fast am Rhein. Da konnte man ins Grübeln kommen. „Sollen wir mal Radio London …" Onkel Klaus unterbrach mich sofort: „Das kommt nicht in Frage, hörst du, Schluss damit!" „Ja."

Gebannt hörte ich zum ersten Mal, dass der verheerende nächtliche Luftangriff auf Hamburg, dieses Flammeninferno Ende Juli 1943, so hell leuchtete, dass unser Leiterwagen auf dem Hof einen Schatten warf. Das waren über 60 Kilometer Entfernung. Was mussten die Menschen dort gelitten haben. Da waren wir noch glimpflich davongekommen.

Meine Mithilfe auf dem Hof

Ich musste mich auf dem Hof selbstverständlich nützlich machen. Meine Hilfe war insbesondere gefragt, als Onkel Klaus zum Volkssturm eingezogen wurde und Berta nicht mehr da war.

„Kinderarbeit" war übrigens in der Gegend seinerzeit keinesfalls verpönt. Es regte sich nicht nur keiner darüber auf, sondern sie war dringend notwendig, fast selbstverständlich.

Für mich war die Mithilfe eine große Selbstbestätigung. Ich machte das sehr gern und empfand eine große Genugtuung, dass ich Aufgaben übernehmen und bewältigen konnte, die dringend der Erledigung bedurften.

Zu allererst habe ich gelernt, dass unser Nutzvieh immer Vorrang hatte. Unser Wohl und Wehe hing nicht unwesentlich von ihrem Befinden ab. Erst wenn sie versorgt waren, gab es Ruhepausen bzw. konnte man an andere Aufgaben herangehen.

Meine Möglichkeiten und daraus resultierend auch meine Pflichten bestanden, was den Stall anbetraf, zu Anfang meiner bäuerlichen Ausbildung im Wesentlichen aus dem abendlichen Füttern der Kühe, Schafe und des Pferdes. Da es noch Winter war, musste ich das Heu vom Boden durch die Luke auf die Diele werfen und an die Tiere verteilen. Der Heuboden, direkt unter dem Dach, auf dem auch Stroh und

Korn gelagert wurde, nahm die ganze Fläche des Hauses ein, auch über dem Wohntrakt, unterbrochen nur durch die Luke mitten über der Diele und den Zugang über die fest installierte große Leiter neben der Abstellkammer.

Das Hinunterwerfen und Verteilen ging verhältnismäßig flott, aber danach wurde es ernst für mich. Die Kühe bekamen gewaltigen Durst, der unbedingt gestillt werden musste, auch im Hinblick auf die Milchproduktion. Pro Kuh mussten zwei Eimer voll Wasser herangeschleppt werden. Das war mühevoll, auch mit dem Tragseil[33], denn die Pumpe lag ca. 30 Meter Laufweg von den Viechern entfernt. Wenn ich dann sah, wie jede Kuh (ich bin immer mit der Schwatten angefangen, dann gab es keinen Ärger unter ihnen) kurz das Wasser abschmeckte und dann mit Leichtigkeit in zwei, höchstens drei Zügen den Eimer leerte, war ich stets frustriert. Aber auch fasziniert, wenn ich den Weg meines mühevoll herangeschleppten Wassers über den Hals in ihren massigen Körper verfolgen konnte.

Wegen des ursächlichen Zusammenhangs wurde ich auch öfter mit der täglichen Beseitigung des am hinteren Ende der Milchproduzenten auftretenden Auswurfes beauftragt.

Die Streu für die Kühe bestand aus getrocknetem Weißtorf. Wir besaßen im Berghöpener Moor in Barkhausen ein ca. ein Hektar großes Wiesen- und Moor- (Torf-) Grundstück. In dieser Gegend gibt es nur Weißtorf, in einer Mächtigkeit in unserem Abbauteil von ca. 2,50 m. Darunter war Sand. Hier stach Onkel Klaus die sogenannten Soden. Diese Torfstücke waren etwa 40 cm lang und 15 x 15 cm dick. Er hatte hierfür besondere Messer und Spaten in entsprechender Breite und Länge. Der Torf war heller als der Brenntorf und war zunächst sehr weich. Wenn er in der Sonne getrocknet war, wurde er außen grau-weiß und z. T. ziemlich hart. Zum Heizen war er nicht gut geeignet, deshalb wurde er hauptsächlich als Streu im Kuhstall verwendet. Als Verbesserung des schieren Sandbodens war er allerdings auch gut zu gebrauchen. Das Charakteristische am Weißtorf war, dass man in den Torfsoden aber auch besonders am Torfstich noch gut Pflanzenfasern erkennen konnte, die noch nicht gänzlich vertorft waren. Größere und kleinere Fasern von Baumästen zum Beispiel. Wir nannten diese Fasern „Kalkfleisch". Woher diese Bezeichnung stammt ist nicht belegt. Im Internet habe ich nichts darüber gefunden. Wir Jungen haben dieses Zeug geraucht – in Zeitungspapier gerollt und mit Spucke geklebt. Es schmeckte fürchterlich.

Die Soden mussten für die Streu im Zerreißwolf mit großem Schwungrad und Kurbel an der Seite zerkleinert werden. Sie waren manchmal sehr hart, da musste

---

[33] Ein Querholz über der Schulter mit je einer Kette an den Seiten mit Haken für die Lasten.

man sich anstrengen. Opa und Onkel legten Wert darauf, dass die Kühe sauber und ordentlich aussahen. Sie durften nicht in ihrem eigenen Dung liegen. Die Kühe mussten gepflegt werden, schließlich waren sie ja unser wichtiger Milchlieferant. Onkel Klaus hat sie jeden Morgen gemolken.

Von der frisch gemolkenen Milch bekamen zunächst die Katzen etwas zu trinken in ihre spezielle Schale. Die warteten bereits jeden Morgen ungeduldig auf diese leckere Speise. Katzen waren für die Jagd auf die unvermeidlichen Mäuse notwendig.

Die Milch wurde aus dem Melkeimer über ein besonderes Seihetuch in die Milchkannen gefüllt, die jeden Morgen immer an die gleiche Stelle an der Straße gestellt wurden. Die Milchkannen hatten Nummern um sie aueinander halten zu können, unsere war 476. Ein spezieller flacher 1-PS-Pritschenwagen mit Gummibereifung fuhr sie nach Gnarrenburg zur Molkerei und brachte sie auch gegen zehn Uhr auf seiner Route gefüllt mit entsprechender Menge Magermilch an die gleiche Stelle zurück. Auch sonntags, wenn ich mich nicht irre, denn wir hatten keinen Kühlraum und die Kühe mussten gemolken werden.

Wenn ich nicht in der Schule war, habe ich die Kannen mit der Schubkarre ins Haus geholt. Die Magermilch wurde in einen Holzbottich geleert und diente, vermengt mit Speiseresten, als Schweinefutter. Die Milchkannen wurden danach sofort gereinigt und geschrubbt, sie mussten peinlichst sauber gehalten werden. Sie wurden anschließend in der Waschküche über schräg nach unten angebrachte Holzstöcke gestülpt.

Die Waschküche lag vom Hauseingang her gesehen links. In der Waschküche links befand sich das große Spülbecken mit Abfluss nach draußen in die Natur. Links daneben die Geschirrablage, darüber der Spiegel, rechts daneben ein Regal, auf dem drei Wassereimer nebeneinander standen, deren Füllung aus der Pumpe von mir erwartet wurde. In einem der Eimer hing eine große Suppenkelle, mittels derer man auch jederzeit seinen Durst stillen konnte.

Über dem Waschbecken war das Fenster. Darunter und auch vor Kopf Regale für die Küchenutensilien. Erwähnen möchte ich noch den Steintopf auf dem Fußboden (aus Beton-Estrich), in dem Opas Priemtabak lagerte, bis er in seiner Tabaksdose landete und die er immer dabei hatte. Diese Dose war aus Stahl, glänzend, aber verbeult, die hatte er einmal beim Ausmisten des Schweinestalls verloren. Die Schweine haben versucht sie zu knacken. Ob der „schwarze Krause", den ich von Blendermann holen musste, ihnen geschmeckt hätte?

Einen Vorratskeller z. B. für Kartoffeln, Eingemachtes, eingelagertes Obst, Rote Beete und Sauerkraut gab es auch im Haus. Er war ca. drei mal vier Meter groß und befand sich unter der Stube. Unterhalb des einzigen Fensters der Küche befand sich eine ein mal zwei Meter große hölzerne Klappe, mittels der man ihn erreichte. Normale gemauerte Treppenstufen führten hinunter. Da unten war es verhältnismäßig kühl und trocken. Kühltruhen gab es damals bei uns nicht.

Torfstechen

Interessant und neu war meine Mithilfe bei der Brenntorfgewinnung, das heißt beim Torfstechen.

Im Teufelsmoor wird seit Jahrhunderten Torf abgebaut. Torf war billiger als Holz und begehrt in jedem Haushalt damals zum Heizen und Kochen. Torf wurde in speziellen Torfkähnen über die Entwässerungskanäle in die Hamme, dann in die Weser, sogar bis nach Bremen verschifft.[34]

Meine Großeltern hatten seit vielen Jahrzehnten wie viele andere Bewohner im Ort ein Recht zur Torfgewinnung im Findorfer Moor gepachtet, in nächster Nähe unseres Hofes. Dort gab es Torf der besten Qualität, den Schwarztorf. Die Bezeichnung entspricht weitestgehend seinem Aussehen. Je tiefer der Torf gelagert ist, desto älter ist er, desto dunkler wird er und desto länger und besser brennt er.

Gespannt fuhr ich mit Opa vor Ort. Er erklärte mir kurz die Sachlage. Onkel Klaus und er hatten die Heide und den Abraum über dem Teil des Torfs, der im Jahr gestochen werden sollte, entfernt. Darüber hinaus hatten sie bereits die obere Torfschicht, als Soden geschnitten, abgebaut und seitlich zum Trocknen gelagert. Jetzt ging es darum, sogenannte Bülten mit dem Torfspaten zu stechen und herauszuheben. Das hieß, Opa arbeitete sich senkrecht nach unten in den weichen dunklen und nassen Torf hinein.

Er stach mehrfach zu und mit dem letzten Stich brach er in Spatentiefe den Torf ab und warf ihn nach oben. Dort stand ich, um die nassen Bülten aufzufangen und auf unsere hölzerne „Torf-Schufkor" (eine Schubkarre ohne Kasten) zu legen. Nach kurzer Einarbeitung schaute Opa gar nicht mehr nach oben, sondern verließ sich darauf, dass ich die schweren Dinger schon auffing. Das ging zügig vonstatten, bis die Schubkarre voll war. Dann habe ich den Torf seitlich abgefahren und zum Trocknen ausgelegt. Dann ging es weiter.

Wenn ich nicht aufpasste, bekam ich den Bülten vor die Brust oder an den Kopf. Es gab schließlich immer was zu sehen dort. Das ging mehrere Stunden so. Pausen gab es, wenn Opa eine neue Reihe herrichtete. Man musste sich beeilen, denn je

---

[34] Karlshöfen, Aus vergangenen Tagen, S. 152 ff.

tiefer man kam, desto eher lief die Torfkuhle voll Wasser. Beim Schwarztorf war der „Two" der allerbeste. Two bedeutete zwei, d.h. dieser Torf kam aus einer Tiefe von mindestens zwei Metern.

Nach getaner Arbeit ist gut ruh'n. Wir waren sichtbar erfolgreich, aber auch müde. Für Opa war es Schwerstarbeit.

Bevor der Brenntorf trocken war und in der Scheune hinter dem Haus gelagert werden konnte, musste er noch mehrfach zum Trocknen gewendet bzw. umgelagert werden und zum Schluss zu einem Haufen an Ort und Stelle aufgestapelt werden. Der Haufen wurde nach oben spitz zulaufend gebaut, damit der unvermeidliche Regen ihn nicht durchnässen konnte. Überall sah man diese typischen Torfhaufen.

In der Gegend haben wir auch Heidekraut mit einer speziellen kurzen Sense gehauen und an die Kühe verfüttert. Ich war erstaunt, dass sie das fraßen und wie sie mit dem Gestrüpp fertig wurden.

Egal wie und wo meine Mithilfe benötigt wurde, ich war mit Eifer dabei, ausgenommen ich hatte ein spannendes Buch zur Hand. Selbstverständlich habe ich auch bei der Ernte geholfen, da wurde jede Hand benötigt. Das Getreide wurde mit der Sense gemäht. Das Binden der Garben mit den gemähten Halmen habe ich schnell kapiert. Aber selbst mit der Sense zu mähen, insbesondere beim Grasmähen, bereitete mir ziemliche Schwierigkeiten, so oft und so gerne ich es auch versucht habe.

Tier und Mensch

Abgesehen von den Schweinen, machte mir der Umgang mit unseren Tieren besondere Freude. Ihr Verhalten hat mich immer sehr interessiert. Die Sprüche wie „dumme Kuh" oder „blödes Schaf" kann man meiner Meinung nach getrost vergessen, man muss sich nur näher mit ihnen befassen.

Mich hat stets fasziniert, wie selbstverständlich unser Pferd zu seinem Stall zurückfand, egal ob wir mit ihm in Glinstedt, in Gnarrenburg oder im Karlshöfener Moor waren. Ein „hü!", und alles ging von selbst. Man brauchte es nicht anzutreiben, insbesondere wenn es abends oder kalt war. Für mich war das neu, für Opa oder Onkel Klaus eine Selbstverständlichkeit.

Unser verbliebenes Mutterschaf musste ich regelmäßig zum Grasen auf unsere verschiedenen Wiesen bringen. Mittels eines Eisenstabes mit einer längeren Kette am Halsband habe ich es an Ort und Stelle angepflockt und auch abends wieder zurückgeholt. Nach mehrmaligem „Ausführen" lief das Schaf brav neben mir her.

Blieb ich stehen, stand es auch. Rannte ich los, lief es mir hinterher. Meine Schulkollegen waren beeindruckt und ich war stolz.

Als ich es zu unserem Grundstück in Nähe der Mühlenbrücke führte, kam Renken mit dem Fahrrad vorbei. Ich demonstrierte meine Dressur und gab ihm den Pflock in die Hand.

„Wenn ich jetzt loslaufe, dann zieht dich das Schaf und du brauchst nicht zu trampeln", lockte ich ihn. „Denn man los."

Ich lief los, das Schaf hinter mir her. Ich wurde immer schneller, das Schaf galoppierte. Renken lachte und freute sich riesig. „Schneller!", rief er.

Dann waren wir in Nähe unseres Grundstücks angekommen und ich sprang nach rechts über den Straßengraben, das Schaf hinter mir her. Renken ließ nicht rechtzeitig los und stürzte koppheister, also kopfüber in den Graben. Mit gemischten Gefühlen sah ich zu, wie er unter seinem Fahrrad hervor krabbelte. „Ist dir was passiert?", fragte ich scheinheilig. „Nee, nee, nee, so'n Schiet", jammerte er und fuhr angesäuert nach Hause. Besonders verletzt waren er und sein Fahrrad nicht, aber unsere Freundschaft hat darunter gelitten. Das renkte sich aber bald wieder ein und wir besuchten uns gegenseitig. Erinnern kann ich mich nur wenig an das Haus seiner Eltern an der Barkhauser Straße. Vielmehr kann ich mich an den Ziehbrunnen hinter dem Haus erinnern. Der Grundwasserstand war relativ hoch und es befand sich hellbraunes Wasser darin. Das Wasser war durchaus trinkbar, ich habe es probiert. An die braune Farbe musste man sich erst gewöhnen. Bei Renkens senkte sich die Geest bereits zum Barkhauser Moor hinab.

Wir hatten Hintern Berg in Nähe der Flugwache eine Wiese, die am Zuweg nicht eingezäunt war. Wenn die Heuernte vorbei war und das Gras sich erholt hatte, musste ich unsere drei Kühe morgens nach dem Melken dorthin treiben, tagsüber auf sie aufpassen und sie abends wieder nach Hause bringen. Das ging natürlich nur in den Ferien und so lange, bis das Gras dort von ihnen abgegrast war.

Ich hatte keine Probleme mit ihnen. Auf dem Hinweg zur Wiese nahmen sie ab und zu unterwegs den einen oder anderen Grasbüschel am Wegesrand gerne mit, sie trotteten aber immer schön weiter. Sie schienen zu wissen, wo es hinging. Abends auf dem Rückweg gingen sie schnurstracks zum Haus und in den Stall auf ihre angestammten Plätze.

Da die Kühe auch bei Hitze und Regenwetter Hunger hatten, musste ich mir eine Schutzhütte bauen, möglichst mit Sitzgelegenheit, denn ich wollte nicht den lieben langen Tag im Regen stehen oder in der Hitze schmoren. Ich habe mir also einen Unterstand aus mehreren langen Holzstangen gebaut, der den Wigwams der amerikanischen Indianer ähnlich sah. Mit Torfsoden an den Seiten und einer wasserfesten Plane aus ehemaligen Militärbeständen oben war mein Wigwam bei Regen und Hitze nicht zu verachten. Ein Brett auf zwei Holzklötzen war meine Sitzgelegenheit. Durch den Eingang Richtung Wiese hatte ich meine Kühe immer im Blickfeld.

Die Kühe fingen regelmäßig vorne am Weg an zu grasen und arbeiteten sich langsam zum Ende der Wiese hinunter und dann wieder zu mir zurück. Ich hatte stets den grauen Militär-Brotbeutel von Onkel Klaus mit dem Schulterriemen für meine Brote, Äpfel und natürlich auch ein Buch mit dabei. Es war meistens sehr gemütlich, in der freien Natur zu sein und gleichzeitig ganz in Ruhe eine interessantes Buch lesen zu können, lediglich unterbrochen durch einen aufmerksamen Blick auf meine kleine Herde.

Es muss wohl ein sehr spannendes Buch gewesen sein, denn als ich wieder mal nach meinen Kühen schaute, waren sie nicht mehr da. Ich bekam einen gehörigen Schreck und lief den Feldweg Richtung Heimatstall entlang, doch sie waren nicht zu sehen. Ich lief wieder zurück – und dann sah ich sie. Das Steckrübenfeld gegenüber unserer Wiese hatte sie angelockt. Raffiniert wie sie waren, sind sie bis zu einer Senke etwa in der Mitte des Feldes gewandert und haben erst dort das große Fressen veranstaltet. Sie bissen von oben in die Blätter, rissen die Steckrüben aus dem Boden, schüttelten ihre Beute so lange, bis die Steckrübe abfiel, und verschlangen dann mit Behagen die frischen Blätter.

Es sah verheerend aus, was sie angerichtet hatten. Ich trieb sie so schnell ich konnte aus dem Feld und auf unsere Wiese. Sollte der Eigentümer erfahren, dass das unsere Kühe gewesen waren, dann gab es riesigen Ärger für mich, das war klar. Ich schaute mich um, kein Mensch weit und breit zu sehen.

Wieso hatte ich nicht aufgepasst? So'n Schiet! Kann es daran gelegen haben, dass ich die Begegnung der besonderen Art kurz zuvor noch im Hinterkopf hatte? Vorausgegangen war nämlich einige Tage zuvor Folgendes: Während ich tief in mein Buch vertieft war, erschien wie aus dem Boden gestampft ein Bursche vor mir. Ich war ziemlich überrascht, hatte mich bisher noch nie jemand dort aufgesucht. Was mir einen gehörigen Schrecken einjagte war, dass er in der rechten Hand ein längeres spitzes Messer hatte und wie ich Sekunden später bemerkte, in der linken Hand ein Bügeleisen älterer Bauart. Im Nu sprang ich von meinem Sitz auf, das Buch fiel auf den Boden. Dann sah ich in sein Gesicht und bemerkte sofort, dass der Junge nicht ganz klar im Kopf war. War der Seltsame deshalb harmloser oder gefährlicher für mich? Da er zwar kleiner aber älter und kräftiger als ich war, hieß es vorsichtig zu sein. Wie selbstverständlich sprach er mich auf Platt an: „Kanst du mi helpen?" „Ich kann's versuchen", sagte ich betont ruhig, um ihn nicht zu reizen. Er reichte mir das Bügeleisen der Sorte, welches mittels eines Eisenkeils aufgeheizt wird. Der Eisenkeil wird im Ofen zum Glühen gebracht und dann in das Innere des Bügeleisens gelegt. Ist das Fach verschlossen, dass er nicht hinausfällt, kann man damit bügeln. Ich kannte diese Technik. „Was ist damit?" fragte ich ihn. „Dat is kaputt, dat hef ick funden." Das Bügeleisen war völlig verrostet. Der Eisenkeil saß fest. Er gab mir das Messer. Ich kratzte in den Fugen um den Rost zu entfernen, vergeblich. Dann klopfte ich mit einem Stein darauf, um den Keil zu lockern. Das hat ihm nicht gefallen. Wortlos nahm er das Messer und das Bügeleisen an sich und trollte sich von dannen. „Versuch es mal mit Öl" rief ich ihm noch nach, aber er reagierte nicht darauf. Erleichtert blieb ich zurück, er war wohl doch harmlos, der arme Kerl.

Als ich die Kühe nach Hause trieb, habe ich mir das Steckrübenfeld noch mal angeschaut. Vom Rand aus deutete nichts darauf hin, dass inmitten des Feldes ein Massaker unter den Rüben stattgefunden hatte. Ich habe mich gehütet, den Vorfall zu beichten, das Risiko aufzufallen war nur dank meiner schlauen Kühe nicht groß. Ein Nachspiel hat es Gott sei Dank nicht gegeben.

Spökenkieker

Andere Länder andere Sitten, sagt man. Als ich meiner Cousine Meta in Findorf beim Äpfelpflücken half und mich, auf der Leiter stehend, anstrengte, auch noch den letzten Apfel am äußersten Ende eines Astes zu pflücken, sagte sie zu mir: „Den kannst du hängen lassen, der ist für die Geister!" Ich sah sie entgeistert an. „Das ist nicht dein Ernst, oder?" „Doch doch, das ist hier so üblich", sagte sie. Ich habe den Apfel hängen lassen, versteht sich, aber später noch lange darüber nachgedacht.

Übersetzt man Geister in „Natur", gefällt mir diese Sitte sehr. Heute, nachdem ich eigene Obstbäume habe, achte ich sehr darauf, nicht auch noch die letzte Frucht eines Baumes oder Strauches abzupflücken. Der Natur, die uns Menschen so reich beschenkt, muss man nicht auch noch die letzte Frucht wegnehmen.

Es gibt Dinge zwischen Himmel und Erde, die man nicht erklären kann. Im Dorf gab es eine Person, die Rat wusste für viele Probleme, die mit den herkömmlichen Mitteln nicht gelöst werden konnten.

Onkel Klaus hatte vor Jahren eine Kuh, die sich plötzlich nicht mehr melken ließ. Da war guter Rat gefragt, und für die Kuh war die Sache äußerst schmerzhaft. Da Opa und er alles Erdenkliche versucht hatten, und Onkel Klaus befürchtete, die Kuh würde verenden, bat er um Hilfe bei dem „Naturversteher", und dieser wusste

Rat. Was schließlich zu der Lösung des Problems beitrug, habe ich nicht zu fragen gewagt.

Meine besagte Cousine hatte eine Tochter, die nicht mit den anderen Kindern zur Schule gehen wollte. Ihre Mutter musste sie täglich mit dem Fahrrad zur Schule fahren. Das ging fast ein Jahr so. Alles Zureden half nichts, und meiner Cousine war der tägliche Transport inzwischen sehr lästig geworden. Sie wandte sich, Rat suchend, an den Ratgeber. Den hat sie bekommen. Am nächsten Tag war ihre Tochter morgens beim Frühstück schon sehr aufgeregt. „Mama, ich muss mich beeilen, die Schulfreundinnen kommen gleich und ich will doch mit ihnen gehen."

Was sagt man dazu? Mein Schwager in Oer-Erkenschwick hatte sich eine Schuppenflechte zugezogen, die bekanntlich sehr hartnäckig ist und die ihn quälte. Als letzten Ausweg aus seiner Misere beschloss er auf Anraten, sein Heil in Karlshöfen zu suchen und zu finden. Er fuhr dort hin und die Qualen wurden auch etwas geringer. Ich war sehr neugierig und wollte Näheres wissen: „Was hat der Wunderheiler dich gefragt und welchen Rat hat er dir gegeben?" „Er wollte zunächst wissen, was ich beruflich mache. Als ich ihm erklärte, dass ich als Kücheneinbauer tätig und viel unterwegs bin, fragte er, was ich denn unterwegs normalerweise äße. Als ich gestand, dass es mehrfach in der Woche Pommes mit Bratwurst etc. gäbe, war für ihn die Sache klar." „Die Ursache für ihre Schuppenflechte ist das alte schwarze Fett oder Öl ihrer Pommesbude. Lassen Sie das alte Fett weg und essen sie was Anständiges, frisch Gekochtes durch ihre Frau und nehmen es mit auf Montage", sagte er.

Ich finde, das war ein kluger und nachvollziehbarer Rat, aller Ehren wert. Die Schuppenflechte ist aber wieder aufgetreten bei ihm. Vielleicht hat er den guten Rat nicht beherzigt und er ist rückfällig geworden, wer weiß.

Ein Ausflug mit Hermann

Mein Cousin Hermann, drei Jahre älter als ich, war bereits aus der Schule und aus dem Haus. Wegen der immer näher kommenden Front war er nun wieder zu Hause. Eines Tages kam er zu mir auf den Hof unserer Großeltern und fragte mich, ob ich mitginge zu dem Kriegsgefangenenlager nach Sandbostel. Ich war interessiert: „Es gibt hier ein Kriegsgefangenenlager? Davon habe ich noch nie etwas gehört." „Ja, in Sandbostel". „Ist das weit?" fragte ich ihn. „Schon, aber es ist gut zu schaffen."

Ich ließ mich überreden und wir gingen los. Es zog sich hin, Stunde um Stunde und es war ziemlich warm an dem Tag. Eine Landkarte hatten wir natürlich nicht.

Hermann brauchte keine, er kannte sich aus. Ich hatte keine Ahnung, wo Sandbostel lag, jedenfalls lag es weiter weg als Hermann mir erzählt hatte. Endlich kamen wir an. Ich kann mich nur noch an mehrere große Steine inmitten eines Platzes hinter Stacheldraht erinnern, an denen viele junge Männer mit den braunen Hosen fremder Uniformen standen und zu uns hinüber blickten. Wegen der Wärme hatten die meisten ihre Uniformjacken in der Frühlingssonne nicht an. Ich legte mich etwas enttäuscht und müde vom Wandern rücklings auf den Boden. „Hermann, wir müssen zurück, die Sonne steht schon tief." „Ja, ja, wir können ja noch um das Lager herumlaufen, da sehen wir noch mehr und dann gehen wir." „Nein, auf keinen Fall, wir müssen nach Hause." Mir fiel ein, ich hatte zu Oma nicht gesagt, dass wir einen solch weiten Fußmarsch machten wollten. „Die hätten uns nicht weggelassen, wenn wir gesagt hätten, wo wir hinwollten", bemerkte Hermann. „Wohl wahr", sagte ich, „aber das gibt Ärger, verlass dich drauf. Wir müssen jetzt zurück." „Denn man los."

Hermann war gut zu Fuß, ich eigentlich auch, aber nun mussten wir gegen die Zeit laufen. Es wurde dämmerig und uns dämmerte, dass wir erst spät im Dunkeln zurück sein würden. „ Ich glaube, wir haben uns verlaufen". „Nein, nein, aber jetzt, wo es dunkelt, können wir nicht mehr durch das Moor abkürzen, nu müssen wir die Straßen und Wege lang laufen", sagte Hermann. Nach neun Uhr, es war schon dunkel, kamen wir an, völlig fertig. Hermann, der Urheber unserer Safari, wollte schnurstracks nach Hause. Wir wurden jedoch von Onkel Klaus empfangen, der seit Stunden nach mir gesucht und gepfiffen hatte. Er war gerade dabei, die Reifen seines Fahrrades aufzupumpen, um weitere Suchkreise schneller absolvieren zu können. Man hatte sich Sorgen gemacht, unnötige, wie ich meinte. Bevor wir Erklärungen abgeben konnten, machte ich schon Bekanntschaft mit einem Stock. Hermann bekam eine Backpfeife. Oma ging dazwischen. „Nun iss erst mal was, wo warst du?" Ich erzählte unsere Erlebnisse: „Hermann war schuld, ich hatte keine Ahnung, wie weit Sandbostel entfernt ist. Der hat mich überredet mitzugehen." „Über zehn Kilometer Luftlinie macht über 20 km Fußweg in acht Stunden, nicht schlecht." bemerkte Onkel Klaus später. „Mach das nie mehr, und sag immer, wo du hingehst." Onkel Klaus war ein ernster Mann, er achtete wie Opa auf Pünktlichkeit und Korrektheit.

Beim Abendessen war meine Abwesenheit zu Tage getreten. Onkel Klaus konnte einen unverkennbaren lauten Pfiff mit Daumen und Zeigefinger im Mund herstellen, mit dem er zum Abendessen einlud. Wenn der ertönte, musste ich loslaufen. Wenn ich kein Buch hatte, war ich mit meinen Freunden unterwegs. Die machten mich öfter zur abendlichen Essenszeit aufmerksam: „Onkel Klaus pfeift, du musst nach Hause, tschüss bis morgen."

Die Bücher von Tante Lieschen

Unsere unmittelbaren Nachbarn zur linken Seite hießen Franz Nimpsch mit seiner Frau, genannt Lieschen, Haus Nummer 148 (heutige Bezeichnung Hintern Berg 5), direkt an der Straße gelegen. Franz Nimpsch war Zimmermann und viel unterwegs, vielleicht war er aber auch Soldat oder im Volkssturm, ich habe ihn nur sehr selten gesehen. Tante Lieschen (so habe ich sie immer genannt) hatte ihren großen Garten direkt neben unserem Grundstück, ohne Zaun oder Hecke dazwischen. Da zog sie ihren gesamten Bedarf an Gemüse und Kartoffeln. Sie war sehr schlank und konnte schlecht sehen, so dass sie deshalb dicke Augengläser trug. Sie war wirklich ein fleißiges Lieschen. Ich sah sie oft in ihrem Garten, wenn Sie dort arbeitete, immer sehr gebückt, den Kopf nahe am Boden. Das muss sehr anstrengend für sie gewesen sein.

Was ich am meisten an ihr schätzte, war ihr Bücherschrank, und darin auch sehr viele gleichaussehende, durchnummerierte Bände mit Namen: „Bibliothek der Unterhaltung und des Wissens". Vieles von dem, was da geschrieben stand, habe ich bis heute nicht vergessen. Eine wahre Fundgrube. Bereitwillig hat sie ihre Schätze an mich ausgeliehen, war immer freundlich zu mir. Sie hat mir dadurch viele Stunden Unterhaltung bereitet. Ich bin ihr bis heute noch dankbar dafür.

Onkel Klaus wird zum Volkssturm eingezogen

Unser Radio in der Stube wurde sehr selten eingeschaltet. Es war kein Volksempfänger, daran kann ich mich noch erinnern. Rückblickend hätten wir durchaus Radio London empfangen können. Das wäre jedoch extrem gefährlich gewesen, weil verboten. Eigentlich wurde unser Radio nur für Nachrichten, Wetterberichte und für den Landfunk benutzt. Der Landfunk war interessant und durchaus nützlich, da das Frühjahr sich ankündigte und die Vorbereitungen für die Aussaat getroffen werden mussten. Der Wetterbericht war auch nicht übel, es war verhältnismäßig mild, es wurde grün draußen.

Die aktuellen Nachrichten dagegen waren weniger erbaulich, um nicht zu sagen erschreckend. Unsere Soldaten waren immer noch tapfer, unsere V-Waffen immer noch moderner als auf der gegnerischen Seite, wir haben immer noch gesiegt, aber alles in der Rückwärtsbewegung, und das seit langem.

Die Front kam immer näher. Der Rhein war überschritten. Opa, der Soldat im ersten Weltkrieg gewesen war, meinte: „Dat ist bald vorbie, de Övermacht ist tau groot." Das hieß, in absehbarer Zeit sind die „Tommys", also die englischen Soldaten bei uns. Das sollte Onkel Klaus unbedingt verhindern, denn er wurde zum Volkssturm einberufen.

Er ging sehr ungern, aber er musste, wenn er nicht erschossen werden wollte. Jetzt sofort, wenn er sich weigerte, oder eventuell später oder überhaupt nicht, wenn er ging. Opa und Oma waren sehr besorgt, was wäre, wenn er nicht wiederkommen sollte? Seine Arbeitskraft fehlte nun an allen Enden. Ich musste meine Bemühungen aufstocken, es waren schließlich schwierige Zeiten. Dabei waren wir noch gut dran. Anderen ging es viel schlechter.

Flüchtlingstrecks aus dem Osten

Ab Anfang März zogen viele Pferde-Fuhrwerke auf der Straße in Richtung Gnarrenburg an uns vorbei, ganze Trecks in langen Reihen, dann wieder einzelne Pferdefuhrwerke.

Es waren Flüchtlinge, Heimatvertriebene aus Bessarabien und den Ostgebieten, die von den Russen besetzt worden waren. Aus Angst vor den Russen hatten sie sich mit ihrer Habe auf den Weg nach Westen aufgemacht. Sie waren seit Monaten unterwegs im Winter, bei eisiger Kälte von Russland bis zu uns.

Eine Familie mit ihrem Gespann ist in Karlshöfenerberg untergekommen, jedenfalls stand plötzlich ein Mann vor unserer Tür. Er sagte, er käme aus Bessarabien und (wenn ich das richtig mitbekommen habe) hätte im Gemeindehaus eine Bleibe gefunden. Jetzt müsse er seine zwei Pferde unterbringen und ob das bei uns möglich sei. Opa stimmte sofort zu.

Der Mann war groß und sehr kräftig, ca. 40 Jahre alt und machte einen entschlossenen und tatkräftigen Eindruck auf mich. Obwohl er bereits Monate unterwegs gewesen war, sah er keineswegs erschöpft oder ausgemergelt aus.

Etwas später brachte er die Pferde, zwei Stuten. Eine war hellbraun, die andere etwas dunkler. Opa und er haben sich längere Zeit unterhalten.

„Du musst achtgeben", sagte er anschließend zu mir, „die Hellbraune lässt sich nicht anfassen."

„Man muss zuerst die Braune anspannen, dann kommt die helle von alleine."

Das war neu, so etwas hatte ich noch nie gehört oder gelesen.

Die beiden Pferde kamen auf die Weide am Haus. Auch des Nachts, sie waren abgehärtet, es macht ihnen offenbar nichts aus. Es waren verhältnismäßig kleine, aber zähe russische „Panjepferde". „Das sind gute Pferde", sagte Opa, die sind seit mehreren Monaten unterwegs, und die Strapazen sind ihnen kaum anzumerken. Der Bessarabier hat mir gesagt, die helle wäre trächtig, aber das glaube ich nicht", schloss er zufrieden.

Nach einigen Tagen sollte ich die beiden neuen Pferde anspannen. Opa wollte sie mal testen. Ich ging mit den Halftern auf die Weide, da kam die Helle auf mich zu galoppiert. Ich fuchtelte mit dem Halfter und schrie laut „weg da!" und sprang beiseite. Da lief sie an mir vorbei und schlug aus. Sie hätte mich beinahe umgerannt. Da die Stute aber verhältnismäßig klein war, hatte ich keine Angst oder keine Zeit dazu.

Die Braune ließ sich ohne zu mucken das Halfter anlegen und führen. Auf dem Weg zum Wagen überholte uns die Helle und blieb vor mir stehen. Ich trat ihr mit links in den Hintern, sie sollte uns den Weg nicht versperren, da schlug sie erneut aus, mir genau unter die Schuhsohle. Der Schlag war so heftig, dass ich ihn bis in den Kopf spürte und mir die Zähne klapperten. Tagelang konnte ich nicht richtig laufen.

Das Biest stellte sich anschließend brav neben die Braune und ließ sich anspannen. Opa war beeindruckt, ich auch – aus anderen Gründen.

Vorboten des Endes

Meine gesteigerte Mithilfe auf dem Hof lenkte mich zwar ab, konnte bei mir aber den Gedanken nicht mehr verdrängen, dass der Krieg verloren wird. Denn die immer wieder angekündigten Wunderwaffen hätten längst mal eingesetzt werden können, sagte ich mir.

In der Schule wurde der Krieg nicht thematisiert. Wir lernten munter weiter, was es zu lernen gab, manchmal unterbrochen vom Fliegeralarm mit der willkommenen Abwechselung, sich im Dorf umzusehen.

Oma hielt sich bei dem Thema Krieg zurück. Für Opa war sowieso alles klar: „Dat is gau vorbi".

Im Dorf ging es erstaunlich friedlich zu. Das sollte sich bald ändern.

Mit großem Getöse und Gerassel kam plötzlich ein deutscher Panzer aus Richtung Gnarrenburg angefahren. Ein Tiger, meine ich. Er fuhr in den Sandberg, der immer noch so hieß, obwohl das schon ein Sandloch war, unser wunderbarer großer Spielplatz, mit schönem sauberen weißen Sand.

In der Mitte etwa blieb der Tiger stehen. Ein Panzerfahrer stieg aus, ging zur ca.100 m entfernten Flugwache[35], die für unsere flache Gegend noch ein respektabler Abhang zum Sandloch hin war. Dann zog er ein Taschentuch hervor, legte es gut sichtbar auf halber Höhe hin, ging zurück und stieg wieder in den Panzer ein. Plötzlich ein gewaltiger Krach, der Panzer hatte das Ziel voll getroffen und zweifellos den Krieg gegen das Taschentuch gewonnen. Viele Fensterscheiben gingen zu Bruch. Dann fuhr der Panzer so laut, wie er gekommen war, Richtung Karlshöfen davon.

Eine Panzersperre in Karlshöfen

Ob der Panzer noch die Hamburger Straße passieren konnte? Vielleicht war die Panzersperre mitten im Dorf Karlshöfen noch nicht erstellt. Da es immer mehr Anzeichen gab, dass die Front näher rückte, musste man sich schließlich vorbereiten.

Die Panzersperre war natürlich nicht gegen deutsche, sondern gegen englische Panzer gedacht. Sie bestand aus einem riesigen Kasten aus Baumstämmen. Die Stämme hatten ca. 15 bis 20 cm Durchmesser, wurden senkrecht rund 60 cm in die Straße eingegraben und waren über der Erde ca. zweieinhalb Meter hoch. Der Kasten hatte eine Tiefe von ca. anderthalb oder zwei Metern und überspannte vollständig die Straße. Innen wurde er mit Sand oder Erde verfüllt. Da die Hamburger Straße damals noch mit Feldsteinen gepflastert war, können diese auch für die Füllung herangezogen worden sein, damit man sie später an Ort und Stelle zurück verpflastern konnte.

Der Kasten sah sehr stabil aus, hatte aber den Nachteil, dass an den Seiten genug Platz für einen Panzer blieb. Von Berg aus gesehen links der Vorgarten eines Einfamilienhauses, rechts ein früherer Straßengraben, allerdings zugewachsen und ziemlich nah daran ein Fachwerkbauernhaus. Für einen Panzer sicher kein Hindernis.

Ich kann mich noch erinnern, nach dem Sieg der Alliierten die Füllung des Fachwerks aus Weidengeflecht gesehen zu haben. Ein Panzerfahrer hatte wohl keine gute Sicht beim Durchfahren der Lücke zwischen Haus und Sperre.

---

[35] Karlshöfen, Aus vergangenen Tagen, S. 143.

Tiefflieger

Immer häufiger wurden wir nun von Tiefffliegern belästigt. Sie schossen auf alles, was sich bewegte. Da ich viel unterwegs war, wurde ich auch aufs Korn genommen. Eine Spitfire meinte, mich ausschalten zu müssen. Sie war plötzlich und unerwartet da, die Biester sind sehr schnell.

Ich warf mich auf den Boden, habe das Mündungsfeuer an den beiden Tragflächen mit jeweils drei Maschinengewehren aber noch gesehen. Dann war sie schon wieder weg auf der Jagd nach weiteren kriegswichtigen Zielen.

Da hatte ich mal wieder einen Schutzengel. Ich rannte, so schnell es ging, nach Hause. Für Angst war keine Zeit. „Opa, eine Spitfire hat auf mich geschossen", berichtete ich ihm atemlos. Großvater war der Meinung, die Engländer schössen nicht auf Zivilisten. „Die hatten ein anderes Ziel als dich", meinte er und spannte seelenruhig sein Pferd an. Er begann wie im Lied „Im Märzen der Bauer", in der Nähe der Mühlenbrücke sein Feld zu eggen. Das war kein guter Gedanke, aber ihn davon abzubringen, gelang Oma nicht und mir erst recht nicht.

Ich konnte ihm vom Haus aus zusehen. Vorsichtshalber habe ich mich hinter der großen Eiche vor dem Haus bedeckt gehalten.

Es kam, wie es kommen musste. Mustangs hatten ihn entdeckt. In letzter Zeit flogen sie in größeren Pulks durch die Gegend, diesmal auch. Sie teilten sich, eine Gruppe von vier Maschinen flog erst eine Runde, als wollten sie sich vergewissern oder nachsehen, ob sie ihren Augen auch trauen konnten, was sie da sahen. Ein Pferd auf dem Feld da unten mit Egge und Bauer dahinter zieht seine Bahnen? Die dunkle, frisch geeggte Fläche war deutlich von der übrigen Fläche zu unterscheiden, klares Wetter, gute Sicht, ist das möglich? Sie wollten sich wohl davon aus der Nähe überzeugen.

Sie stießen hintereinander wie Habichte auf ihn nieder, ihre Maschinengewehre ratterten, die Motoren heulten. Opa warf sich hin. Sein Pferd blieb stehen. Dann zogen die Piloten ihre Maschinen wieder hoch und zogen mit ohrenbetäubendem Lärm ab.

War er getroffen worden? Ich hielt die Luft an. Opa stand auf! Eilig kam er ohne Egge, aber mit Pferd zurück. Ich war erleichtert.

„Opa, was machst du für Sachen!", rief ich ihm zu. „Wenn die mich hätten treffen wollen, hätten sie es gekonnt", meinte er lapidar.

Andere hatten weniger Glück in dieser Zeit. Fortan war Opa aber geheilt. Einen erneuten Test, ob seine Meinung richtig war, wollte er nicht mehr machen.

Bei meinen Streifzügen habe ich mich in Zukunft sehr vorsichtig verhalten und bin bei jedem Brummen von Flugzeugen in Deckung gegangen. Einmal ging ich einer Lightning mit ihren zwei Rümpfen aus dem Wege, die waren selten zu sehen. Ich kannte sie aus dem Weihnachtsgeschenk-Buch meines Vaters.

Ein anderes Mal habe ich gedacht, jetzt wirft eine Maschine eine Bombe ab. Ich habe auf die Explosion gewartet, aber es war ein zusätzlicher Benzintank, der die Flugdauer wesentlich verlängert hat. Benzin hatte der Feind wohl im Überfluss.

Einquartierung

Plötzlich wurde bei uns ein jüngeres Ehepaar einquartiert. Sie haben wenig gesprochen und sich nach dem gemeinsamen Essen immer ziemlich schnell in ihr Zimmer vor meinem Schlafzimmer zurückgezogen.

Er war groß und schlank mit vielen Narben im Gesicht. Oma nannte sie Pockennarben. Sie, dunkelhaarig und schlank mit einem feinen, aber blassen Gesicht, war ganz bestimmt keine Bäuerin. Sie hatten nur wenig Gepäck, kamen aber aus dem Osten, so viel hatten sie erzählt. Da sie wenig sprachen, war etwas Geheimnisvolles um sie herum. Warum war er kein Soldat? War er Deutscher? Sie waren auf der Flucht, wie viele damals.

Opa und Oma haben geholfen und sind nicht in sie gedrungen. Es ging ihnen schlechter als uns, sie brauchten etwas Ruhe und die bekamen sie bei uns.

Wie sie gekommen waren, so still und unauffällig, waren sie plötzlich wieder weg. Zu Fuß? Es hat sie jedenfalls keiner abgeholt. Gestohlen haben sie nichts.

Es waren sehr viele Leute unterwegs in dieser schwierigen Zeit, man hörte von Einbrüchen, Diebstahl. Es handelte sich fast immer um Mundraub. Eingedenk dieser Tatsachen begann Opa, die Außentüren zum Haus und zu der Diele abzusichern. Das hatte er noch nie in seinem Haus nötig gehabt, sagte er. Die Haustür war abschließbar mit einem relativ großen Schlüssel, die Dielentür dagegen nicht. Um den Hebel des Schließers wickelte er jeden Abend ein Band und verknotete es sorgfältig. Die Tür zum Kuhstall war von innen verriegelbar.

In unserem beschaulichen Örtchen Karlshöfenerberg wimmelte es plötzlich von deutschen Soldaten. Es gab in vielen Häusern Einquartierungen. Auch wieder bei uns.

Ein Opel Blitz fuhr die Einfahrt zu uns herunter. Der Fahrer und ein Offizier, mindestens Oberleutnant nach meiner Erinnerung, stiegen aus. Sie kamen ins Haus, sprachen mit Oma und Opa und luden dann verschiedene Kisten und Kästen ab, darunter eine Schreibmaschine, und trugen sie ins Haus. Das Zimmer vor meinem Schlafzimmer war gerade wieder frei geworden.

Der Offizier war viel dienstlich unterwegs. Seine Soldaten hoben unter anderem einen Schützengraben vor dem Eingang zum Sandberg (Kuhle) neben der Straße aus, Ecke Carlshütte/Hintern Berg. Munitionskisten wurden verteilt. Ich habe auch kräftig mitgeholfen. Im Schützengraben stehend konnte man Richtung Mühlenbrücke sehen zwischen den Häusern Kück und Schmiede Lange auf der rechten Seite und die Häuser Tobaben/Borstelmann auf der linken Seite hindurch. Da sollte das Maschinengewehr postiert werden. Als ich im Schützengraben stand, sah ich, dass aus den Wurzeln der in der Nähe stehenden Birken Wasser tropfte.

Aha, Birkenwasser für die Haare, sagte ich mir und stülpte eine Flasche über eine der Wurzeln. Am nächsten Tag war sie voll Birkenwasser. Oma war nicht begeistert von meinem Erfolg. Jedenfalls hat sie mein Haarwasser nicht benutzt, ich dagegen schon, bis es zu gären anfing und schaumig wurde. Dann habe ich es weggeschüttet.

Geschlafen haben die beiden Soldaten bei uns nicht, wahrscheinlich waren sie nachts bei ihrer Truppe irgendwo im Ort.

Der Fahrer interessierte sich für unseren Hof, er half Opa bei schweren Arbeiten. So hat er, wie ich mich erinnere, mehrere schwere Säcke mit Korn auf den Heuboden, die Leiter hoch, geschleppt. Er trug die Säcke auf dem Rücken, er war sehr kräftig und machte das gern.

Sprengung der Mühlenbrücke

Walter, sein Freund Emil und ich spielten vor dem Haus meiner Tante Sine. Da bekamen wir mit, wie sich Leute erzählten, dass die Mühlenbrücke über den Oste-Hamme-Kanal gesprengt würde. Man käme dann nicht mehr mit Pferd und Wagen nach Gnarrenburg. Zur Not könne man zu Fuß über die Bahnbrücke gehen.

„Hast du das gehört?", fragte ich Walter.

„Jo, dat hew ick", Walter sprach Platt, wenn es eben ging. „Dat möt wi us ankieken!"

Wir nichts wie hin, so schnell es ging. Jetzt war aber ständig irgendwas los.

Tatsächlich, Soldaten waren dabei, auf beiden Seiten der Brücke jeweils rechts und links neben der Fahrbahn ca. 80 cm tiefe Löcher zu graben. Acht Blechkisten, wahrscheinlich der Sprengstoff, standen schon bereit. Sie wurden an die Löcher gestellt. Jetzt wurde die Brücke abgesperrt, und wir mussten den interessanten Ort verlassen.

„Macht, dass ihr nach Hause kommt! Hier gibt das bald einen großen Knall", wurde uns erklärt, und wir machten uns davon nach Hause.

„Oma, Oma, die Brücke wird gesprengt", rief ich atemlos ins Haus und stellte mich hinter die Eiche vor dem Haus, man konnte nie wissen.

Das dauerte und dauerte. Dann ein Riesenkrach, kaum ein Luftdruck war zu spüren. „Eine Luftmine hat eine größere Wirkung", stellte ich fest. Eine Rauchwolke erhob sich, bestimmt dreißig Meter hoch. Ich hätte mir das Ergebnis der Sprengung, die am Nachmittag war, noch gerne angesehen, es war noch längere Zeit hell, aber ich durfte nicht.

Am nächsten Tag ergab sich die Möglichkeit, kurz die Sachlage näher zu betrachten. Ich rannte hin, so schnell ich konnte. Als erstes sah ich das Haus von Hermann Kück, eine Gaststätte direkt an der Straße, kurz vor der Brücke. Die vordere Hauswand, bestehend aus Fachwerk, war insgesamt nach hinten gedrückt. Fast zusammenhängend, lag sie schräg nach hinten gekippt. Das Dach war nur wegen einiger weniger Sparren als solches zu erkennen. Totalschaden.

Vor wegen kein Luftdruck! Der Luftdruck muss sogar sehr heftig gewesen sein. Das Strohdach war völlig weggepustet worden.

Nach wenigen Schritten erreichte ich die Brücke, wenn sie noch dagewesen wäre. Ein Loch tat sich auf voll Wasser, da hätte die kleine Brücke über den schmalen Oste-Hamme-Entwässerungskanal dreimal hineingepasst. Die Brücke war völlig verschwunden, einschließlich der Widerlager, nur wenige kleinere Steine oder Betonbrocken waren übriggeblieben. Nur ein braunes Loch war zu sehen.

Die wenige Meter daneben liegende Eisenbahnbrücke der Kleinbahn Richtung Gnarrenburg hatte offensichtlich nichts abbekommen. Sie sah wie immer aus. Auch die Gaststätte Tschackert auf der anderen Straßenseite war nur wenig von umher geflogenen Steinbrocken beschädigt. Sie lag tiefer, der Luftdruck ist über sie hinweggefegt.

Ich hatte genug gesehen, lief nach Hause und berichtete Opa. Der schüttelte sein weises Haupt.

„So'n unwieses Tüchs, dat nützt gor nix, domit könnt wi die Engländer nich ophollen."

Donner war zu hören. „Dat ist Geschützdonner", sagte Opa.

Ich lief zur Flugwache, von dort hatte man einen besonders guten Überblick. Ich sah in östlicher Richtung Granateneinschläge auf den Wiesen und Weiden, jetzt noch weit entfernt.

Berta ging, Mutter kam

Zu den Auflösungserscheinungen um uns herum passte, dass Berta, unsere wertvolle Arbeitsmaid, seit einigen Tagen überfällig war. Sie ist, ohne sich zu verabschieden, einfach ausgeblieben. Vielleicht war sie krank. Ich habe sie auch nicht mehr wiedergesehen. Das bedeutete für mich erhöhten Einsatz, auch im Haus. Oma brauchte dringend Unterstützung im Haushalt, beim Abwasch, bei der Reinigung der Milchkannen und beim Ausfegen und Wischen des aus roten Kacheln bestehenden Küchenfußbodens. Selbst Christel mit ihren zehn Jahren half mit. Sie hat immer den Tisch gedeckt, bei der Reinigung der Milchkannen geholfen und auch den Boden der Küche gewischt. Dem Wischwasser wurde Magermilch zugesetzt, das gab einen matten Glanz auf den Steinen, bemerkte sie. Auch für die Zerkleinerung von Rüben für die Schweine war sie sich nicht zu schade. Sie war seit einiger Zeit wieder bei uns auf dem Hof. Bei Tante Sine war es ihr zu eng und zu lebhaft. Sie wollte bei Oma sein und schlief bei ihr im Bett.

Plötzlich stand Mutter mit ihrem Koffer in der Tür. Sie wurde herzlich begrüßt. Liesel war bei Tante Sine. Ich habe sie sofort geholt. Sie rannte wie wild, um Mutter zu begrüßen. „Mama, Mama, endlich bist du wieder da", rief sie. „Wie geht es euch hier, ist alles in Ordnung?" „Ja, ja!"

Oma hat sich auch sehr gefreut, insbesondere über die zu erwartende Hilfe im Haus.

Unsere Familie war – bis auf Vater – wieder zusammen. „Hast du Nachricht von Vater, lebt er noch, ist er verwundet?", fragten wir. „Ich habe keine Nachricht von ihm seit mehreren Monaten", sagte sie, das musste aber nichts bedeuten. „Er weiß nicht, dass wir total ausgebombt sind. Seine Briefe können auch verloren gegangen sein. Macht euch keine Sorgen."

Alles wird gut, war die Devise. Opa berichtete und endete mit den Worten: „Die Engländer werd'us in'n poor doog beseuken, dann is dat allens vorbie." „Wie wör dine Reise", fragte Oma. „Anstrengend, zwei Tage war ich unterwegs", erzählte Mutter. Und zu mir gerichtet: „Du musst dein Braunhemd ausziehen, bevor sie kommen, und dein Abzeichen mit dem Hakenkreuz muss weg." Mutter bestand darauf, dass ich sofort das Braunhemd auszog. Es wurde verbrannt. Mein letztes Braunhemd, mit der guten Qualität, ade. Mutter war müde, aber sie hatte wieder alles im Griff. Mein letztes Abzeichen mit Hakenkreuz, diese Pastille, habe ich noch retten können. Ich habe es aber auf Geheiß von Mutter vergraben müssen. Nur ich weiß wo, es liegt bestimmt noch dort, völlig vom Rost zerfressen.

Wann kommen die Engländer?

Als Tiefflieger waren sie schon lange da. Bei gutem, klaren Wetter kurvten die ununterbrochen durch oder besser über die Gegend. Da blieb man besser im Haus, da war man verhältnismäßig sicher. Sie schossen auf alles, was sich bewegte. Das bedeutete auch, dass es für uns Schüler viel zu gefährlich war, zu Fuß den weiten Weg zur Schule zu gehen. Wir hatten also ca. ab Mitte April schulfrei.

Ich beschloss, unseren Oberleutnant zu fragen, wann er die Engländer erwartete, der müsste es eigentlich genau wissen. „Die kommen, wenn wir weg sind", meinte der lapidar. „Es wird nicht mehr lange dauern." „Die kommen, wenn wir weg sind." Hab' ich mich verhört? Nein! Das konnte doch nicht wahr sein. Ich war völlig desillusioniert, hatte ich mich doch schon als Helfer von Maschinengewehrschützen gefühlt. Ich habe das Opa erzählt, aber der wusste das schon. „Opa, wenn wir den Lastwagen fahruntüchtig machen, dann können wir ihn uns unter den Nagel reißen für später. Weit kommen die doch sowieso nicht mehr. Nach Gnarrenburg geht's nicht, die Brücke ist weg, durch Karlshöfen geht's auch nicht, da ist die Panzersperre. Wo wollen die hin? Nach Karlshöfener Moor? Irgendwo lassen die den sowieso stehen. Der Plan ist doch gut, oder?" Ich war stolz auf meinen Plan. „Nee nee, dat mokt wi nich" segg Opa „Dat is bannich gefährlich." Es war sowieso müßig darüber zu diskutieren, denn der besagte Lkw wurde bereits mit der kriegswichtigen Schreibmaschine beladen. Mir kam in den Sinn, die Schreibmaschine wäre vielleicht eine noch bessere Idee gewesen, vielleicht im Tausch mit einem Schinken. Unsere Besatzung machte sich also fertig zum Abmarsch. Mit einem kurzen: „Macht's gut und vielen Dank für die Herberge" sowie „Seid vorsichtig!" machten sie sich davon. Wer weiß wohin. Den Opel Blitz nahmen sie mit.

Als wenn er abgewartet hätte, dass unser Kompaniechef abreiste, kam ein Soldat mit offenem Uniformrock mit einem Pferd an der Hand zu unserem Haus herunter. „Das ist ein Militärpferd, wollen sie es kaufen?", fragte er Opa. Opa war interessiert, es war ein junges Pferd. Für einen Schinken wurden sie sich einig. Das Pferd kam zu unserem Braven in den Stall, Opa war sehr zufrieden mit dem Handel.

Unser Pferdebestand war gerade vermindert worden. Der stämmige, deutschstämmige Bessarabier hatte sich vor ein paar Tagen verabschiedet. Immerhin hatte er auf Opas Ersuchen vor seiner Weiterreise noch heimlich still und leise abends unseren Schafbock geschlachtet, auf der Diele. „Ein Dübelskerl", meinte Oma. „Um den braucht man sich keine Sorgen zu machen."

„De passt in de Welt, egol wie sie is", sagte Opa dazu. Seine Pferdchen nahm er selbstverständlich mit. Die waren schließlich sein Hab und Gut. Er zog weiter und vorher unserem Schaf das Fell ab. Sein Salär bestand unter anderem aus den Hoden unseres Bockes. Ich kann mich noch an diese zwei erstaunlich großen, blutigen Dinger erinnern, die auf der Kleiekiste lagen. Opa klärte mich auf. Ob wir die gegessen hätten? Und wenn ja, wie? Gekocht oder gebraten. Die Frage musste unbeantwortet bleiben.

Beim Schlachtvorgang habe ich mich aus dem Staub gemacht. So etwas kann ich nicht mit ansehen. Alles ging lautlos vonstatten.

Nach Forstortanfang ins Moor

Nach der Abreise unserer Soldaten mussten wir uns auf den Einmarsch der Engländer einstellen, das war klar. Aber wie? Opa wusste Rat.

Er beruhigte uns, indem er sagte (auf Hochdeutsch): „Kampfhandlungen und selbst kleinere Gefechte wird es hier nicht mehr geben. Es kann nur eventuell einen Verrückten geben, der mal losballert. Es ist auf jeden Fall besser, wenn ich euch tiefer ins Moor bringe".

Dann ergänzte er noch: „Packt einige Sachen für zwei bis drei Tage zusammen, morgen fahre ich euch nach Forstortanfang, zu Verwandten ins Moor, da seid ihr sicherer als hier. Ich fahre aber wieder zurück und bleibe im Haus und versorge das Vieh".

„Du bleibst am besten auch dort, meinte Oma, da bist du auch sicherer".

„Ne, die Engländer tun mir nichts, das wird schon gut gehen".

Am nächsten Tag, nachdem das Vieh versorgt war, fuhr uns Opa mit Pferd und Wagen über Glinstedt und Augustendorf nach Forstortanfang ins Moor. Das war ja der Zweck der Übung. Opa stammte aus Augustendorf.

Die Verwandten, wahrscheinlich sein Neffe, hatten einen Bauernhof, der von Bäumen und Gebüschen umgeben war und auf einer kleinen Geest lag, etwas höher als das platte Land drum herum. Nach der allgemeinen Begrüßung und Erörterung der Kriegslage dort fuhr Opa wieder zurück.

Es war so, man erwartete jeden Tag die Engländer. Schießereien der Artillerie gab es in der Ferne, aber nicht im Ort, da war es verhältnismäßig ruhig. Vereinzelte Soldaten hatten wir unterwegs gesehen, keine größeren Truppenbewegungen hier draußen.

Der Bauer, ein wohlbeleibter etwa 50-jähriger mittelgroßer Mann, zeigte uns den Bauernhof und den Unterstand hinterm Haus, in dem wir uns vorsichtshalber verkriechen sollten, wenn es Kampfhandlungen geben sollte.

Das war ein Erdbunker, etwas versteckt, ursprünglich als Vorratsspeicher für Kartoffeln und Rüben für Mensch und Tier benutzt. Diese „Mieten" so nannte man sie in Westfalen, waren weit verbreitet. Opa hatte auch eine hinter der Scheune. Sie waren begehbar, anders als bei den westfälischen Bauern. Die Wände oberhalb der Erdoberfläche waren aus Weißtorfsoden, die in großen Stücken gestochen wurden. Das Dach bestand aus einer einfachen Holzkonstruktion, auch mit Torfsoden belegt. Von außen begrünt, deshalb ziemlich unauffällig, innen an den Längsseiten Holzbänke, das ganze ca. vier mal zwei Meter groß und 1,50 Meter hoch. Durch eine stabile Eingangstür aus Holzbrettern mit einfachen Beschlägen in einem Holzbalkenrahmen am Anfang der langen Seite, versehen mit einem Vorhängeschloss, ging man hinein.

Wir waren von diesem Erdloch, das als Schutzbunker dienen sollte, sehr enttäuscht, hatten wir doch noch vor kurzem Bunker aus Stahlbeton und ausgebaute Luftschutzkeller mit dicken Stützen erlebt. Es war sicher nur ein Versteck, als solches konnte man es gelten lassen, meinten wir.

Mutter ergänzte: „Das Haus hat wahrscheinlich nur einen kleinen Keller, die Häuser im Moor sind nicht sehr stabil gebaut, im Ernstfall fällt uns hier drin nur der Torf auf den Kopf".

Nachts schliefen wir Kinder alle in einem Bett quer zur Normallage. Das war für uns kein Problem, in der Hinsicht waren wir hoch trainiert. Im Haus war noch eine andere Mutter mit zwei Kindern untergeschlüpft. Mit der Familie des Bauern und mit uns war das Haus quasi überfüllt.

Am nächsten Tag, in der Dämmerung plötzlich allgemeine Aufregung. Eine Gruppe deutscher Soldaten zog an unserem Haus vorbei. Der Offizier teilte uns mit, dass sie sich jetzt zurückziehen würden, gleich würden die Engländer kommen. Wir sollten uns ruhig verhalten, dann würde uns schon nichts geschehen.

Der Bauer sagte allen: „Wir gehen jetzt in unseren Erdbunker, da bleiben wir so lange bis die Engländer kommen. Seid leise."

Mutter nahm Liesel auf den Arm und die Tasche mit den wichtigsten Papieren und Bildern mit. Brav gingen wir, wie der Bauer uns geheißen hatte, in unser Versteck. Die Frauen nahmen ihre Ringe und Ohrringe ab und drückten sie in die Torfwände. Die Tür war offen, alle waren angespannt und ängstlich.

Da knackte es im Gebüsch, der Bauer schaute vorsichtig durch die Tür und ich ihm über die Schulter. Ein Engländer mit dem charakteristischen flachen Stahlhelm sein Gewehr im Anschlag kam auf uns zu, andere zogen vorbei; alles spielte sich fast lautlos vor mir ab, wie im Kino.

Der Bauer hatte eine vorn offene Joppe mit Weste an, so dass man seine Taschenuhr mit Uhrkette sehen konnte. Zack, war er sie los, Kriegsbeute. Mit der linken Hand riss der Soldat die Kette samt Uhr mit einem Ruck heraus, in der rechten Hand das Gewehr. Er schaute nur kurz zu uns hinein, rief „Are Nazis here?" Wir antworteten wahrheitsgemäß: „Nein!" Danach verschwand er wieder.

Unser Kriegsende

Das war's, für uns war der Krieg aus und vorbei. Bis auf die Taschenuhr hatten wir keine Verluste zu verzeichnen. Der Goldschmuck wurde aus dem Torf gepuhlt.

Aufatmen allerseits. Wir gingen alle wieder ins Haus zurück. „Kein Licht anmachen" verordnete der Bauer. Es war kein Gefechtslärm zu hören. Wir Kinder schnatterten alsbald aufgeregt durcheinander:

„Hast du den Engländer gesehen?" „Ich ja", „Ich auch."

Am nächsten Tag stand Opa mit Pferd und Wagen vor der Tür. Als er uns alle wohlbehalten wiederfand, war er glücklich und zufrieden, Oma lächelte, als sie ihn sah. Er erzählte, dass bei uns im Haus alles in Ordnung ist, und wir nun Engländer im Haus hätten. Wir packten unsere Sachen zusammen und stiegen auf den Wagen, nachdem wir uns mit Dank verabschiedet hatten.

Es war alles gutgegangen, besser hätte es eigentlich nicht gehen können, war unsere Meinung.

Opas Pferd brachte uns zügig, aber ruhig nach Hause. Opa und Oma saßen vorn, Mama saß mit Liesel, Christel und mir hinten. Die englischen Truppen hatten wohl nicht mit dem weichen Moorboden gerechnet. An vielen Stellen waren Panzer versackt und die „Tommys" waren dabei, sie wieder auf das feste Land zu ziehen.

Als wir nach Glinstedt kamen, wurde der Verkehr dichter. Viele Militärfahrzeuge waren unterwegs. Wir kamen aber stets voran, keiner der englischen Soldaten hat uns behelligt.

Vor Karlshöfen kamen wir aber kaum mehr durch. Opa bog, sobald es ging, nach rechts ab und wir kamen über die damals noch nicht ausgebaute Straße „Hintern Berg" immer näher nach zu Hause.

Zur Linken war Sandboden, bis zur Flugwache stieg es an. Rechts vom Weg fiel das Gelände ab. Die Geest verschwand in der Tiefe, darüber war Moorboden.

An die Gehöfte rechts, Hoppe und Holzschäfer, kann ich mich noch erinnern. Vor ihren Gehöften steckten Panzer bis zum Geschütz im Moor. Ein leichtes Grinsen meinte ich bei Opa erkannt zu haben. Nur mühsam kamen wir neben dem eigentlichen Weg voran. Die Bemühungen die Panzer zu retten, brauchten Platz.

Glücklich kamen wir zuhause an. Alles war unversehrt, keine Bombentrichter, nichts!

Aber jetzt hatten wir einen englischen Kommandoposten auf dem Hof. Wie sich die Bilder glichen. Allerdings, statt eines Lastwagens am Haus hatten wir jetzt einen Schützenpanzer auf der Diele.

Einen Offizier hatten wir auch, genauso groß und blond wie der deutsche. Ein Kanadier, sagte Oma später. Jetzt brachen interessante Zeiten an. Überall war was los, zu Hause und auf den Straßen und Wegen im Ort.

Ich war viel mit Walter und Werner Kück unterwegs. Im Sandberg waren viele Fahrzeuge und Panzer abgestellt. Die Wege waren zerfurcht von Kettenfahrzeugen. Vor einer Wohnung im Gemeindehaus lagen Möbel, eine Gitarre, Lampen und Stühle. Da ist wohl eine Wohnung für die Einquartierung ausgeräumt worden. Im Dreck auf der Straße habe ich eine Schuhbürste gefunden, da war ein Panzer drübergefahren, auch Militärtaschenlampen und deren Batterien lagen dort einfach auf der Straße. Ich sammelte sie auf und brachte sie nach Hause, alles konnte man noch gut gebrauchen. Opa fauchte mich an: „Bring das sofort wieder zurück", er dachte, ich hätte alles gestohlen. Er war nicht zu überzeugen, dass die Sachen draußen herumlagen. Ich habe sie dann im Schuppen versteckt. Mit der Taschenlampe konnte man abends unter der Decke noch lesen, soviel Licht gaben die Batterien noch ab.

Nebenan bei Kück haben wir Konservendosen gefunden, dunkelgrün mit schwarzer Aufschrift. Eine haben wir mühsam mit dem Beil aufgebrochen. Es war irgendein Fertiggericht darin, wir warfen es weg. Eine habe ich mit nach Hause genommen, um sie dort vernünftig mit dem Dosenöffner zu öffnen.

„Was hast du da?", fragte Oma. „Eine englische Konservendose" sagte ich, „ich weiß aber nicht was drin ist". „Zeig mal her". Sie las den schwarzen Aufdruck kurz und sagte: „Da ist Marmelade drin" (Dor is Marmelade in). Ich war bass erstaunt, woher wusste sie das, konnte sie so gut Englisch?

Mir war bereits aufgefallen, dass sie mit dem kanadischen Offizier, der oft im Haus war und viel militärischen Besuch hatte, hin und wieder englische Worte wechselte. Der Offizier konnte aber auch etwas Deutsch. Dann erzählte sie zu meinem Erstaunen, dass sie viele Jahre in Amerika bei ihrer ausgewanderten Tante als Hausangestellte tätig gewesen war. Wer hätte das gedacht, sie hatte vorher nie darüber gesprochen.

Jetzt konnte ich auch die Geschichte richtig einordnen, die meine Mutter mir erzählt hatte. Als ich klein war, hatte sie einmal ein Paket aus Amerika erhalten, welches sehr viel Kleidung für mich enthielt. Ich wäre sehr stolz mit täglich neuen Klamotten im Hof herumspaziert, sagte sie. Nach einem Jahr war ich aber bereits aus ihnen herausgewachsen.

An einen schicken Matrosenanzug mit großem Kragen mit Streifen hinten konnte ich mich noch schwach erinnern. Er hatte auf meine Freunde großen Eindruck gemacht.

Die Einquartierung von Freund und Feind brachte viel Abwechslung und war immer interessant. Mit Staunen sahen Christel und ich, wie die englischen Soldaten mittels eines Benzinbrenners, der eine lange Flamme erzeugte, und einem Kochtopf auf aufgestellten Steinen Aprikosenkompott herstellten. Das Wasser lief uns im Mund zusammen. Klar, wir bekamen etwas davon ab. Die Soldaten lachten, es schmeckte herrlich.

Das Leben normalisierte sich, man konnte sich ohne Angst vor Tiefffliegern frei bewegen. Der Krieg war nun auch offiziell zu Ende. Am 8. Mai hatte Deutschland bedingungslos kapituliert, geändert hat sich dadurch bei uns zunächst nichts.

Eine neue Waschschüssel

Doch etwas, die Engländer zogen zu unserer Überraschung plötzlich ab. Sie hatten ihren Auftrag ausgeführt und fuhren wohl wieder nach Hause. Vermisst haben wir sie nicht, beklagen konnten wir uns im Großen und Ganzen nicht, allerdings haben sie unsere Waschschüssel mitgenommen. Allerhand, wir hatten nur die eine für die ganze Familie, drei Generationen immerhin. Als Ersatz haben sie uns einen ihrer Stahlhelme zurückgelassen. Der wurde nach Kriegsende nicht mehr gebraucht, leistete uns aber gute Dienste. Opa hat aus ihm eine brauchbare Waschschüssel gehämmert.

„Dat wör nich licht, den Stohlhelm tom stohn to kreigen", hett hei secht."

Wenn überhaupt ein Stahlhelm auf der ganzen Welt als Waschschüssel geeignet gewesen wäre, dann dieser englische, mit seinem großen Tellerrand. Opa war geschickt genug die Wölbung oben so flach zu hämmern, dass er fest stand und nicht wackelte. Ein Verbesserungsvorschlag für die jetzt hoffentlich einsetzende Abrüstung könnte nicht nur lauten: „Macht Schwerter zu Flugscharen!", sondern ergänzend dazu „Macht Stahlhelme zu Waschschüsseln!".

Frieden?

War das, was jetzt bestand, der Frieden? Konnte man ihm trauen?

Gut, die Kühe konnten jetzt auf die Weide am Haus. Vorsichtig gingen sie durch die Tür des Stalles und über die Schwelle. Die Schwarze voran, dann die Weiße, zuletzt die Bunte. Sie hatten tatsächlich das Laufen verlernt. Auch Opas junges Pferd kam auf die Weide. Allerdings nicht lange. Eine Frau aus Rhade kam mit dem Fahrrad angefahren und behauptete, unser Pferd auf der Weide sei ihres, das Pferd sei ihr entlaufen. Durch Tieffliegerbeschuss sei es gescheut und in Panik weggelaufen, immer die Straße entlang. Sie wäre noch mit dem Fahrrad hinterher gefahren, habe es aber nicht mehr einholen können.

Opa war sauer, es half nichts. Pferd und Schinken waren futsch. „Hätten wir es im Stall halten sollen, Oma?" fragte ich. „Ach wat", antwortete sie.

Walter kam plötzlich angelaufen „Am Bahnhof hat sich ein deutscher Soldat erschossen" rief er und lief runter zum Bahnhof, ich hinter ihm her. Im Bahnhofshäuschen lag einer, zugedeckt. Das musste er gewesen sein. Schrecklich, der Krieg war doch zu Ende, warum das? fragten wir uns. Unter uns Kindern sorgte diese Sache noch lange für Gesprächsstoff.

Am Bahnhof tat sich wieder was, diesmal etwas Erfreulicheres. Ein Güterwagen stand auf einem Abstellgleis, beladen mit Butter. Ursprünglich vollbeladen, war, nach der Fahrt von Ostholz-Scharmbeck bis zu uns, immerhin noch Butter in beträchtlichen Mengen vorhanden. Unsere Kleinbahn-Eisenbahner aus Gnarrenburg und Karlshöfen hätten den Waggon zu uns abgezweigt, erzählte man. Wer konnte, hat sich bedient. Mutter hatte lange Zeit auf Butter verzichten müssen und hat jetzt tüchtig zugelangt. Ein großer Topf, eine Milchkanne und ein Eimer wurden mit loser Butter gefüllt. Oma war´s zufrieden, Opa knurrte:

„Wat wöllt wi mit so veel Botter, de wott doch schlecht, bivor wi dat eten künnt". „Nee" sagte Oma „ do mokt wi Botterschmalz ut, dat hält sick lang". Der Güterwagen wurde dann weitergereicht Richtung Gnarrenburg.

Dann hatte ein Güterwagen voll mit Wolldecken einen Defekt und musste bei uns im Bahnhof kurz instandgesetzt werden. Er war wohl überladen gewesen. Als er wegfuhr nicht mehr.

Mitte Mai 1945 wurde ich dann zwölf Jahre alt und blickte damit immerhin auf ein halbes Leben Kriegserfahrung zurück. Fast sechs gefährliche, schaurigspannende Jahre.

Von meinem Geburtstag wurde nicht viel Aufsehen gemacht. „Du mut noch de Keu bönen", also die Kühe tränken. Das Vieh war wichtiger als ich, klar.

Mutter erhielt eine Nachricht von ihrer Freundin Nowacki aus Oer-Erkenschwick, dass sie über das Wohnungsamt eine Behelfsunterkunft in einer Baracke des ehemaligen Gefangenenlagers an der Groß-Erkenschwicker Straße bekommen könne. Sie müsse sich allerdings schnell entscheiden, sonst wäre diese Möglichkeit vertan. Einen Anspruch auf eine normale Wohnung hätte sie auf längere Zeit nicht, da Bergleute bevorzugt würden.

Mutter, Christel und Liesel hielt es nun nicht mehr in Karlshöfen. Ihre Zeit war sozusagen um. Mutter hatte keine Ruhe mehr, sie wollte zurück nach Erkenschwick, ihr Leben leben und ihren Eltern nicht mehr zur Last fallen.

Ich sollte mitfahren. Aber Opa und Oma haben Mutter überredet, mich bei ihnen zu lassen. „De Jung is noch grouter worn, is jümmer noch so dünn, de blievt beter hier bi us", sagte Oma. Mutter war damit einverstanden, ich sowieso. Sie ist dann mit meinen Schwestern nach Oer-Erkenschwick zurückgefahren und in diesem ehemaligen Russenlager (im Volksmund „Stalingrad" genannt) an der Groß-Erkenschwicker-Straße untergekommen.

Christel berichtete mir später hierzu:

„Auf Mutters Freundin Frau Nowacki war Verlass. Sie, ihr Freund Gregor sowie ihr Bruder Otts hatten aus unserer verwüsteten Wohnung in der Yorckstraße weitere Dinge, die noch irgendwie brauchbar waren, in unseren Keller geschafft. Dazu gehörte immerhin der Herd, der fast unversehrt aus dem Schutt ausgegraben wurde. Inzwischen war der Inhalt unseres bis dahin unbeschädigten Kellers jedoch von freigewordenen Insassen des großen Gefangenenlagers am Schacht 4 nach Essbarem durchsucht worden. Die Einmachgläser haben sie mitgehen lassen. Der Keller wurde anschließend von ihnen verwüstet. Angeblich hatten sie dein sorgfältig verstecktes Führerbild gefunden und wären dann ausgerastet. Damit waren die aus unserer zerstörten Wohnung mühselig zusammengesuchten Einrichtungsteile zum zweiten Male zerdeppert worden. Zusammengenagelt waren immerhin Stühle, Küchentisch, Küchenschrank und Kleiderschrank sowie Bettgestelle noch funktionsfähig.

Jedenfalls waren die Reste der damaligen Wohnungseinrichtung die Erstausstattung in unserem neuen Behelfsheim. Gregor hat sich beim Zusammenbau als besonders geschickt erwiesen. Mutter war dankbar, aber dem Zusammenbruch nah. Die Behelfswohnung be-

stand aus der Hälfte einer der dortigen Baracken und aus zwei Zimmern, WC und Dusche. Sie musste erst einmal ausgiebig gereinigt, desinfiziert und gestrichen werden. Das eine Zimmer wurde als Wohnküche und das zweite als Schlafzimmer hergerichtet. Ein angeschlossener früherer Gemeinschaftsraum war noch voller Unrat und Hinterlassenschaften der früheren Insassen. Mäuse und Kakerlaken tauchten immer wieder auf. Nach wenigen Tagen akzeptierte sie ihre Lage, immerhin hatten wir jetzt ein Dach über dem Kopf".

Ich erinnerte mich; in Oer-Erkenschwick gab es neben dem genannten Gefangenenlager an der Groß-Erkenschwicker-Straße, in dem nur Russen untergebracht waren, noch ein weiteres, viel größeres Lager. Es befand sich in Rapen zwischen Karlstraße und der verlängerten Winkelfeldstraße und zog sich bis zum Schacht 4/5 der Zeche hin. Im vorderen Bereich waren Ukrainer untergebracht, dann kamen Franzosen, die man gut an ihren alten Uniformen erkennen konnte. Ganz zum Schluss bis hin zum Schacht 4/5 waren die Unterkünfte der Russen. Die Kriegsgefangenen arbeiteten auf der Zeche. Die Franzosen konnten sich relativ frei bewegen, die Russen dagegen wurden streng bewacht. Meine Mutter hat mich mehrere Male zum Lager in Rapen geschickt. Ich musste ihnen z. B. gekochte Pellkartoffeln, Zwiebeln und Salz bringen. Das war verboten, aber ich stellte mich ganz harmlos an die Umzäunung und schaute hinein. Bald kam einer schlendernd bei mir vorbei – wie zufällig – und ich steckte ihm zu, was Mutter mir mitgegeben hatte. Man kannte mich schon bald und übergab mir einmal ein gebasteltes Modellflugzeug aus Holz. Ich durfte nicht sagen, woher ich es hatte, aber ich war sehr stolz darauf. Schön war es und gelb- rot, woher hatten sie die Farbe?

Zurück nach Karlshöfen. Da habe ich es wohl am besten getroffen, Opa und Oma sei Dank. Allerdings musste ich kräftig mithelfen. Das Vieh verlangte sein Recht. Opa hat gemolken. Ich habe es mehrfach versucht, aber er war mit meinem Ergebnis nie zufrieden.

Wir waren froh und dankbar, als Onkel Klaus aus dem Krieg wieder zurück kam. Ich besonders, das versprach Luft für Spiel und Spaß. Ich sehe ihn noch vor mir, wie er unrasiert und abgemagert mit umgehängtem Militär-Brotbeutel den Weg zu uns herunter schritt. Er war, gottseidank, körperlich unversehrt. Über das, was er im Volkssturm durchgemacht hatte, hat er nie ein Wort verloren. Opa und Oma waren's zufrieden.

Zu dieser Zeit wussten wir noch nicht, was mit Vater geschehen war. Aber Vater lebte, das heißt, er vegetierte in diesen Tagen auf einer Wiese am Rhein mit tausenden anderen Kriegsgefangenen und ernährte sich von Grashalmen, wie er später erzählte. Dank seiner guten körperlichen Konstitution hat er überlebt. Er ist 1946 zurückgekommen, jedoch nur, weil er sich für den Bergbau gemeldet hatte. Bergleute wurden als erste aus der Gefangenschaft entlassen.

Da Onkel Klaus wieder da war, hatte ich auch wieder Zeit, mir von Tante Lieschen Bücher auszuleihen. Lesen war meine Lieblingsbeschäftigung. Danach kam aber sofort mein Bewegungsdrang für Spiel, Spaß und Erkundung der Umgebung.

Die Zeit bis zum Schulbeginn, der mit Sicherheit zu erwarten war, musste genutzt werden. Vielleicht hatten die Engländer auch etwas zurückgelassen, was noch zu gebrauchen war.

Unterwegs mit Walter

Mit meinem Cousin Walter war ich daher viel unterwegs. Das Loch, das die Sprengung der Mühlenbrücke über den Oste-Hamme-Kanal verursacht hatte, war riesig. Die Brücke aus Stahl-Segmenten, die die Engländer in so kurzer Zeit errichtet hatten, ebenso. Walter meinte auch: „Da hätte die alte Brücke dreimal hineingepasst."

Neben dem Trümmerhaufen des völlig zerstörten Gasthauses von Hermann Kück standen sehr viele, mindestens drei Meter hohe Weidengerten. Diese hatten es uns angetan. Walter begann einen besonders geraden und langen Stock zu schneiden. Da stand Hermann Kück vor uns. Ohne ein Wort zu sagen, wollte er mir eine Backpfeife geben, ich duckte mich instinktiv und durch den, ins Leere gehenden, kräftigen Schwung fiel er hin. Das gab Gelegenheit zur Flucht. Der Schreck steckte uns noch lange in den Gliedern. Wo hatte er in dem Trümmerhaufen gesteckt?

In den Wiesen und Weiden „Hintern Berg" haben wir hunderte Meter Telefondrähte in verschiedenen Farben entdeckt. Diese stammten wahrscheinlich von den Engländern. Aus diesen Drähten haben wir uns ein stabiles Seil gedreht und daraus eine Schaukel hergestellt. An einem ausladenden größeren Ast eines allein stehenden Baumes haben wir das „Seil" befestigt. Am unteren Ende ein kräftiges Rundholz als Sitz gab eine mächtige Schaukel ab. Das „Seil" zwischen den Beinen, darunter ein Draht als Zugseil, schaukelte mich Walter immer höher hinauf und hörte erst auf, wenn mir schlecht wurde. Dann wurde gewechselt, bis Walter nicht mehr konnte.

Dann schauten wir uns nach weiteren Spielmöglichkeiten um. Der Grauschimmel, schon älter und nicht sehr groß, der auf der Weide nebenan stand, erregte schon länger unsere Aufmerksamkeit.

Walter sagte: „Dat Peerd hört Garms, dat kenn ick, sett di dor op, ick help di dobi".

Schon saß ich auf dem Grauen und mir kam das Grauen als Walter dem Pferd einen Hieb mit dem Stock versetzte und ich im Galopp die Weide herunterritt. Ich konnte mich mit Mühe auf dem Gaul halten, beide Hände in seiner Mähne. Als der Gaul plötzlich am Zaun bremste, wäre ich fast über seinen Hals nach vorne heruntergefallen.

Dann ging es langsam zurück. Ich hatte den Ritt ohne Zaum und Zügel, ohne Sattel und ohne Steigbügel überstanden, auch dank eines mir freundlich gesinnten Rosses. Ich war trotzdem sauer, ich hätte mir den Hals brechen können. Wütend hab ich dem Grauen einen Stockhieb versetzt, als Walter auf ihm saß. Auch er konnte sich oben halten.

In Gnarrenburg

Der Name Gnarrenburg (Wie hebbt jümmer Genamenborch secht) geht zurück auf eine vergessene Burg im Moor, die einst genau an der nördlichen Geestzunge zwischen Gnarrenburg und Karlshöfen lag. Diese Geestzunge war der einzige Überweg durch das Teufelsmoor bzw. Gnarrenburger Moor. Wahrscheinlich war diese Geestzunge bereits in der Jungsteinzeit durch Bohlenwege verbunden[36] und oft ein hartumkämpfter Bereich, wie z. B. im Dreißigjährigen Krieg.

1945 hätte es wieder zu Kämpfen in dieser für die Gnarrenburger so wichtigen Gegend kommen können, wenn die weiße Flagge von Bürgermeister Garms und Bürger Faktor dies nicht verhindert hätte.

Verhindern konnten sie aber nicht die Sprengung der Mühlenbrücke durch deutsche Pioniere, die den oben erwähnten Bohlenweg seit langem ersetzte. Über die von englischen Pionieren in erstaunlich kurzer Zeit errichtete Ersatzbrücke führte mich mein Weg zu Schlachter Topp in Gnarrenburg vorbei an dem alten Schwimmbad rechts des Wegs mit dem braunen Moorwasser, eingefasst durch

---

[36] Das Bachmann-Museum in Bremervörde bewahrt ein über 4.000 Jahre altes Wagenrad auf, das hier gefunden wurde.

"Spundwände" aus Rundhölzern. Weiter die Hauptstraße entlang befand sich ein Glaswerk, in das ich hineinschauen konnte. Ich kann mich schwach an Glasformen erinnern, die zu einem Rondell angeordnet waren und in die glühendes, flüssiges Glas hineingepresst wurde. Das Ergebnis waren braune (Medizin-) Flaschen. Alles ging fast automatisch von statten. Arbeiter habe ich nur wenige gesehen.

Die Maschinenpistole

Als ich meinen Auftrag beim Schlachter Topp erledigt hatte, habe ich mich vor dem Nachhauseweg noch ein wenig umgeschaut. Da sah ich im Vorgarten des übernächsten Hauses, zunächst war da ein Bauernhaus, dann ein Weg zu Weiden und Wiesen, eine deutsche Maschinenpistole liegen. Sie war ziemlich verrostet und auf den ersten Blick nicht als solche zu erkennen. Etwas unschlüssig ging ich auf dem Bürgersteig auf und ab, immer bedacht, möglichst unauffällig zu bleiben. Dann war mein Entschluss gefasst, die muss ich haben! Zwischen mir und der interessanten MP lag nur noch ein nicht unüberwindlich hoher Gartenzaun. Ich beugte mich weit hinüber und schon hatte ich sie in der Hand. Ich schaute mich um, hatte mich jemand gesehen? Und jetzt, wohin damit?

Ich beschloss, die MP in der rechten Hand an der Hosennaht, den Weg zwischen dem Vorgarten und dem Bauernhaus zu nehmen und mir in den Wiesen das Ding in Ruhe da draußen genauer anzuschauen. Aber es hatte mich doch jemand beobachtet. Dieser Jemand, ein Mann mittleren Alters, stürmte auf mich zu und herrschte mich an: "Giff mi opstupp dat Ding her, dat is veel to reskannt". Ich war anderer Meinung und rannte los, hin zu den Weiden, er hinter mir her. Er war gut trainiert, das musste ich anerkennen, und ich war mit der schweren MP entscheidend behindert in meiner ansonsten durchaus guten Beweglichkeit. Kurz und nicht gut, ich warf das Ding weg. Er lief aber weiter hinter mir her, von der Last befreit hatte er aber keine Chance mehr gegen mich. Erst als ich über einen der Zäune sprang, ließ er von mir ab und ich konnte aufatmen. Bei dem Sprung fiel mir leider das wenige Kleingeld, welches ich in der Brusttasche gesammelt hatte, in einen Moorgraben. So'n Schiet! Wie gewonnen, so zerronnen. Ich musste mich nun durch die Wiesen und Weiden bis zur Mühlenbrücke durchschlagen, den Weg zurück zu nehmen konnte ich nicht riskieren. Kein guter Tag, dieser Tag!

Diese spannende, abwechslungsreiche und abenteuerliche Zeit nach den Kriegsereignissen ging viel zu schnell zu Ende. Denn die Schule hatte wieder begonnen, leider. An die Disziplin, die Lehrer Puffahrt uns abverlangte, musste man sich erst wieder gewöhnen. Etwas später kam Fräulein Mindermann, eine junge Lehrerin, noch dazu.

Folgende Schüler sind meines Wissens aus Kriegsgründen nach Karlshöfen gekommen: Fritz Schatull aus Ostpreußen, die zwei Brüder Schickschnaidt, ebenfalls aus dem Osten, die Geschwister Hella (verh. Ostermann) und Hans Schrickel aus Hamburg, Wilma Jesse und ihr Bruder, bereits Soldat, ein Arm amputiert, aus dem Osten und schließlich ich aus dem Ruhrgebiet.

Schutzimpfung

Das Leben ging weiter. Eine allgemeine Impfung aller Ortsansässigen gegen Cholera, Typhus und Sonstnochwas stand an. Sie wurde auf dem Schulhof durchgeführt. Das Wetter spielte mit. Viele fragten sich, was das sollte, hier bei uns auf dem Dorf. Egal, es musste sein, es war behördlicherseits angeordnet worden.

Wir Jungen gingen in einer langen Schlange mit freiem Oberkörper zunächst an einem Tisch zur Registrierung vorbei und anschließend zu dem Arzt, der uns allen im Stehen die Nadel mit dem Serum in die Brust stieß, jawohl: stieß! Der Schmerz war fürchterlich.

Danach stellte man sich wieder zur Registrierung für die zweite Spritze an. Das habe ich noch mitgemacht, dann wurde mir schlecht. Ich setzte mich auf einen Bordstein am Straßenrand und – nachdem ich mich etwas erholt hatte – beobachtete ich die Impfprozedur. Der zweite Impfgang war fast durch und der dritte hatte bereits angefangen. Ich ließ mich für die dritte Impfung registrieren und trollte mich vom Acker. Etwas wackelig auf den Beinen machte ich mich auf den Weg nach Hause. Keiner hat etwas gemerkt.

Eine Impfung war genug für mich. Gegen was, interessierte mich nicht. Krank war ich sowieso nicht.

Hamsterer

Bei uns im Ort schien Normalität einzukehren. Das lag wohl auch daran, dass wir genug zu essen hatten. Aber um uns herum in den großen Städten war Not und Verzweiflung bei den Menschen an der Tagesordnung. Viele Hungernde, zumeist Frauen gingen im Dorf von Haus zu Haus und baten um Essbares.

Opa gab her was er konnte. Kartoffeln waren begehrt. Erst gab er jedem Hamsterer, so wurden die Leute genannt, einen halben Korb voll, später jedem nur noch vielleicht 20 Stück. Danach noch weniger, bis er selbst keine mehr entbehren konnte. Selbst seine Pflanzkartoffeln wurden knapp. Als Mutter kam, konnte Opa seiner Tochter nur bedingt helfen. So ging sie ebenfalls von Haus zu Haus, gab ihre Herkunft zu erkennen und bat um Essbares, um Eier und Kartoffeln. Sie ruhte sich aber bei uns aus und zog dann weiter. Sie sah schlecht aus, so hatte ich sie noch nie gesehen. Bei ihr war die Not keineswegs zu Ende.

Aber Mutter ließ sich nicht unterkriegen, soviel war sicher.

Auch über meinen Verbleib in Karlshöfen wurde wieder diskutiert. Mutter war der Meinung, dass sich die allgemeine Lage und die Wohnungsverhältnisse weiter verbessern werden und dass ich recht bald nach Oer-Erkenschwick zurückkehren könne. Einen weiteren Schulwechsel vor dem Ende der Volksschulpflicht könne man riskieren, da meine schulischen Leistungen immer gut waren. Opa, Oma und Onkel Klaus waren skeptisch. Zu meiner insgeheimen Freude verbesserten sich die Verhältnisse allerdings wenig, so dass diese Rückkehr immer weiter verschoben wurde.

Das führte plötzlich zu der Erkenntnis, dass meine Konfirmation Ostern 1947 eventuell doch in Karlshöfen stattfinden müsste. Nun war guter Rat teuer, denn der obligatorische einjährige Vor-Konfirmandenunterricht war fast vorüber. Lehrer Puffahrt wurde konsultiert, ob ich in der Lage wäre, sowohl den Vorkonfirmanden- als auch den Konfirmandenunterricht in einem Jahr zu schaffen. Puffahrt überlegte nicht lange und meinte: „Der kriegt das hin, ohne Frage!" Ich ging also mittwochs nachmittags zum Vorkonfirmandenunterricht und donnerstags zum Konfirmandenunterricht nach Gnarrenburg. Damals wurde noch richtig viel auswendig gelernt. Oma hörte mich aus dem Gedächtnis ab. Es war für mich erstaunlich, was für ein gutes Gedächtnis sie hatte. Jeden Sonntag musste man in der Kirche präsent sein. Die Konfirmanden saßen in den ersten Bänken seitlich vor dem Altar, der sich an der Längsseite des Kirchenschiffs befand. Rechts die Mädchen, wir Jungen links.

Wenn Pastor Himstedt predigte und die Sonnenstrahlen durch die Kirchenfenster fielen, beobachteten wir fasziniert und amüsiert das langsame Hinunterschweben der kleinen Tröpfchen seiner feuchten Aussprache. Sie fielen mal stärker, mal schwächer, entsprechend dem Inhalt seiner Predigt.

Es geht wieder nach Haus

Vater war im Sommer 1946 aus der Kriegsgefangenschaft entlassen worden. Er hat mich kurz danach in Karlshöfenerberg gesucht und gefunden. Ich erinnere mich, dass er plötzlich am Fußende meines Bettes stand, mich von dort begrüßte und gleichzeitig die Schiefstellung meiner Zähne bemängelte, an der man etwas tun müsse. Seit 1943 hatten wir uns nicht mehr gesehen und uns wohl gegenseitig etwas verklärt, jedenfalls anders, in Erinnerung.

Er hatte auf der Zeche Ewald-Fortsetzung Arbeit bekommen und somit gute Aussicht auf eine angemessene Wohnung. Die allgemeine Lage schien sich weiter zu verbessern. Evtl. könne er mir eine Lehrstelle als Elektriker auf der Zeche besorgen. Bis zur Konfirmation und zum Ende der Volksschule sollte ich auf alle Fälle in Karlshöfen bleiben, das wäre das Beste für uns alle. Mir war's recht und er fuhr wieder zurück.

Zur Konfirmation bekam ich einen maßgeschneiderten Anzug, angefertigt von Opas Bruder, Schneidermeister Georg Böttjer aus Gnarrenburg. Der erste Anzug meines Lebens war grau grünlich mit einem feinen Streifen. Aus den Stoffresten gefertigt bekam ich noch eine Schirmmütze. Meine Einkleidung wurde komplettiert durch etwas derbe hohe Schuhe, die auch für die Arbeit auf dem Hof taugten. Wo Opa die wohl aufgetrieben hatte? Unser erstklassiger Schinken und die guten Mettwürste haben mit Sicherheit sehr dabei geholfen.

Ostern 1947 wurde ich konfirmiert, zur Feier war auch Mutter gekommen, die übrigen Mitglieder der Familie waren verhindert.

Kurze Zeit später hatte ich meine Volksschulpflicht erfüllt, obwohl mir – nachgerechnet – rund elf Monate fehlten, in denen ich durch die Kriegswirren, durch das KLV-Lager in Bocholt und die Vorverlegung des Einschulungstermins und damit auch des Entlassungstermins von Herbst auf das Frühjahr keine Schule hatte. Bei meiner Entlassung ins Leben machte Lehrer Puffahrt nicht viel Federlesens. Er bat oder beorderte die drei kräftigsten und größten Noch-Schüler zu sich in seine Dienstwohnung neben der Schule, dazu gehörte ich nun mal. Wir sollten einen hohen Kleider-/Wäscheschrank als Ganzes an eine andere Stelle des Zimmers rücken. Nachdem wir das einigermaßen zufriedenstellend für ihn hingekriegt hatten, bekamen wir im Hausflur unsere Entlassungszeugnisse mit den besten Wünschen für unseren fernen Lebensweg in die Hand gedrückt. So war er – und das war's.

Karlshöfen Adieu

Im Frühjahr 1947 reiste ich nach Oer-Erkenschwick zurück. Es musste sein. Der Ernst des Lebens wartete angeblich dort auf mich. Sehr schade, ich habe mich wirklich wohlgefühlt in diesem Dörfchen Karlshöfenerberg mit den auffällig farbigen Glasstücken und Flaschenböden in Vorgärten und Beeteinfassungen. Mit den freundlichen Nachbarn, mit Tante Lieschen und den prima Verwandten und Schulkollegen.

Die relativ selbständige Mitwirkung auf dem Hof und die Obhut von Oma, Opa und Onkel Klaus haben mir ein vorher so nie gekanntes Gefühl der Geborgenheit, Sicherheit und Anerkennung gegeben. Dankbar denke ich noch heute an diese Zeit zurück, die mich mitgeprägt hat.

Inzwischen waren meine Eltern aus der Baracke ausgezogen. Sie hatten durch Vermittlung der Zeche endlich eine neue Wohnung mit den alten zerdepperten und wieder zusammengenagelten Möbeln in der Straße „Buschkamp", natürlich im Ortsteil Rapen, gefunden. Christel und ich teilten uns einen Raum mit Dachschrägen, den man über den Dachboden erreichte. Der dazugehörige Hausgarten grenzte an die Mauer der Zeche Ewald Fortsetzung. Nicht weit hinter der Zechenmauer befand sich die Kokerei, in der Kohle durch Erhitzen auf über 1.000° C Koks, Teerstoffe, Heizgas usw. erzeugt wurden. Beim Ablöschen der glühenden Kohle mit Wasser entsteht der Koks. Mit dem dabei gleichzeitig anfallenden Wasserdampf wurden auch u.a. Staubpartikel und Rußflocken hoch gewirbelt, die bei entsprechender Windrichtung mit dem Wasserdampf bei uns niedergingen. Unsere zum Trocknen aufgehängte Wäsche war nicht selten mit Rußflocken besprenkelt, die wir vor dem Abnehmen vorsichtig abklopfen mussten.

Vor unserer Zwangsabreise Ende Januar 1945 hieß die Straße „Buschkamp" noch Wrangelstraße. Andere Zeiten, andere Straßennamen. Der Freiherr von Wrangel war sicher kein Nazi, aber Militarist, insofern...

Der Vollständigkeit halber sei hier erwähnt, dass die Ziethenstraße ebenfalls umbenannt wurde, und zwar in Wittlohstraße. Die Yorckstraße heißt jetzt Freiheitsstraße. Diese Änderung wäre nicht nötig gewesen. Der neue Name passt aber gut, denn der preußische Feldmarschall Yorck von Wartenburg rief 1813 Ostpreußen zur Erhebung gegen Napoleon auf und gab damit das Zeichen zu den Befreiungskriegen.

Um meine, durch die Kinderlandverschickung verursachte, verkorkste Schulbildung zu verbessern, legte ich mit Erfolg die Aufnahmeprüfung zur Handelsschule in Datteln ab. Ich wusste nicht einmal, dass es diese Schulform gab, freute mich aber sehr darauf. Nach erfolgreichem Abschluss dort wurde mir klar, dass nur ein kaufmännischer Beruf für mich infrage kam, den ich im Alter von noch nicht mal 16 Jahren auch begann.

Bis es allerdings soweit war, nahm ich für ca. vier Wochen eine Arbeit als Hilfskraft bei der Wiederaufforstung bei Förster Möller in der Haard an, für fünfzig Pfennig in der Stunde. Ich hatte Bucheckern und Eicheln in für mich sehr schweren Sandsäcken heranzuschaffen, für eine Gruppe von zumeist lustigen, aber vom Leben gezeichneten Männlein und Weiblein, die sie in Reihen in die Erde schafften. Das war wieder sehr interessant und lehrreich fürs Leben, aber das ist eine andere Geschichte.

Noch ein Wort zum Schluss

Zwischen den ersten Überlegungen, meine Erlebnisse in den Jahren 1939-1945 für mich und meine Familie niederzuschreiben und damit zu verarbeiten, und der Abfassung dieses Berichtes liegen mehrere Jahre.

Ich fand meine Kindheitserlebnisse in dieser Zeit nicht besonders erwähnenswert vor dem Hintergrund von Not, Elend, Hunger, Vertreibung, Flucht, unendlichem Leid und Tod, die viele Kinder meiner Generation erlitten haben.

Zurückhaltung war angebracht, weil meine gesamte Großfamilie, also einschließlich Onkel, Tanten, Großeltern, Cousins und Cousinen den Krieg körperlich fast unversehrt überstanden hatten. Lediglich zwei Fälle von schweren Verletzungen hat es bei uns gegeben. Zum Einen bei Cousin Niklaus aus Karlshöfen, der 1945 im Raum Dresden verwundet wurde und dadurch eine Oberschenkelamputation erlitt, im Alter von erst 18 Jahren. Er hatte sich freiwillig zur Wehrmacht gemeldet und ist desillusioniert aber lebend zurückgekehrt. Onkel Walter, Vaters Bruder, hatte in Russland in dem kalten Winter 41/42 schwere Erfrierungen an beiden Beinen davongetragen. Er erzählte, dass er und seine Kameraden ohne Winterausrüstung in einfachen Zelten im Freien bei – 45 Grad Celsius übernachtet hatten. Die Erfrierungen führten zur Amputation des linken Fußes und des rechten Unterschenkels. Er lag lange im Lazarett, wurde mehrfach operiert und ohne jegliche orthopädische Ausstattung entlassen, weil die Stümpfe nicht abheilten. Er war danach noch ein Jahr ständig auf Hilfe angewiesen, weil er nicht stehen konnte, und musste getragen werden, u. a. auch von Tante Hedwig, seiner Frau, die ihn bei Fliegeralarm auf dem Rücken in den Luftschutzkeller trug. Seine Kinder (drei Mädchen) haben ihn im Handkarren umhergefahren. Erst nach dem Krieg wurde sein Zustand erträglicher. Geklagt hat er nie.

Über psychische Probleme bei einigen Familienmitgliedern wurde nur ungern und hinter vorgehaltener Hand gesprochen.

Meine Zurückhaltung basierte auch auf der stets bei mir im Hinterkopf vorhandenen Scheu zu berichten, dass ich auch in schwierigsten Lebensumständen keine Angst hatte, es könnte mir was passieren. War ich damals nur ein übermütiger, abenteuerlustiger und ignoranter Optimist oder hatte ich ein unerschütterliches Gottvertrauen, oder alles zusammen?

Ich schilderte meine Befindlichkeit einem Kollegen gleichen Alters beim Mittagessen in der Kantine. „Also, da kann ich Sie beruhigen" sagte der. „Ich hatte auch keine wirkliche Angst, ich war eigentlich nur vorsichtig. Jedenfalls vorsichtiger als einer meiner Mitschüler, der stolz mit einer Flügelgranate in der einen Hand Fahrrad fuhr und sie leichtsinnigerweise an den Lenker schlug, bis sie explodierte und seinen Unterarm abriss". „Wer sich mutwillig in Gefahr begibt, kommt darin um", beendete der Ingenieur seine Ansicht. Er war ganz sicher kein Dummkopf.

Jetzt sind wir immerhin schon zwei, dachte ich mir, das besagte allerdings nicht viel. Er kam aber aus Gelsenkirchen und hatte mehr Bombardierungen überlebt als ich.

In meinen ersten Berufsjahren war ich stets von Kollegen umgeben, die rund zehn Jahre älter und viele Jahre Soldat und in Kriegsgefangenschaft gewesen waren. So ließ es sich nicht vermeiden, immer wieder mit dem Thema Soldat und Krieg in Berührung zu kommen. Wenn ich dann meine Kindheitserlebnisse an der Heimatfront zum Besten gab, erntete ich ein müdes Lächeln. Nur wenige glaubten mir, dass ich keine Angst hatte damals, selbst beim Bombenhagel, der vor mir herunterkam und die Erde beben ließ.

Mein Kollege Pitt Baumann, der seinen rechten Arm im Krieg verloren hatte, berichtete mir von der Erstürmung einer feindlichen Stellung. Nachdem er im Kampfgetümmel seine Munition verschossen und keine Handgranaten mehr hatte und ihm auch sein Gewehr abhanden gekommen war, stürmte er trotzdem weiter mit seinen Kameraden nach vorn und warf mit herumliegenden Steinen in Richtung Gegner, so voll Adrenalin war er. Aber Angst hatte er nicht dabei. „Wichtig war, dass man in Bewegung war und keine Zeit zum Nachdenken hatte", sagte er. „Aber ein Kind wie du damals? Na ja."

Mein verehrter Kollege Willibald (65), Soldat im ersten Weltkrieg, in dessen Aufgabengebiet ich mich einarbeitete, sagte mir: „Bevor ich Angst entwickeln konnte, hat mich die Kugel eines Scharfschützen der anderen Seite außer Gefecht gesetzt". Er hatte dadurch eine Hirnverletzung davongetragen und besaß deshalb einen besonderen „Kriegsbeschädigten-Ausweis", den er scherzhaft als „Persilschein" bezeichnete. Listig sagte er mir: „Ich habe zum Beispiel keine Angst, unserem allseits ungeliebten, schwerhörigen Vorgesetzten einen in die Schnauze zu hauen. Schwerwiegende Folgen hätte das für mich nicht."

„Jetzt veräppele mich nicht, ich meine es ernst", entgegnete ich ärgerlich, seine Narben und die überwachsenen Dellen an seiner Stirn betrachtend.

Meine Frau berichtete, dass mein Schwiegervater die vereinzelten Bombenabwürfe auf Datteln zunächst nicht so ernst nahm, bis er in den Bombenhagel auf Ickern geriet. Er arbeitete als Maurerpolier auf der Stickstoffanlage der dortigen Zeche, die fast ganz zerstört wurde. Er kam nur knapp mit dem Leben davon.

Der Schrecken steckte ihm so tief in den Knochen, dass er danach jeweils beim ersten Ertönen der Alarmsirene sich anschickte, in den Luftschutz-Stollen in Meckinghoven zu laufen und seine Familie (vier Kinder, darunter meine Frau) antrieb, ihm zu folgen. War das Angst im Sinne von Angst um sein eigenes Leben oder um das seiner Familie oder beides? Oder nur Vorsicht?

Der Untermieter von Füstings, der im Bett vom Bombenangriff überrascht wurde und schließlich nach draußen stürmte, vom Luftdruck der Explosionen um ihn herum mit Erde zugedeckt und wieder freigeblasen wurde, hatte Todesangst (siehe S. 132). Man muss wohl in unmittelbare Lebensgefahr geraten, um in Todesangst zu verfallen.

Das ist mir bis heute erspart geblieben, Gott sei Dank. Ich war weder ängstlich noch besonders mutig damals. Eher abenteuerlustig, stets bemüht, dem Elend, das ich nicht ändern konnte, etwas Positives abzugewinnen und immer neugierig auf das, was hinter dem Horizont lag. Diese Abenteuerlust war es auch, die mich bewog, die gebotene einmalige Chance durch die Organisation der Kinderlandverschickung zu ergreifen, Landstriche in Deutschland kennen zu lernen, in die ich sonst nie hineingekommen wäre. Hier habe ich instinktiv das Angenehme (meine Abenteuerlust) mit dem Nützlichen (Sicherheit vor dem Bombenterror) verbinden können.

Dass Mutter die Gelegenheit ergriff, mit mir auch Christel in Sicherheit zu bringen, erscheint aus heutiger Sicht herzlos, weil sie erst sechs Jahre alt war. (Christel empfand das auch so). Ohne mich, also allein, hätte sie Christel jedoch niemals abgegeben, da bin ich mir sicher. Sie litt, wie Christel, unter der Trennung, sonst hätte sie uns nicht immer wieder besucht.

Ich habe die geschilderten Begebenheiten tatsächlich so oder zumindest so ähnlich erlebt und wie berichtet empfunden. Durch viele Gespräche mit ehemaligen Schulkollegen, mit Verwandten, Beteiligten, Nachbarn habe ich versucht, der Wahrheit so nahe wie möglich zu kommen. Erstaunlich war für mich dabei die Erkenntnis, dass derselbe Tatbestand von den Beteiligten manchmal gravierend unterschiedlich wahrgenommen wurde. Damit muss ich leben. Rückblickend glaube ich fest daran, immer einen besonders umsichtigen und erfahrenen Schutzengel in meiner Nähe gehabt zu haben. Vielleicht gibt es ja auch erstklassige Schutzengel, die für eine ganze Familie oder Sippe zuständig sind.

Interessant scheint mir noch zu berichten, was die Bescheinigung über unseren „totalen Bombenschaden" 1945 bewirkt hat. (siehe S. 131). Diese hatte uns unser zuständiger Schadensermittler am 16.1.1945 mit dem Versprechen ausgestellt, wir würden nach dem Krieg entschädigt. Etwa Ende 1952, wir wohnten schon in der Eichendorffstraße, erreichte uns ein Brief des Lastenausgleichsamtes mit einem Antragsformular über den sog. „Lastenausgleich" für Bombengeschädigte. Mutter und ich machten uns über den wenige Seiten umfassenden Antrag her. Vater war skeptisch, „Die viele Arbeit lohnt sich sowieso nicht" meinte er. „Haben wir die damalige Bescheinigung noch?" fragte ich Mutter. „Na klar, die habe ich immer gut aufgehoben bei den wichtigen Personalpapieren" sagte sie. „Dann können die da Oben unseren Antrag auch nicht ablehnen, die Bescheinigung ist eindeutig" stellte ich fest. „Etwas kommt dabei heraus, wartet's nur ab." Als unser Postbote die erste von zwei Raten in Höhe von 550 DM Mutter in die Hand blätterte, war sie sprachlos vor freudiger Überraschung und glücklich. Aus diesem besonderen Anlass kaufte sie für sich und uns erstmalig einen ganzen Kringel Fleischwurst. Wir brauchten jeden Pfennig damals und später auch noch. Zu unserem Glück hatte „der Staat" sein Wort gehalten, wenn auch anders als es gedacht war.

Nachzutragen wäre noch, dass die schriftliche und damit die therapeutische Aufarbeitung meiner Erlebnisse durchaus erfolgreich war.

An die Bomber der Alliierten denke ich mittlerweile äußerst selten bis gar nicht, egal welcher Flugzeugtyp über mir in Richtung Flughafen Düsseldorf fliegt.

Die abendliche Verdunkelung hat seit langem keine Erinnerungen mehr an unseren Blockwart hervorgerufen.

Inzwischen schaue ich entspannt und altersmilde auf die beschriebene Zeit zurück und wenn, erinnere ich mich lieber an das Schöne und Gute als an das Böse, blicke nach vorn und denke: Meine Zeit ist noch nicht abgelaufen.

In diesem Sinne:

Glück auf!

Anhang

Luftveränderung

Der folgende Text von Kurt Tucholsky beschreibt mein jugendliches „Fernweh" sehr gut:

Fahre mit der Eisenbahn,

Fahre, Junge, fahre.

Auf dem Deck vom Wasserkahn

Wehen deine Haare.

Tauch' in fremde Städte ein

Lauf in fremden Gassen

Höre fremde Menschen schrei'n

Trink' aus fremden Tassen.

Wie du auch die Welt durchflitzt

Ohne Rast und Ruh'

Hinten auf dem Puffer sitzt

Du.

Veröffentlicht unter dem Pseudonym Theobald Tiger in der Berliner Illustrirte Zeitung vom 21.12.1924, Nr. 51, S. 1511 (Verse 1, 2 und 5).

Quelle: http://www.textlog.de/tucholsky-luftveraenderung.html, abgerufen am 21.1.2015.

Literatur

Chronik des Ruhrgebietes, Chronik Verlag Dortmund 1987.

Ruhrgebiet, Rainer Kiedrowski, Jürgen Wiese. Artcolor Verlag, Hamm 1992.

Des Bergmanns Lebenslauf, Eduard Heuchler, Freiberg 1867, 3. Aufl. Verlag Glückauf GmbH Essen 1975.

Festschrift 25 Jahre Oer-Erkenschwick 1926-1951.

Kriegschronik Oer-Erkenschwick 1939/1945 von Karl Kollmann. Hrsg. und Verlag Werner Kollmann 1995.

Karlshöfen – Aus vergangenen Tagen. Hrsg. Volksbank Gnarrenburg e.G. 1988.

Das unerschöpfliche Internet war oft hilfreich und wird fallweise zitiert.

Alarmsignale im 2. Weltkrieg und deren Bedeutung

1. Voralarm
   3 x wiederholter Dauerton von je 12 Sekunden

2. Alarm
   Heulton von einer Minute

3. Akute Luftgefahr
   bei unmittelbarer Bedrohung 2 x Heulton bei 8 Sekunden Gesamtdauer

4. Vorentwarnung
   3 x wiederholter Dauerton (siehe Voralarm)

5. Entwarnung
   Eine Minute hoher Dauerton

Quelle: http://de.wikipedia.org/wiki/Fliegeralarm, abgerufen am 21.1.2015.

Glossar einiger Bergbaubegriffe

Bandkolonne Gruppe von Facharbeitern, die unter Zeitdruck während der Nachtschicht Instandsetzungsarbeiten an den Kohle-Förderbändern durchführt. Aufsicht führt ein Steiger.

Buxe Hose

hümpeln hinken

Knappschaft Kranken- und Rentenkasse der Beschäftigten im Bergbau

Knappschaftsältester ehrenamtlicher Fachmann und Berater in allen Fragen der Kranken- und Rentenversicherung der Bergleute vor Ort

Kohlenpott Bezeichnung für das Ruhrgebiet, soll sich vom Wort puteus (siehe Pütt) abgeleitet haben

krank feiern vom Arzt bestätigte Arbeitsunfähigkeit

malochen schwer arbeiten

Moos Geld

Perle Freundin, Geliebte, Ehefrau

Pütt Bergwerk, abgeleitet vom Lateinischen puteus = Brunnen: Gelehrte des 16. Jahrhunderts bezeichneten als puteus die ausgekohlten und mit Wasser vollgelaufenen Löcher.[37]

Schicht Arbeitszeit auf der Zeche, unterteilt in Früh-, Mittag- und Nachtschicht, auch kurz für: Schichtende

Schmacht Hunger

Steiger Aufsichtsperson im Bergbau, abgeleitet von der früheren Tätigkeit des stetigen Auf- und Absteigens in die Grube

Zeche nennt der Bergmann die Grube mit ihren Tagegebäuden; dies Wort stammt aus sehr früher Zeit, wo die Bergleute auf ihren Gruben, die meist weit von ihren Wohnungen im Walde lagen, des Sonntags zusammen kamen und zechten (Erzbergbau).[38]

---

[37] Ruhrgebiet, S. 9.
[38] Des Bergmanns Lebenslauf, S. 82.

Opa Datteln

Mein Großvater Albert August Meinhövel ist am 5.4.1879 als zweiter Sohn seiner Eltern in Lüdinghausen geboren. Er ist auf dem Schulzenhof seiner Eltern, im Ortsteil Brochtrup gelegen, aufgewachsen und hat dort gearbeitet.
  Mit 19 Jahren hat er sich freiwillig gemeldet und vom 11. Oktober 1898 bis zum 14.9.1900 bei der 2. Kompanie des Westfälischen Jäger-Bataillons Nr. 7 in Bückeburg „gedient". Interessant ist sein noch erhalten gebliebenes Soldbuch.
  Nach dem Soldbuch war er 1,75 m groß, Gestalt: gesetzt, Kinn: spitz, Nase: gerade, Mund: gew., Haar: h.blond. Die „Jäger-Löhnung" betrug M 6.60 monatlich.

Nach Beendigung seines Militärdienstes (letzter Dienstgrad „Jäger") ist Opa auf den Hof zurückgekehrt. Ohne Aussicht den Hof zu erben, musste er sich entscheiden, als Knecht auf dem Hof zu bleiben oder sich beruflich anderweitig zu orientieren. Ob er einen Beruf erlernt hat, ist nicht mehr zu ermitteln. Als er am 5.10.1903 in Halle an der Saale meine Großmutter, Anna Maria Bernhardina Werp, genannt Assenkamp, geboren in Lüdinghausen am 27.4.1880, heiratete, war er laut Heiratsurkunde Restaurateur. Seine zwei Trauzeugen waren auch Restaurateure. Waren das seine Angestellten oder seine Teilhaber? Es ist durchaus möglich, dass Opa selbstständig war. Es stellt sich die Frage, wieso er mit seiner Verlobten nach Halle an der Saale gezogen ist. Das macht man nicht einfach aus einer Laune heraus. Es ist zu vermuten, dass er dort ein Restaurant erworben hat, mit Kompagnon oder ohne. Damit eröffnete sich für ihn eine berufliche Perspektive.

Das hierfür erforderliche Kapital könnte er durch folgende Situation erhalten haben: Sein ein Jahr älterer Bruder Franz-Anton (Onkel Töns, wie Tante Toni ihn nannte) hat auf sein Recht als Erstgeborener verzichtet. Er zog es vor, als „Öhm", was so viel bedeutet wie Oheim oder Onkel, unverheiratet auf dem Hof zu leben und zu arbeiten. Ledig ist er bis zu seinem Tod 1953 geblieben. Ob er bis zuletzt auf dem Hof gelebt und gearbeitet hat, ist hier nicht relevant. Ein Wohnrecht wird er gehabt haben. Tante Toni berichtete mal, dass er Brauereivertreter gewesen wäre, was sehr einträglich war, denn er wäre vierspännig (vier Pferde vor der Kutsche) umher gefahren und immer gut gekleidet dahergekommen.

Somit wurde Opa als zweiter Sohn und Zweiter in der Rangfolge nunmehr der legitime Hoferbe. Aber Opa hatte andere Pläne und hat ebenfalls auf sein Anrecht verzichtet, zugunsten seines Bruders Theodor Gustav, geboren am 13.5.1882, der daraufhin den Hof übernahm. Opa wurde aller Wahrscheinlichkeit nach abgefunden und bekam damit das Startkapital für seine berufliche Zukunft außerhalb der Landwirtschaft.

Warum hat Opa verzichtet? So eine Chance bekommt man nur einmal im Leben. 46 Hektar gute Westfälische Erde! Leider werden wir nie erfahren, was Oma dazu gesagt hat, sie ist ihm treu nach Halle gefolgt.

17 Jahre später ist er jedoch wieder in die Landwirtschaft zurückgekehrt. Sicher ist, dass er in Seppenrade, Tetekum 1, ein Gut angepachtet hat. Dort ist sein jüngster Sohn, Onkel Egon, am 16.7.1920 geboren.

Opa hat in Seppenrade wieder einen Jahresjagdschein erworben (siehe rechts). Dafür braucht man ein Jagdgewehr – er war also wieder „Jäger".

Wann meine Großeltern nach Datteln gezogen sind und Opa sich dort als Kaltbäcker selbstständig gemacht hat, muss einer späteren Nachforschung vorbehalten bleiben.

Jagdschein meines Großvaters

Holz-Hufschuhe für Pferde (Moorschuhe)

In unserer Gegend in Karlshöfen gab es auch landwirtschaftlich genutzte Flächen, die teilweise aus (tiefen) Moor- bzw. Torfböden bestanden. Auch Opa hatte solche Flächen.

In nassen Jahren sackten die Pferde bei ihrer Arbeit so tief ein, dass ein Pflügen oder Eggen nicht oder nur sehr eingeschränkt möglich war. Und das, obwohl die bei uns bevorzugten Pferde klein bis mittelgroß und damit verhältnismäßig leicht waren. Um dennoch die kargen Böden mit Hilfe von Pferden bewirtschaften zu können, bekamen sie Hufschuhe (damals aus Holz) untergeschnallt, die die Auftrittsflächen der Hufe um das Doppelte oder Dreifache vergrößerte.

Die Pferde mussten an die Holzschuhe erst gewöhnt werden.

Beim Einsatz von Maschinen (z.B. bei Treckern) half man sich, indem man die Reifenbreite der Räder durch angeschraubte Stahlreifen ebenfalls bis auf das Dreifache vergrößerte.

Hufschuhe gab es im Übrigen bereits im antiken Rom als sogenannte Hipposandalen zum Schutz für die stark beanspruchten Hufe, insbesondere für Trosstiere auf den befestigten römischen Straßen. Heute werden Hufschuhe aus Krankheitsgründen (Hufschutz) eingesetzt, nun allerdings aus Kunststoff.[39]

---

[39] Quelle: http://de.wikipedia.org/wiki/Hufschuh, abgerufen am 21.1.2015.